# SECRETS DE FLIC

Bernard Petit

# SECRETS DE FLIC

Éditions du Seuil
25, bd Romain-Rolland, Paris XIVe

ISBN 978-2-02-137865-8



www.seuil.com

Je dédie ce livre à Isa, Alex, Emma et Julia ainsi qu'à mon frère Guy.

Je remercie MP pour sa grande patience et son aide à l'écriture.

Un grand merci aussi à Philippe, Richard, François, Christine, Jean-Marc, Alain, Hervé, Dany, Paul, Olivier, Thomas, Corinne, Franck, Sébastien, Thierry, Didier, Bertrand...

À tous ces camarades qui continuent de se bagarrer contre les puissances du crime. Vous me manquez.

Aux vrais amis.

# Sigles et abréviations

La police n'échappe pas au goût de l'administration pour les sigles barbares que seuls les professionnels savent décrypter. Ce n'est pas toujours facile de s'y retrouver…

**BRI** Brigade de recherche et d'intervention. Seule unité d'élite dotée d'une compétence de police judiciaire, l'ancien antigang de la Direction régionale de la police judiciaire de Paris est sous l'autorité du patron du 36, quai des Orfèvres, sur l'île de la Cité à Paris (le 36) (voir, *infra*, DRPJ).

**BRIF** Brigade de recherches et d'investigations financières, service spécialisé dépendant de la sous-direction des affaires économiques et financières de la DRPJ (voir *infra*).

**DCI** Direction de la coopération internationale. Seule structure placée sous l'autorité conjointe des directeurs de la police nationale et de la gendarmerie, elle est implantée dans cent pays où œuvrent policiers et gendarmes expatriés.

**DCPJ** Direction centrale de la police judiciaire. Elle relève du directeur général de la police nationale. Elle a compétence sur l'ensemble du territoire, hormis Paris et son agglomération (voir, *infra*, DRPJ). Elle coordonne l'action des services régionaux de police judiciaire, ainsi que les divers offices centraux spécialisés : l'**OCLCIFF** (Office central de lutte contre la corruption et les infractions financières et fiscales), l'**OCLCO** (Office central de lutte contre le crime organisé), l'**OCRTIS** (Office central pour la répression du trafic illicite des stupéfiants), l'**OCRGDF** (Office central pour la répression de la grande délinquance financière), etc. Elle a tutelle sur la sous-direction à l'antiterrorisme (**SDAT**).

**DCRI** Direction centrale du renseignement intérieur, née en 2008 de la volonté de Nicolas Sarkozy de fusionner la Direction de la surveillance du territoire (ex-DST) et la Direction centrale des renseignements généraux (ex-DCRG). Elle devient DGSI (Direction générale de la sécurité intérieure) en mai 2014 (voir, *infra*, DGSI). Depuis cette date, elle ne dépend plus du directeur général de la police, mais directement du ministre de l'Intérieur.

**DGGN** Direction générale de la gendarmerie nationale. Auparavant placée sous la tutelle de la Défense, elle est depuis 2009 rattachée au ministre de l'Intérieur.

**DGPN** Direction générale de la police nationale. Elle dépend directement du ministre de l'Intérieur, et a tutelle sur toutes les directions centrales de la police nationale.

**DGSE** Direction générale de la sécurité extérieure. Elle est placée sous l'autorité du ministre des Armées (ministère qui a fait son retour en mai 2017).

**DGSI** Direction générale de la sécurité intérieure (voir, *supra*, DCRI). Comme la DGPN (*supra*), elle dépend, depuis 2014, directement de l'autorité du ministre de l'Intérieur.

**DNRED** Direction nationale du renseignement et des enquêtes douanières. Elle est, avec Tracfin, l'un des deux services de renseignement du ministère de l'Économie et des Finances.

**DRCPN** Direction des ressources et des compétences de la police nationale. C'est une direction centrale de la Direction générale de la police nationale qui assure la gestion des ressources humaines, l'accompagnement des personnels et la gestion des moyens financiers de la police nationale française.

**DRPJ** Direction régionale de la police judiciaire. Implantée au 36, quai des Orfèvres, elle a déménagé au printemps 2017 au 36, rue du Bastion, dans le XVII^e^ arrondissement de Paris. Elle dépend du préfet de police de Paris. Elle fédère, sur l'ensemble de l'agglomération parisienne, les services de police judiciaire et les brigades spécialisées (finances, stupéfiants, crimes, etc.).

**DRPP** Direction du renseignement de la préfecture de police de Paris, en charge des affaires liées au renseignement sur la capitale et la région francilienne. Elle dépend du préfet de police de Paris.

**GIGN** Groupement d'intervention de la gendarmerie nationale. Force d'élite, dépendante du directeur général la gendarmerie nationale.

**GIPN** Groupes d'intervention de la police nationale. Unités d'élite situées dans les collectivités d'outre-mer. Elles interviennent dans des situations de crise comme des prises d'otages, des actes terroristes, ou des interpellations de forcenés. Sa devise : « La cohésion fait la force ».

**IGPN** Inspection générale de la police nationale. Surnommée les « bœufs-carottes », ou police des polices, elle est directement rattachée à la DGPN (*supra*).

**OCRB** Office central pour la répression du banditisme. Créé en 1973, a changé d'appellation en mai 2006 pour devenir l'OCLCO (voir, *supra*, DCPJ).

**PP** Préfecture de police de Paris. Depuis mai 2012, il existe une autre préfecture de police, située à Marseille.

**RAID** « Recherche, assistance, intervention et dissuasion ». Cette unité d'élite a vocation à intervenir partout sur le territoire national pour démêler des situations de crise (enlèvements, prise d'otages, attaques terroristes, etc.). Sa devise est « Servir sans faillir ».

## Avant-propos

# Descente de police

Voilà le commissariat : c'est le plus proche de mon domicile, en banlieue parisienne. Je connais la façade, mais je n'ai jamais eu l'occasion d'en pousser la porte. Ce samedi-là, en milieu d'après-midi, j'y viens en compagnie de ma fille aînée. C'était en 2010 et elle était encore au lycée, en classe de seconde. Alors qu'elle se baladait à Paris, elle s'est fait dérober son portefeuille dans son sac à main. Adieu papiers et argent. Bonjour la (petite) galère. Des barbotages comme il en arrive des centaines – je n'ose écrire des milliers – par jour en France.

Le premier policier qu'elle croise dans la rue lui conseille de se rendre aussitôt au commissariat le plus proche pour porter plainte. Elle s'exécute. Elle commence à raconter son histoire lorsque le gardien de la paix qui rédige le procès-verbal l'interrompt : « Mais vous êtes mineure ? » Puisque c'est en effet le cas, le flic l'invite à revenir, accompagnée de l'un de ses représentants légaux. C'est la loi.

Et c'est ainsi que commissaire, contrôleur général de mon état, j'accompagne ma fille au commissariat. Dès notre arrivée, je constate que les locaux sont en travaux et sans doute depuis un certain temps… Derrière le bat-flanc de l'accueil, des cloisons temporaires ont été assemblées pour former un espace protégé. Les fonctionnaires sont ainsi hors de vue du public, mais l'isolation phonique laisse sérieusement à désirer. Les visiteurs entendent parfaitement toutes leurs conversations. Lorsque les voix ne sont pas couvertes par la retransmission d'un match de foot à la télévision. Ce qui est le cas ce jour-là.

Ils sont plusieurs à suivre les aventures de leur équipe favorite. Mais il n'y a qu'un seul flic à l'accueil. Il reçoit le public, fait patienter les uns et les autres en les priant d'attendre bien sagement qu'un de ses collègues soit disponible et vienne prendre leur plainte… Avec ma fille, nous ne sommes pas les seuls « clients » ! Au moins quatre personnes doivent passer avant nous. Dont un couple, venu de province pour un mariage, qui vient de se faire roulotter sa voiture. Un ou plusieurs individus leur ont tout volé : tenues de soirée et caméra comprises…

C'est à nous. Après nous avoir demandé le motif de notre venue et noté qu'il s'agit d'un simple vol de portefeuille – ce qui visiblement ne suscite ni intérêt ni enthousiasme –, le planton au guichet d'accueil nous prie de nous asseoir en attendant qu'on nous appelle. Une attente interminable commence. Près de deux heures ! On se croirait aux urgences d'un hôpital débordé.

L'écho des discussions rythmées par le match à la télé provoque bien sûr une certaine incompréhension, voire de l'exaspération. De ma part. Mais aussi de ma gamine. La manière dont elle me fixe en dit déjà assez long sur ce qu'elle pense de la situation. Elle bougonne dans son coin. Je n'ose même pas croiser le regard des autres personnes qui patientent comme nous. Les soupirs et soufflements des uns et des autres me suffisent. À ce moment-là, j'avoue ne pas être très fier d'être flic.

La situation s'aggrave soudainement avec l'arrivée d'un livreur de pizzas casqué. À peine a-t-il déboulé dans le commissariat qu'un fonctionnaire-téléspectateur-supporter surgit pour réceptionner les boîtes en carton, empilées les unes sur les autres. Avant, bien sûr, de disparaître presque aussi vite de l'autre côté des cloisons pour retrouver ses camarades.

Ma fille n'y tient plus : « Papa, fais quelque chose ! Ce n'est pas normal ! Ils mangent des pizzas et regardent la télé ? Et nous, on attend ? » Je tente de la raisonner : « C'est bon, ne t'inquiète pas ! Ça va bientôt être à nous. » Et je me mets à lui expliquer qu'il faut apprendre à rester patient dans la vie, que travailler dans de telles conditions n'est pas simple, et que ce métier n'est pas évident… Je ne suis pas vraiment certain de la convaincre.

C'est à nous. Enfin ! Un fonctionnaire en uniforme nous demande de le suivre jusqu'à l'étage. Il donne l'impression de connaître à peine les lieux : il tâtonne pour trouver un interrupteur dans le couloir, s'interroge à haute voix : « Où est-ce qu'on va se mettre ? » Un petit nouveau, peut-être…

Il finit par trouver un bureau disponible, nous invite à y entrer et à nous asseoir face à lui, tandis qu'il bataille pour relier un clavier à l'unité centrale d'un ordinateur. Il paraît exaspéré. Tout l'énerve. Mais il prend son temps. Et nous explique que l'attente est due à des difficultés d'organisation et à une surcharge de travail dans la police... Il se plaint aussi longuement des équipements informatiques.

Commence enfin le dépôt de plainte proprement dit. Lorsqu'il me demande une pièce d'identité, les choses se gâtent. Je ne dispose que de mon permis de conduire. Lequel est, je l'avoue volontiers, dans un bien triste état. Tandis qu'il inspecte le document, je sens comme une réticence de sa part. Dans l'espoir de prévenir toute difficulté, je précise : « Je suis un collègue. » Ce qui ne le perturbe aucunement : « Ah ? »

Devant pareil engouement, je crains que ma fille et moi perdions encore beaucoup de temps. Pour un résultat que je connais malheureusement d'avance : jamais aucune véritable enquête ne sera diligentée, jamais le portefeuille volé ne sera retrouvé, sauf si le voleur décide de s'en débarrasser après avoir conservé ce qui l'intéressait. Touché à mon tour par une forme subite d'exaspération, alors que je venais justement de dire à ma fille qu'il fallait rester patient, je regarde notre interlocuteur et lui dis calmement : « Je suis policier, commissaire, contrôleur général à la Direction centrale de la police judiciaire... ça fait longtemps qu'on attend... en bas... » Électrochoc pour le fonctionnaire. Il perd sa nonchalance, soudain très mal à l'aise.

Et le voilà qui, d'un coup, nous demande pardon et s'éclipse quelques minutes. J'imagine qu'il a dévalé quatre à quatre l'escalier jusqu'au rez-de-chaussée... À son retour, le policier s'excuse : « Il ne fallait pas attendre, vous auriez dû vous annoncer. » En clair, j'aurais dû présenter ma carte tricolore en arrivant au commissariat. Je n'ai jamais utilisé ce passe-droit. Je n'avais aucune raison de commencer ce jour-là. Ce n'est pas ma conception du service public, ni ma représentation de l'intérêt général.

L'audition achevée, alors que nous sommes sur le point de quitter les locaux, ma fille me fait remarquer que la télévision est éteinte. Je ne peux pas m'empêcher de laisser un mot sur le registre réservé à cet usage, à l'attention du public :

« Ce n'est vraiment pas beau les coulisses ! B. Petit, contrôleur général. »

Flic durant plus de quarante ans, je n'ai jamais été affecté à la sécurité publique. J'ai presque toujours servi à la police judiciaire. Je mesure néanmoins pleinement la violence et l'agressivité auxquelles sont confrontés, quotidiennement, les collègues des commissariats et l'usure que cela peut produire. Une situation que l'administration n'a jamais bien prise en compte et qui aboutit à de nombreuses incompréhensions et tensions avec tout le monde. Je ne suis pas certain que la future « police de sécurité au quotidien », voulue par Emmanuel Macron, y change quoi que ce soit. Ces problèmes ne sont pas qu'une question de moyens. Mais bien des questions de philosophie, de rapport de confiance à instaurer entre le citoyen et SA police.

Dans ma carrière, j'ai passé la plupart de mon temps à lutter contre la criminalité organisée. Des narcotrafiquants aux blanchisseurs d'argent en passant par des braqueurs de banque et les bandits corses. J'ai conduit des enquêtes politico-financières retentissantes. Patron du « 36, quai des Orfèvres », j'ai dirigé la traque de terroristes, celle des tueurs de *Charlie Hebdo* et de l'Hyper Cacher. Quand subitement, un sale jour de février 2015, j'ai tout perdu. Mon travail comme mon honneur. J'ai perdu aussi beaucoup de prétendus amis et ma confiance dans la vie. Si je n'avais pas eu les miens à mes côtés, je n'aurais jamais survécu. Je me suis fait brutalement débarquer pour avoir soi-disant violé le secret d'une enquête judiciaire. Un mensonge. Les lignes qui suivent ne vont pas se substituer au procès qui m'attend. Elles ne sont pas non plus une plaidoirie : je laisse cela à mes avocats. Elles racontent mon histoire. Celle d'un flic qui est devenu un flic à abattre.

# « Je suis Charlie »

C'est bientôt la fin. Voilà deux bonnes heures déjà qu'ils ont commencé leur numéro. Le rituel est immuable, trois fois par semaine. Ce mercredi matin 7 janvier 2015, c'est « rapport » chez le préfet. Le maître de céans réunit, autour d'une interminable table ovale, tous les patrons de la police parisienne. Remisés un peu à l'écart, quelques inévitables ronds-de-cuir se fondent à merveille dans l'immobilier ancien. Bernard Boucault commence la liturgie républicaine par la liste des activités passées. Puis vient l'ordre du jour prévisionnel. Je me suis déjà mis à gribouiller, calé au fond de ma chaise, au dossier et à l'assise inconfortables. Chacun sait bien, comme le préfet le répète régulièrement, coupant court à certaines discussions sensibles d'un ferme « nous en parlerons en tête à tête », que l'essentiel ne se passe pas là.

Je ne feins même pas de croire le contraire. Le tour de table débute par le directeur de l'ordre public, le régulateur des embouteillages et des manifestations, « l'homme autour duquel la préfecture s'est construite », comme aime à le répéter le préfet, sans que je sache s'il s'agit vraiment d'un compliment. Puis, dans un ordre bien huilé, c'est au tour du patron de la sécurité de proximité de s'exprimer. Il règne sur les quatre-vingt-quatre commissariats de la capitale et de la petite couronne, dirige les brigades anti-criminalité, organise le « 17 ». Il est le seigneur de la préfecture de police de Paris, un duc de Bourgogne fort de vingt-deux mille hommes. Vient ensuite le moment de l'homme du renseignement. Discret par tempérament, secret par fonction, il distribue à chacun des clés pour ouvrir des portes. Mais il se garde bien de les franchir. C'est mon tour. L'exercice est fastidieux, mais ce n'est finalement jamais la routine. Les enquêtes qui avancent, celles qui piétinent, celles que nous allons conclure, celles qui n'en finissent plus... Je ne suis pas sûr que Jules Maigret, dont les journaux font par facilité le directeur de la police judiciaire son héritier, aurait trouvé plaisir à cet exercice administratif. Il faudra penser à demander à Simenon...

C'est la fin. Je n'en finis plus de croquer. Seul le frémissement de mon téléphone m'interrompt. Le message est presque banal, anodin pour le patron du 36 : « Homicide dans le XI$^{e}$ arrondissement ». Tout naturellement, je pense d'abord à un drame familial, mais le message suivant m'informe que les faits se sont déroulés dans un hall d'immeuble. Ma première hypothèse n'est donc pas la bonne : il y a meilleur endroit pour la fin d'une histoire conjugale... Un autre message suit qui évoque, cette fois, « au moins » deux morts, et l'idée d'un règlement de comptes lié à la criminalité ou une affaire comme celle des Kurdes[1] me traversent

1. Le 9 janvier 2013, Sakine Canziz, membre fondatrice du Parti des travailleurs du Kurdistan (le PKK), Fidan Doğan et Leyla Söylemez, également membres du PKK, sont assassinées par balles dans

l'esprit. Alors on en a fini de ce « rapport » ? Je lève la tête et vois que la plupart de mes collègues consultent leur messagerie instantanée. Il se passe quelque chose. Quelque chose d'aussi grave qu'inédit. La réunion est interrompue. Je rejoins ma voiture. Ludovic, un brigadier formé à la conduite rapide, est au volant. Depuis que j'ai pris mes fonctions, fin 2013, il m'accompagne partout. J'apprécie sa disponibilité et son dévouement. Mon adjoint Philippe Bugeaud nous rejoint. C'est moi qui l'ai fait nommer à ce poste, au grand dam des hiérarques de la préf'. Alors que nous quittons l'île de la Cité, gyrophare et deux-tons en action, nous savons que les faits se sont déroulés rue Nicolas-Appert, mais nous ne disposons d'aucun autre détail. Nous ignorons encore ce que nous allons trouver.

Sur la fréquence de la préfecture, le trafic radio est particulièrement intense. Les SMS affluent. J'apprends que les premiers équipages de voie publique sont sur place. Je crois comprendre qu'un collègue vient d'être tué. Juste avant d'arriver, mon secrétariat me prévient : une dame cherche à me joindre. Journaliste, elle a pris position sur un toit avec vue sur la scène du crime. Elle dit avoir tout vu, a laissé ses coordonnées. Il faudra penser à la rappeler, le moment venu. Quand j'arrive rue Nicolas-Appert, de nombreux policiers, sapeurs-pompiers et hommes en veste fluorescente s'activent déjà sur les lieux. Les véhicules de secours sont garés au beau milieu de la chaussée, signe de l'urgence absolue en cours. Je vois enfin un drap blanc. Il occulte

---

les locaux du centre d'information sur le Kurdistan, rue Lafayette à Paris. Leur assassin, Omar Güney, sera arrêté.

partiellement l'entrée du numéro 10 de la rue. C'est donc là…

Jacques Méric m'a devancé dans ce coin du XIe arrondissement. Le directeur de la sécurité publique a l'air plus grave que d'ordinaire. « Tu sais, il y a des morts là-haut, trois, quatre, peut-être plus », me lâche-t-il. Je l'interroge : « Mais c'est quoi ? – C'est *Charlie*, *Charlie Hebdo.* » Il n'a pas besoin de m'en dire plus pour que je comprenne qu'il s'agit d'un attentat. Le premier d'une très longue, trop longue série.

En 2013 et 2014, nous nous sommes organisés pour pouvoir faire face à cette éventualité. Nous nous sommes formés, nous avons revu les protocoles d'alerte, modifié les schémas d'intervention, précisé le rôle des différents services. La Brigade de recherche et d'intervention – la fameuse BRI qui dénouera la prise d'otages du Bataclan le 13 novembre 2015 – s'est même entraînée sur des attaques terroristes « mobiles »… Une salle de crise, lieu de commandement et de coordination, a été instituée au cœur du 36. Lors de nos premières simulations, nous mettions encore quarante minutes pour tout mettre en place. Ce 7 janvier 2015, il en faudra deux fois moins.

Mais voilà, on a beau se préparer, c'est autre chose que d'être confronté à la réalité. On se surprend à murmurer « ça y est, on y est… ».

Devant l'entrée de l'immeuble, un homme est allongé sur une civière posée en travers de la porte. Il est silencieux, sans doute sans connaissance. Un médecin est à son chevet. Dans la cage d'escalier, il y a de nombreuses traces de sang. Partout : au sol, au mur, jusque sur les plinthes. Et puis il y a cette odeur, la même – en pire – que celle qui rôde autour des scènes de crime.

Je sais qu'il s'agit d'un attentat, mais je ne veux pas croire au carnage.

À l'étage, sur le palier, je me heurte à une nouvelle civière. Deux pompiers bataillent avec l'exiguïté des lieux pour évacuer au plus vite un blessé. Sur son lit de fortune et de douleur, un homme hurle : « Mon bras, mon bras ! » Un des brancardiers m'apostrophe, les yeux fixés sur mon blouson Police : « Eh, la police ! File-nous un coup de main ! » J'obéis. Je retiens un temps la civière afin de lui permettre de se repositionner avant de reprendre sa descente vers le rez-de-chaussée. Me voilà avec du sang sur les mains et sur une des manches de ma chemise. Je prends conscience alors qu'il y a quelque chose d'incongru à être ici en costume-cravate-manchettes… J'entre dans la pièce principale. Du sang, encore du sang, toujours du sang. Des corps, beaucoup de corps, qui s'enchevêtrent. Tous les hommes sont face contre terre. L'un d'eux porte un holster vide. Un collègue chargé de protéger un des dirigeants de l'hebdomadaire, menacé après la publication des caricatures de Mahomet. L'arme du policier est coincée sous son corps : il n'a malheureusement pas eu le temps d'en faire usage. Il s'appelait Frank Brinsolaro. Un seul visage est apparent, celui d'une femme. Il porte déjà le teint cireux de la mort. Elle s'appelait Elsa Cayat. Née en Tunisie, à Sfax, comme moi. Les victimes ont été tuées à bout portant, certaines achevées tandis qu'elles cherchaient certainement à se cacher dans un recoin ou sous une table. C'est un terrible carnage. Retenir ses émotions devant une telle scène demande un effort. Je n'oublierai jamais cette vision de la barbarie. J'apprendrai plus tard que le premier mort de cet attentat n'était pas dans ces locaux et qu'il s'appelait Frédéric Boisseau.

Vêtus de leurs combinaisons blanches, équipés de leurs appareils de mesure, les techniciens de l'identité judiciaire procèdent déjà aux premiers prélèvements. Un homme, encore jeune, mince, le crâne rasé, sans brassard ni uniforme, s'adresse alors à moi. Calmement, d'une voix douce, il me lance : « Bonjour, monsieur Petit… » Je pense avoir à faire à un des nombreux fonctionnaires de police. « Vous me reconnaissez ? » me dit-il. Mon « oui » courtois mais hésitant lui confirme qu'il n'en est rien. Je ne sais pourquoi on n'ose pas dire aux gens qu'on ne les reconnaît pas ? Sans doute un excès de politesse ou la gêne de les avoir comme oubliés. Il coupe court en me disant : « Je suis Laurent Léger. » Ça y est, je me souviens : un journaliste. Je l'ai connu il y a très longtemps. Des années que je ne l'avais pas vu.

Mais qu'est-ce qu'un journaliste fait ici, sur une scène de crime, un attentat en plus ? Quel est l'imbécile qui l'a laissé entrer ? Je m'apprête à le rabrouer, lorsqu'il me lâche, toujours d'une voix étonnamment posée : « J'étais là, j'ai réussi à me cacher quand ils sont rentrés… J'ai échappé à la tuerie. » Je demande aussitôt à un officier de police judiciaire de s'occuper de lui. Son témoignage sera précieux. De prendre soin de lui aussi. Tout juste ai-je le temps de lui glisser quelques mots de réconfort bien vains qu'un colonel des sapeurs-pompiers me hèle à son tour, un petit cahier en main : « Il me faut la liste des victimes pour l'état-major et les autorités. » Un officier de la brigade criminelle à qui il avait déjà fait la même demande le rabroue en lui disant qu'il doit attendre. Le ton est vif. Je tente de calmer l'impatient : « Bien sûr, mon colonel, dès que ce sera possible. »

Mon téléphone sonne maintenant de façon quasi continue. Je reçois toutes sortes d'appels, des infos communiquées par l'état-major, des fonctionnaires qui demandent une instruction, jusqu'à ma femme qui découvre avec effarement de l'étranger l'actualité française via CNN. Un énième coup de téléphone, un numéro masqué, auquel je réponds allez savoir pourquoi : « Bonjour, c'est Christophe Labbé du *Point.* » Encore un journaliste qui cherche à avoir des infos ! Je m'apprête à le congédier, mais il me demande tout à trac. « Est-ce que Laurent Léger est vivant ? S'il vous plaît ! C'est un ami. » Je lui réponds laconiquement : « Oui, il est vivant. » Il insiste : « On devait déjeuner ensemble aujourd'hui et il n'est pas là. Vous comprenez, il n'est pas venu... » Tandis qu'il me parle, Je vois Laurent Léger debout dans l'autre pièce avec les enquêteurs. Je lui dis : « Je vous dis qu'il est vivant, je viens juste de lui parler ! » Et je raccroche.

À ce rythme, la batterie de mon téléphone donne rapidement des signes de faiblesse. Je vais rejoindre Ludovic qui dispose d'une recharge dans la voiture. Je descends cet affreux escalier pour aller à sa rencontre. Dehors, à gauche en sortant, une femme brune parle avec deux hommes des services de secours tout près d'un camion du SAMU. La discussion est vive. Elle est sous le coup de l'émotion. Elle veut qu'on lui dise si son compagnon qui est « là-haut » est vivant ou non. C'est en voyant la détresse de cette femme que je prends la décision de faire activer le travail d'identification afin que les familles soient rapidement informées.

À mon retour, je croise à nouveau le colonel qui attend toujours sa liste des victimes... Je suis bien décidé à faire le nécessaire, mais il reste une difficulté.

Il faudrait bouger et fouiller chaque corps pour trouver des pièces d'identité, ce que je me refuse à faire tant que le travail de la police scientifique n'est pas achevé. Dans un premier temps, je téléphone donc à René Bailly, le directeur du renseignement de la préfecture, pour lui demander s'il a une « ressource » pour identifier les morts. Dans mon imaginaire, les anciens renseignements généraux avaient des fonctionnaires spécialisés qui connaissaient tout de la presse et des journalistes. La réponse est négative. Comment faire sans trop manipuler les corps ? Dans une des pièces adjacentes à la scène de crime, il y a toujours la frêle silhouette de Laurent Léger. Je m'approche de lui et je lui demande avec précaution : « Laurent…, j'ai besoin de vous…, pourriez-vous nous aider ? » Comme il acquiesce, j'ajoute : « Je vais vous demander une chose terrible. Pourriez-vous reconnaître les corps pour nous ? » Et cet homme d'apparence fragile a trouvé la force incroyable de le faire.

Nous nous sommes penchés sur tous ces corps, les uns après les autres. Et il a commencé l'identification en égrainant les noms : Mustapha, Cabu, Maris, Tignous, Elsa, Michel Renaud, Honoré, Wolinski, Charb… Je me demande encore aujourd'hui où il a puisé cette force.

Tandis que nous sommes penchés sur les corps, des téléphones sonnent dans les poches des morts. Mélodies cruelles. Certainement des parents, des amis qui attendent des nouvelles, craignent le pire, espèrent le meilleur. Plus tard, après l'attaque du Bataclan, d'autres policiers entendront eux aussi ces terribles sonneries.

Nous continuons notre travail d'identification et de constatations, alors que les autorités s'annoncent. En réalité, je ne verrai la plupart d'entre elles, les heures et jours suivants, qu'à la faveur de reportages télévisés. Ce n'est pas le cas de Manuel Valls, alors Premier ministre. Je vais l'accueillir au pied de l'escalier. L'ex-« premier flic de France » est venu « se rendre compte par lui-même ».

Nous sommes près de monter quand un autre homme arrive à son tour : Philippe Val. L'ancien patron de *Charlie Hebdo*, visiblement sous le choc, « veut voir, absolument voir ». Je m'y oppose, non pas tant pour éviter le risque qu'il pollue la scène de crime, mais parce que la vue de ces corps sans vie, désarticulés, au milieu du mobilier de bureau, est tout simplement insoutenable. Je sais qu'elle le sera encore plus pour un proche. Le ministre tente également de dissuader celui qui est visiblement son ami : « Tu ne peux pas, Philippe. Tu ne peux pas y aller. » Finalement, Val ne montera pas. Je garde le souvenir d'une silhouette voûtée qui s'en retourne avec son chagrin. Quand le Premier ministre arrive à l'étage, je le prie de ne pas franchir le seuil de la salle de rédaction. Il respecte la consigne sans dire un mot. Je perçois l'émotion réelle de cet homme. Faire face, encore. Le travail reprend. Le temps de l'enquête est venu. Ma place est au 36.

À l'extérieur, loin de la scène de crime, la fuite et les plans des deux assassins sont contrariés par l'intervention de courageux fonctionnaires. Malheureusement, l'armement des premiers intervenants est asymétrique à celui des tueurs ! Il faut du courage pour « monter au front » quand la puissance de feu est totalement en votre défaveur. Boulevard Richard-Lenoir, les Kouachi abattent lâchement un policier du commissariat du XI$^{e}$ arrondissement. Il s'appelait Ahmed Merabet.

Mais l'abnégation des collègues n'est pas inutile. Grâce à eux, la cavale des deux terroristes, dont tous les témoins avaient pourtant noté le sang-froid, devient de plus en plus précipitée. Près des Buttes-Chaumont, ils ont un accident. Ils doivent abandonner leur voiture en catastrophe et cet épisode va se révéler essentiel. Car, malgré Vigipirate, le plan attentat et toutes les forces de police à leurs trousses, les deux hommes parviennent à s'échapper : on perd définitivement leur piste vers la porte de Pantin. Un échec. Heureusement il nous reste leur voiture.

Dans la cellule de crise installée à la préfecture de police, les informations en provenance des différents services se partagent. Le parquet de Paris est à la manœuvre. Saïd et Chérif Kouachi ont finalement laissé des traces. Partout. Comme si, au fond, leur monstrueux forfait accompli, ces fous de Dieu savaient leur fuite inutile et en acceptaient l'issue.

Dans le véhicule abandonné précipitamment, les enquêteurs découvrent des cagoules, des gants, des rouleaux de bande adhésive, des bouteilles d'eau minérale, des couvertures de survie, une lampe frontale, un couteau de poche, des talkies-walkies, un livre sur l'islam, des bannières aux couleurs de Daesh[1]... et, dans une sacoche laissée à l'avant de la voiture, une pièce d'identité au nom de Saïd Kouachi. Ce document qui fuite aussitôt sera source de bien des polémiques inutiles[2].

1. Sur les fanions découverts, une inscription en arabe : « Il n'y a qu'un dieu et Mahomet est son prophète. »

2. La photographie de Saïd Kouachi va rapidement circuler par des canaux informels. Un terroriste doublé d'un tueur de flic en liberté, comment pouvait-il en être autrement ?

Mais qui est ce Saïd Kouachi ?

Avisé, René Bailly, mon homologue du renseignement, fait le job. Les Kouachi sont bien connus des services, comme on dit dans notre jargon. Considérés comme dangereux et radicalisés, ils faisaient même l'objet de surveillances physiques et électroniques lorsqu'ils séjournaient en banlieue parisienne. Mais depuis que l'un d'eux s'était installé à Reims, la belle machine s'était grippée. Encore « un trou dans la raquette » du dispositif des services de renseignement.

Il est particulièrement difficile, voire impossible, de détecter et d'empêcher le passage à l'acte d'un déséquilibré, ou d'un individu isolé qui n'a pas d'antécédents et se radicalise subitement, à plus forte raison s'il utilise les moyens du bord, un simple couteau ou sa voiture. Mais là… Qu'il s'agisse de Saïd, l'aîné, ou de Chérif, le cadet, tous les voyants étaient au rouge : les frères Kouachi étaient liés à Farid Benyettou[1] et à Djamel Beghal[2], deux hommes condamnés à des peines criminelles, l'un pour association de malfaiteurs en lien avec une entreprise terroriste, l'autre pour un projet d'attentat contre l'ambassade des États-Unis à Paris. Ils appartenaient à la filière des Buttes-Chaumont[3] qui recrutait des combattants pour le djihad en Irak. Ils

1. Farid Benyettou a été condamné à six ans d'emprisonnement pour avoir organisé, avec Boubaker El Hakim, la filière des Buttes-Chaumont. Il aurait enrôlé Chérif Kouachi dans les années 2000.

2. Djamel Beghal est soupçonné d'appartenir à la mouvance du GIA depuis 1994. Il a séjourné avec sa compagne en Afghanistan. En 2005, il est condamné à dix ans d'emprisonnement pour association de malfaiteurs en lien avec une entreprise terroriste.

3. En 2008, Chérif Kouachi a été condamné à trois ans de prison pour son appartenance à la filière des Buttes-Chaumont. Il sort de prison un an et demi plus tard.

avaient fréquenté la salle de prière de la rue de Tanger[1] à Paris, un lieu inquiétant où officiaient, quasiment au grand jour, des salafistes qui ne cessaient de prêcher la radicalité la plus extrême à l'égard des « mécréants ». Le nom des Kouachi apparaît aussi en 2010 dans le projet d'évasion de Smaïn Aït Ali Belkacem[2], un des terroristes à l'origine de la terrible vague d'attentats qui a frappé notre pays en 1995[3]. Cerise sur le gâteau, en 2011, les services américains avaient signalé à leurs homologues français le déplacement de Saïd Kouachi à Oman[4] et avaient « black-listé » les deux frères, leur interdisant ainsi l'accès au territoire des États-Unis.

Comment ces deux-là ont-ils pu être laissés sans surveillance ?

Seul point positif, je suis sûr que les Kouachi sont à la ramasse, en grande difficulté. Tout ce matériel entassé dans la voiture, ils n'avaient pas prévu de l'abandonner. En fait, ils n'ont pris que leurs armes. Ils doivent être maintenant dans l'improvisation. Je doute qu'ils aient

1. La salle de prière de la rue de Tanger, la mosquée Adda'Wa, a officié de 1969 à 2006, date à laquelle elle a été fermée.

2. Smaïn Aït Ali Belkacem a été condamné à la réclusion criminelle à perpétuité pour sa participation à la campagne d'attentats qui a frappé la France en 1995. Membre du GIA, il est considéré comme l'artificier des poseurs de bombes. En 2010, une dizaine de personnes seront arrêtées pour avoir projeté de le faire évader de la centrale de Clairvaux dans l'Aube où il était incarcéré.

3. En 1995, une campagne d'attentats a frappé la France. Elle a fait huit morts et deux cents blessés. Ces actes terroristes ont été attribués au Groupe islamique armé. Djamel Zitouni, son leader, les a même revendiqués.

4. La présence de Saïd Kouachi au sultanat d'Oman est signalée par les services américains en 2011. Ils le suspectent d'être passé au Yémen, avec Salim Benghalem, pour se former au maniement des armes dans un camp d'entraînement d'al-Qaïda.

une vraie planque. Je ne peux m'empêcher de penser à l'affaire Kelkal[1] et je les imagine planqués dans un lieu isolé improvisé, contraints d'attendre que ça se calme avant de repasser à l'action.

En attendant, c'est l'effervescence. Tout le monde veut tout savoir, et en temps réel. Sans doute sollicité par l'Élysée, Beauvau interroge le préfet, qui me questionne à son tour. Dans le même temps, le procureur me demande aussi des comptes sur l'avancée de nos investigations. « Mes » flics, heureusement, n'ont pas besoin d'être motivés. En pareille période, il n'y a pas de problèmes d'effectifs, aucun état d'âme. Les fonctionnaires en congés, petits et grands, sont tous rentrés d'eux-mêmes. La motivation et l'engagement ne manquent pas. Il s'agirait même, au contraire, de tempérer les ardeurs pour durer et rester efficaces. Nous alimentons le dossier judiciaire, rassemblons preuves et témoignages, établissons les procès-verbaux. Les terroristes sont toujours en fuite.

Dans l'après-midi, la Brigade de recherche et d'intervention « casse » une première adresse[2], celle mentionnée sur la carte d'identité de Saïd Kouachi, découverte dans la voiture abandonnée. En vain, l'intéressé n'y demeure plus depuis déjà un moment. Les services de renseignement nous communiquent ensuite des adresses. Mais les informations qui nous sont transmises proviennent presque toutes de déclarations faites par

1. Khaled Kelkal était un des poseurs de bombes lors des attentats de 1995. L'homme, qui se savait recherché, survivait caché au fond des bois jusqu'à ce qu'un chercheur de champignons découvre son campement et avise les gendarmes. Kelkal sera finalement abattu par les militaires pendant sa cavale.

2. Rue Ambroise dans le XIXe arrondissement de Paris.

les Kouachi eux-mêmes à l'occasion de la délivrance de documents administratifs. Les surveillances effectuées auparavant n'avaient donc jamais permis de « loger » précisément ces hommes ?

L'État se doit de montrer qu'il réagit. Comme d'habitude, le choix est vite fait. Des escadrons noirs et des uniformes kaki envahissent aussitôt la capitale, lui donnant l'allure d'une ville assiégée. On dit que presque quatre-vingt mille hommes vont être ainsi déployés dans le pays. Le soir même, devant les caméras, le RAID intervient à Reims aux domiciles de la famille Kouachi, dont celui de Saïd. Je ne sais pas grand-chose de cette opération, mais je n'en reviens pas de voir sa diffusion, en direct, à la télévision[1]. Visiblement aucun périmètre de sécurité n'a été organisé. C'est un peu la pagaille.

Je me repose quelques heures dans l'appartement qui est dévolu au patron du 36. J'héberge à cette occasion deux autres fonctionnaires qui se sont dépensés sans compter et qui ont fini très tard (ou plutôt très tôt). En tentant de trouver le sommeil, je redoute l'exemplarité du massacre de *Charlie*. J'ai peur que les frères Kouachi aient donné une sorte de signal à d'autres illuminés. Je comprends qu'il va falloir différencier l'essentiel de l'accessoire, laisser les affaires courantes de côté pour ne s'occuper que de ce seul dossier.

Jeudi 8 janvier.

La nuit a été extrêmement courte. J'arrive au bureau à 8 heures après mon rituel du matin, prendre un café

1. Le même problème se posait autrefois dans des termes absolument identiques à l'occasion des grandes affaires d'enlèvement avec demande de rançon. Les journalistes pistaient la police pour faire de l'image. Nous étions obligés de mettre en place des leurres et d'être très vigilants lors nos communications radio qui étaient interceptées.

et une tartine au Soleil d'Or. À cet instant, il n'y a rien de nouveau quant à l'enquête elle-même. Les Kouachi restent introuvables.

Vers 8 h 30, je suis en train de lire le courrier quand le brouhaha de l'état-major parvient jusqu'à moi. Son chef fait irruption dans mon bureau. Il m'annonce qu'une jeune policière qui intervenait sur un accident de la circulation vient d'être abattue avenue Pierre-Brossolette à Montrouge par un homme cagoulé armé d'un fusil d'assaut. Une rixe s'est ensuivie avec un employé de la voirie qui s'est courageusement interposé avant d'être blessé à son tour par balle. Il réussit cependant à arracher la cagoule de l'agresseur avant que ce dernier ne prenne la fuite. Le chef d'état-major me précise que la cagoule est restée sur place, ce qui signifie que nous allons avoir de l'ADN. Le service de police judiciaire des Hauts-de-Seine, rattaché à la PJ de Paris, est saisi par le parquet.

Le ministre de l'Intérieur s'est précipité sur place et il annonce aux médias qu'aucun lien n'est établi avec *Charlie Hebdo*. Même s'il ne peut guère s'agir d'une nouvelle action des frères Kouachi, la connotation terroriste ne fait guère de doute : une policière en tenue, abattue sans raison apparente, vraisemblablement avec une arme de guerre, par un individu en tenue de combat. Il y a aussi cet enchaînement avec les faits de la veille... Plus que jamais, je redoute que des illuminés se réveillent n'importe où sur le territoire et commettent ce genre d'acte aléatoire et donc imprévisible.

En attendant d'y voir plus clair, des observateurs de la section antiterroriste de la brigade criminelle sont dépêchés aux côtés des enquêteurs de la sous-direction de la police judiciaire. Des hommes de la Brigade de recherche et d'intervention, la BRI, vont aussi se positionner sur zone au cas où… L'auteur est toujours en fuite et il peut repasser à l'action. Comprendre ce qui s'est réellement passé à Montrouge. Les témoignages affluent. Mais ils sont fragiles. La plupart affirment que le tireur est noir, mais une personne dit quand même qu'il était de type européen… Malgré ces difficultés, les services de l'identité judiciaire parviennent à dresser un portrait-robot.

Dans le même temps, ce 8 janvier, les Kouachi réapparaissent sur les écrans radars. Vers 9 h 30 et à plus de quatre-vingts kilomètres au nord-est de Paris, ils sont vus dans une station-service à Villers-Cotterêts. Le gérant les reconnaît formellement. L'exploitation des bandes vidéo le confirme. Ce sont bien eux, visages découverts, kalachnikov et peut-être lance-roquettes dans la voiture. Ils sont là pour se ravitailler. Ils repartent aussitôt et disparaissent aux abords de la forêt de Retz. La chasse reprend, elle prend même des allures de chasse à courre ! D'énormes moyens sont engagés toutes forces confondues. Les barrages et les contrôles se multiplient et, pour la toute première fois, GIGN, RAID, GIPN et BRI, appuyés par des hélicoptères, sont engagés tous ensemble pour battre le terrain et inspecter les maisons isolées. Les axes en direction de Paris restent particulièrement surveillés. Les recherches doivent s'arrêter à la tombée de la nuit, mais l'étau se resserre.

Tandis que la brigade d'intervention est engagée à Villers-Cotterêts aux côtés des autres unités d'intervention, je reste concentré, comme toute la police judiciaire, sur les suites de *Charlie* et sur l'assassinat de Montrouge. Et la « chance » nous sourit. Une jeune femme, commissaire, fait savoir à son chef qu'elle pense connaître l'individu. Précédemment en poste à l'antiterrorisme, elle avance même un nom : Amedy Coulibaly. Grâce à elle nous gagnons un temps précieux. Sans attendre le retour des résultats ADN, tous les fichiers sont instantanément consultés et les premières adresses tombent. Les photos collent avec le portrait-robot. Mes équipes identifient son domicile et ceux de ses proches. Un peu plus tard, les résultats ADN viennent confirmer qu'il s'agit bien de Coulibaly : il a été signalé à plus de trente reprises pour des faits de vol ou de violence. Le préfet de police et le procureur sont avisés. Des surveillances se mettent en place en vue des interventions à venir. Coulibaly est avant tout un délinquant de droit commun. Il est également bien connu des services de renseignement. Il a déjà été arrêté en 2010 avec Chérif Kouachi pour sa participation au projet d'évasion de Aït Belkacem, condamné à cinq ans d'emprisonnement pour ces faits et libéré en 2014 pour bonne conduite…

« La cuisine interne » commence. Sous la férule du parquet, elle donne lieu à une savante répartition des tâches entre la police judiciaire de la préfecture de Paris, la Direction centrale de la PJ et la Direction générale de la sécurité intérieure : les domiciles en dehors du ressort de la préfecture de Paris, dont celui de la mère et des copains de Coulibaly à Grigny, dans l'Essonne, seront pris en charge par les hommes de la Direction centrale de la PJ et du RAID. Nous ne sommes autorisés à travailler que sur Paris et la petite couronne. Nous allons donc nous occuper du dernier domicile connu de Coulibaly à Fontenay-aux-Roses. La sécurité intérieure est autorisée, quant à elle, à mettre des observateurs sur tous les points.

En fin d'après-midi, le préfet de police m'invite à l'accompagner à Beauvau. Ce ne sont pas ces réunions qui font avancer les dossiers, mais les enquêtes de cette ampleur s'apparentent à des ballets. Des va-et-vient sans fin, rythmés par des réunions et de la communication. Les véritables artisans du spectacle n'y sont pas. Ils continuent à s'affairer dans les coulisses. Je vis ces moments comme une comédie de genre, où chacun joue sa propre partition, s'essayant à la manœuvre et au rapport de force. C'est un peu à celui qui fera briller le plus son service ou sa direction, à celui qui obtiendra les grâces du ministre. À ce jeu-là, les gendarmes, et singulièrement leur chef Denis Favier, sont très forts. Ils savent rassurer les autorités. Les chefs flics – dont je suis – sont des amateurs à côté. L'exercice est tout bénéfice pour le ministre. Il affine sa communication et peut s'afficher en chef de guerre rassembleur. Les « chapelles » autour de la table sont pourtant nombreuses… La Direction générale de la police et son directeur si discret qu'il en paraît absent ; la Direction centrale de la police judiciaire qui entend bien jouer son rôle de service central, et dont la sous-direction antiterroriste est d'ores et déjà un acteur important ; la puissante Direction générale de la sécurité intérieure, taiseuse, dont on a du mal à mesurer l'apport réel dans ce dossier, mais dont les moyens continuent de faire rêver tous les enquêteurs ; la préfecture de police et son emblématique préfet qui sont, par la force des choses, au cœur du dossier et entendent bien y rester ; la Direction centrale de la sécurité publique, massive, impressionnante, mais si difficile à manœuvrer. Et, enfin, la Direction générale de la gendarmerie, avec son chef charismatique, le général Favier, qui n'est encore saisie de rien, mais qui ne demande qu'à offrir ses services. Il y a aussi un haut magistrat du parquet qui représente la justice, et des conseillers du ministre dont on ne sait pas toujours qui ils sont exactement ni ce qu'ils font.

Dans le courant de la journée, la machine s'emballe. Les informations les plus folles commencent à courir, les terroristes reviendraient vers la capitale. On commence à les voir partout, aux abords des pistes de l'aéroport de Roissy avec un lance-roquettes, dans une fusillade imaginaire au péage de Senlis, dans un train qui les amènerait gare du Nord et même boulevard Raspail à Paris à bord d'une Mini Cooper avec leurs kalachnikovs, voire aux abords du bâtiment de la sécurité intérieure.

La nuit du 8 au 9 janvier est une nuit blanche. Vers 21 heures, je quitte la préfecture pour faire un tour à la salle du Fumoir, la salle de crise ouverte à Beauvau. Puis je retourne au 36 retrouver la BRI qui se prépare à agir. Durant toute la nuit, je suis sur le terrain avec « les hommes en noir ». On « pète » en vain plusieurs appartements, dont la résidence principale de Coulibaly à Montrouge. On trouve fixé sur un mur dans le salon un drapeau noir avec une sourate qui scande : « Dieu est grand. » Mais l'oiseau s'est envolé. Est-il parti en cavale ou se terre-t-il dans une cache, prêt à repasser à l'action ? Est-il en lien avec les Kouachi ? S'agit-il du début d'une campagne terroriste, comme celle que nous avons connue en 1995 ?

Le vendredi 9 janvier, les choses s'accélèrent. Les Kouachi sortent de leur tanière et braquent un automobiliste pour lui dérober son véhicule en lisière de la forêt d'Ermenonville à environ soixante kilomètres de Paris. C'est finalement à Dammartin-en-Goële, à environ cinquante kilomètres de Paris, que leur cavale prend fin. Après une brève fusillade avec la maréchaussée, Chérif Kouachi est blessé et les deux frères se retranchent dans une imprimerie. Ils sont enfin « fixés », la situation bascule alors en leur défaveur, et toutes les forces d'intervention convergent vers eux. C'est aussi le moment des malentendus. Les unités de gendarmerie qui étaient engagées dans le ratissage des forêts étaient épaulées par le GIGN, mais aussi par des éléments du RAID et de la Brigade de recherche et d'intervention de la préfecture de Paris. Cette dernière se repliait quand la nouvelle est tombée : les Kouachi étaient pris au piège à Dammartin. Aussitôt, de leur propre initiative, certains des hommes de la brigade, dans leur fameux camion blindé, font mouvement vers les lieux. Impétuosité sans malice, mais là on se doit de respecter la zone gendarmerie… L'affaire est mal vécue. Je reçois une plainte par téléphone d'un conseiller de la Direction générale de la police nationale qui m'en informe. J'appelle alors le chef de la BRI pour qu'il veille à ce que ses hommes se replient et laissent toute leur place aux gendarmes.

Ma direction étant en charge de l'enquête judiciaire, je me rends à Dammartin. Quand j'arrive, les chefs du RAID et de la BRI sont déjà là. Le procureur de Paris arrive peu après. Les représentants des services territoriaux de gendarmerie et de police sont également tous présents. Ça fait beaucoup de monde ! La gendarmerie a installé son PC dans une petite société de travaux publics à l'intérieur de la zone industrielle où se trouve l'imprimerie dans laquelle les deux frères se sont retirés. Le match se présente bien. Le commandant du GIGN est là avec ses hommes et leur équipement. Leur déploiement est vraiment impressionnant. Leur organisation aussi. Le général Favier, directeur général de la gendarmerie, est là en personne. Nous sommes une petite quinzaine autour de la table de réunion. Il nous annonce qu'il vient tout droit d'une réunion avec les plus hautes autorités de l'État et qu'elles lui ont confié la direction des opérations « sous le contrôle bien entendu du procureur de la République de Paris », ajoute-t-il. Il annonce que le GIGN va intervenir et que le RAID et la BRI resteront en réserve. Après avoir déployé une carte, il nous explique par le détail la situation et répond à quelques rares questions. Je sais à cet instant que ni le RAID ni la BRI ne participeront à l'assaut final. Les hommes de ces unités et leurs chefs l'ont compris également. Ils l'acceptent sans broncher. C'est le jeu, ils sont résignés. Contrairement à la légende, Favier n'a jamais signifié aux forces de police qu'elles devaient se retirer. Dans cette phase de l'action, le patron c'est lui et lui seul, mais il ne chasse personne. Je pense rester pour suivre le déroulement de l'assaut de la gendarmerie. On apprend toujours. Mais une autre urgence est signalée…

Je viens d'apprendre qu'une prise d'otages est en cours. À Vincennes, en bordure du périphérique parisien, dans une supérette cacher. Je prends donc la décision de rejoindre Paris. Tout le long du trajet, mon état-major me tient précisément informé de l'évolution de la situation. Ce qui était une intuition devient une certitude : c'est bien Amedy Coulibaly qui est retranché dans l'Hyper Cacher. Il pleut et les bouchons sont considérables. Aux portes de Paris, la circulation est à l'arrêt, les voitures sont toutes agglutinées les unes derrière les autres. Pour sécuriser les lieux, mes collègues en charge de la sécurité publique et de la police de proximité ont pris la décision d'interrompre la circulation sur le périphérique, autour de la porte de Vincennes. Le magasin est situé en bordure du long ruban bitumeux. Si par malheur le terroriste a des explosifs, le « blast » et la projection de débris peuvent causer des dégâts considérables. Après avoir zigzagué, toutes sirènes hurlantes, sur la bande d'arrêt d'urgence, je finis par arriver. La BRI et le RAID qui avaient quitté Dammartin en même temps que moi sont déjà arrivés. La mise en place du poste de commandement opérationnel se fait rapidement.

Un simple barnum de toile blanche, deux tables pliantes qui reçoivent les ordinateurs et les relais radio, ainsi qu'un écran vidéo. C'est sur cet écran que je visionnerai les images de ce qui s'est passé à l'intérieur du magasin cacher. Des images terribles qui me rappelleront celles de l'assassinat d'Imad Ibn Ziaten ou des membres de la famille Sandler par Mohammed Merah : presque les mêmes gestes et la même incroyable inhumanité. Il y a aussi un court instant de doute quant au nombre des terroristes. Coulibaly qui tient une arme parle avec un homme et celui-ci détruit la caméra de sécurité. En ce qui me concerne et pour le chef de la BRI, le doute est très vite levé. Nous avons déjà vu ça lors de simples braquages quand un client ou un employé est contraint de débrancher une caméra ou d'ouvrir une porte sous la menace des malfaiteurs.

Positionnés autour de nous, le tout nouveau camion Viper de la préfecture, bourré d'électronique, le véhicule blindé de la BRI, qui sera si utile au moment de l'intervention, deux camionnettes blanches, l'une appartenant au RAID, l'autre hébergeant les négociateurs de la BRI, un commandant et une psychologue. C'est à eux que va incomber la tâche particulièrement délicate de parler avec le preneur d'otages. Un peu plus en retrait, il y a aussi des véhicules de la Croix-Rouge et des sapeurs-pompiers de Paris. J'aperçois le général commandant les sapeurs-pompiers de Paris. Je sais qu'on peut compter sur lui et sur tous ses sapeurs si ça tourne mal. Le préfet de police Bernard Boucault est également présent. Cet homme-là n'aura ménagé ni sa peine ni son énergie pendant tous ces événements. Il est accompagné de Jacques Méric, presque irréel en grand uniforme de commandeur. Sont également sur place la maire de Paris, Anne Hidalgo, et un député de la capitale, par ailleurs ministre, Jean-Marie Le Guen. Le ministre de l'Intérieur est encore à Beauvau. Le procureur de Paris, quant à lui, est resté avec les gendarmes à Dammartin. Et c'est son adjointe, Véronique Degermann, qui arrive, accompagnée d'autres magistrats. Toutes ces personnes vont assister en direct à toute l'opération.

Les négociateurs de la BRI ont entamé un dialogue de sourd avec le preneur d'otages. Coulibaly ne demande rien. Tout ce qui l'intéresse, c'est de faire parler de lui. D'ailleurs, il est en contact direct avec des chaînes d'informations continues. Nous sommes même obligés d'attendre notre tour pour lui parler ! On me rapporte que certains journalistes révéleraient à l'antenne que des clients de la supérette se sont réfugiés au sous-sol. Des chefs d'unité se plaignent aussi des images qui passent en boucle et qui montrent l'entrée de l'Hyper Cacher. Elles peuvent effectivement nous priver d'un effet de surprise le moment venu. Le préfet de police est aussitôt avisé et il fait immédiatement le nécessaire.

Des membres des familles des otages sont parmi les gens qui s'agglutinent derrière les barrières, à quelques pas du PC. Chose incroyable, certains sont toujours en contact téléphonique avec leurs parents retenus dans le magasin. Les informations qu'ils nous rapportent sont multiples et précieuses : Coulibaly a des bâtons d'explosifs, il prie, il parle de lui comme s'il allait mourir. Il se confirme qu'il est seul et qu'il a déjà tué plusieurs personnes à l'intérieur du magasin.

J'ai l'impression d'un voyage sans retour, un aller simple, et ce ne sont pas les informations que me communiquent les négociateurs qui me rassurent. Coulibaly ne négocie rien, ne demande rien. Ma plus grande crainte à présent est qu'il parvienne à déployer ses explosifs, nous serions alors en très grande difficulté, y compris pour une intervention.

La situation est très différente à Dammartin : les opérations se déroulent dans une zone industrielle peu habitée, dans un bâtiment relativement isolé, avec un seul « otage », dont les terroristes ignorent la présence. En face d'eux, le GIGN, l'unité d'intervention la plus complète et la plus lourdement armée de France. L'issue du match fait peu de doute. Mais à la porte de Vincennes, le tissu urbain est dense. Nous avons déjà plusieurs morts à l'intérieur et il reste un très grand nombre d'otages, dont le terroriste entend bien se servir, contrairement aux Kouachi qui veulent juste en découdre. Nous avons donc la certitude qu'il possède des explosifs et qu'il est fortement armé. Il fait aussi sa prière… Il y a cependant un point positif pour nous : il ne peut pas défendre en même temps le haut et le sous-sol du magasin. Il ne parvient même pas à rassembler tous les otages.

Quand Bernard Cazeneuve arrive sur place, il salue les élus et demande qu'on lui fasse un point précis de la situation. Le préfet de police dresse les grandes lignes et me passe la parole. J'interviens en détaillant l'état de nos forces, en expliquant ce que nous avons déjà fait et le démarrage difficile de la négociation avec le preneur d'otages, des otages dont nous ignorons encore le nombre précis. À ce stade, la situation est figée mais il faut attendre encore un peu pour bien mesurer les options qui s'offrent à nous. Le ministre me dit : « Je vous demande de me tenir informé au fur et à mesure. » Puis il retourne à ses occupations.

En attendant la reprise des négociations, nous travaillons à la préparation d'un éventuel assaut. À l'abri des regards, sur la portière latérale d'une des deux camionnettes blanches adossées au barnum, en l'occurrence celle du RAID, un film plastique fait office de tableau Velleda : un schéma des lieux, des flèches pour indiquer les points d'assaut, les deux chefs d'unité RAID et BRI et leurs adjoints respectifs semblent s'être mis d'accord sur la façon d'opérer.

Je m'interroge sur la possibilité de faire sortir les otages cachés au sous-sol par la porte latérale. J'interroge à ce sujet le chef de la BRI, le commissaire Christophe Molmy. Il me dit hélas que c'est impossible. Si nous le faisions, Coulibaly viendrait aussitôt au contact et il faudrait alors improviser dans l'urgence un assaut général. Pour se donner une chance de réussir sans casse, l'assaut doit être total, en une opération simultanée sur les deux portes de la supérette. L'avocate et la sœur de Coulibaly font savoir qu'elles pourraient peut-être lui parler pour le raisonner. J'interroge autour de moi, les avis sont négatifs. Les négociateurs y sont opposés.

Il y a aussi la guéguerre éternelle entre forces d'intervention. Au nom de la Force d'intervention de la police nationale, Jean-Michel Fauvergue, le patron du RAID, se déclare « le menant[1] ». Il revendique donc de diriger l'opération et me laisse à penser que la BRI pourrait peut-être rester… en réserve. Je lui réponds fermement. « Je suis le directeur et j'agis sur instructions du préfet de police de Paris. » Je comprends ce jour-là la toute-puissance des mots « préfet de police de Paris ». Celui qui deviendra deux ans plus tard député de la République en marche n'insiste pas. Il est vrai que l'absence de la direction de la police nationale sur le terrain ne joue pas en sa faveur. Il sait que, par le passé, j'ai travaillé à l'antigang et, surtout, qu'en matière d'intervention sur Paris et la région parisienne, c'est la BRI qui a toute compétence. Dans Paris *intra muros*, le RAID restera, quoi qu'il fasse, une force « concourante », tant que les positions de la préfecture de police l'emporteront sur celles de la DGPN au plus haut niveau. Cette dispute sourde et permanente des forces d'intervention est bien sûr ridicule. Elle connaîtra un autre de ces épisodes lors de la prise d'otages du Bataclan. Alors que la police pénétrait dans la salle de spectacle, les gendarmes du GIGN étaient restés casernés à quelques centaines de mètres de là en attendant des instructions.

Je ne veux pas que le RAID fasse tout et tout seul, d'autant que nous allons devoir mener deux actions, certes simultanées, mais distinctes. Je souhaite que la BRI se voie confier l'une des missions. Les deux unités

1. Ces unités d'intervention bien que « civiles » aiment reprendre à leur compte les expressions militaires. Imposer une terminologie, c'est déjà gagner au plan des idées.

parviennent à se répartir les tâches. Il est décidé que la brigade d'intervention se chargera de l'assaut latéral, tandis que l'assaut frontal sera mené par le RAID[1].

Un peu avant de monter au feu, Christophe Molmy m'informe qu'il a prévu d'être dans la colonne d'assaut. Je ne suis pas chaud pour cela. Il va prendre la place d'un autre fonctionnaire. Le public ne le sait pas, mais les policiers de ces unités d'intervention sont – tous – volontaires pour intégrer les colonnes d'assaut. Pour la plupart, ce n'est pas seulement une question d'aboutissement des heures d'entraînement qu'ils s'infligent quotidiennement, c'est aussi et avant tout un honneur et une immense fierté que d'y être, même au péril de leurs vies. À tel point que la gestion des personnels qui ne sont pas retenus est parfois délicate. Il y a aussi le fait que l'adjoint du chef de la BRI, le commissaire Georges Salinas, l'archétype même des hommes de la BRI, est lui aussi dans la colonne d'assaut. Le chef et l'adjoint en même temps… Cependant je laisse faire. Molmy est en recherche de légitimité. Les conditions de son arrivée à la BRI n'ont pas été simples. Je sais aussi qu'il s'entraîne régulièrement avec ses hommes et que personne ne peut discuter son courage physique.

Porte de Vincennes, nous sommes prêts. Comme convenu, je joins le ministre.

Je demande l'autorisation de donner l'assaut. « Monsieur le Ministre, il n'y a rien à négocier. Je vous demande l'autorisation d'assaut. » Sans qu'il n'en donne la raison, ni que je la comprenne encore aujourd'hui,

1. J'aurais eu un point de vue tout différent s'il n'y avait eu qu'un seul point d'assaut.

Bernard Cazeneuve temporise. Il me répond : « Non, c'est trop tôt, la négociation vient de commencer. » J'essaie d'emporter le morceau en lui disant : « C'est ma responsabilité, j'en prends toute la responsabilité », mais il me répond avec une pointe d'agacement : « Ce n'est pas la question. » Je sais bien qu'il a raison. C'est une décision politique. Doit-il en parler au président ? Veut-il se renseigner d'abord sur ce qui se passe à Dammartin ? Les gendarmes ont-ils besoin d'un délai supplémentaire pour exfiltrer l'employé qui se cache dans l'établissement avant de donner l'assaut ? Je reste néanmoins surpris par cet atermoiement qui peut s'avérer dangereux. C'est Coulibaly qui menace de tuer des otages si on s'en prend aux Kouachi, et pas l'inverse. Les deux frères n'ont aucune carte en main, ils n'ont aucune prise sur nous à cet instant. Le temps est fini où leur puissance de feu était asymétrique à celle des policiers du XI$^{e}$ arrondissement. La force qui se dresse devant eux est monstrueusement plus forte que ces deux assassins. Les autorités sont-elles naïves au point de croire qu'une négociation est encore possible avec ces hommes qui ont déjà tant de sang sur les mains ? Veulent-elles deux assauts parfaitement synchronisés pour montrer leur maîtrise et parfaire leur communication ? Le temps de la politique m'échappe.

Quelques instants plus tard, à plus de cinquante kilomètres, les frères Kouachi vont involontairement arranger mes affaires. Ils sortent soudainement de l'imprimerie où ils étaient retranchés et, dans un ultime geste suicidaire, ouvrent le feu sur les militaires de la gendarmerie. La riposte du GIGN est immédiate et radicale.

Certains exégètes ont dit par la suite que la simultanéité de l'assaut de Dammartin et de l'Hyper Cacher avait été pensée. Peut-être, mais uniquement par des gens qui n'étaient pas sur le terrain et qui avaient alors d'autres desseins. J'avais sollicité l'autorisation d'intervention, on m'avait mis en attente, la sortie inattendue des Kouachi a tout débloqué. Il fallait vraiment donner l'assaut en priorité sur Coulibaly : le temps n'était pas notre allié.

La nouvelle de l'assaut de Dammartin nous parvient en temps réel grâce aux collègues restés sur place. Dans les secondes qui suivent, je vois arriver vers moi le préfet de police. Il me dit : « Monsieur le Directeur, le ministre m'a appelé, vous avez le feu vert pour l'assaut, allez-y ! » Il faut faire vite maintenant car si la nouvelle parvenait à Coulibaly, le pire serait à craindre. Je n'ai pas à chercher longtemps les chefs du RAID et de la BRI. Le camion de la BRI se met en route masquant une colonne d'hommes casqués de noir, qui courent bien abrités en direction de l'Hyper Cacher.

Je veux assister à l'assaut mais pas à la vidéo, assis dans le camion Viper. Je traverse à la hâte le pont qui enjambe le périphérique pour me placer juste en face de l'Hyper Cacher. Je veux être à courte distance. J'ai peur pour les hommes qui vont donner l'assaut même si nous sommes tous d'accord que notre priorité c'est la libération des otages. Je ne porte qu'un blouson police. Au passage, Je me fais engueuler – justement – par une femme de la BRI qui me voit partir sans équipement de protection, puis par un tireur d'élite qui me dit de me mettre à l'abri. Arrivé sur la place, je distingue parfaitement les colonnes de policiers acharnés qui tentent de pénétrer dans la supérette, Coulibaly qui fait usage de ses armes et se précipite au contact des policiers qui répliquent. C'est fou. Je vois des éclairs orangés qui viennent du fond du magasin et qui avancent rapidement en direction de la porte d'entrée. C'est Coulibaly qui fonce sur les policiers en leur tirant dessus. Je n'y crois pas, c'est comme s'il se jetait contre les balles et malgré les tirs nourris, il parvient quand même à sortir du magasin, avant de s'effondrer enfin sur le trottoir !

Coulibaly neutralisé, les tirs cessent aussitôt. Je viens d'apprendre que les frères Kouachi sont morts. Les otages sortent les uns après les autres de l'Hyper Cacher. Certains doivent être guidés, d'autres crient « merci mon Dieu ». Tous sont reconnaissants, c'est un moment de grande émotion. D'un balcon de l'immeuble situé juste derrière moi, là où certains tireurs avaient été positionnés, un homme crie : « Bravo la police ! » Je traverse à la hâte la place pour aller à la rencontre du chef de la BRI. Je suis encore anxieux. Son chef, Christophe Molmy, me dit : « Trois blessés, peut-être quatre chez nous, mais *a priori* rien de grave. » Je suis soulagé, mais il reste les otages. J'espère que nos tirs n'en ont pas blessé. J'aperçois le médecin de la BRI, le professeur Denis Safran, un homme très précieux dans le dispositif police, toujours présent au cœur de l'action. Je l'interroge. Il me dit : « Il y a quatre morts à l'intérieur dont un ne présente pas de rigidité cadavérique[1]. » Instantanément, je me dis : « Putain, on a tué un otage… »

1. Les rigidités cadavériques sont utilisées en médecine légale pour avoir une idée de l'heure du décès de la victime. Elles commencent à apparaître environ trois heures après la mort, s'intensifient entre six et douze heures, puis régressent progressivement au-delà de trente-six heures.

En fait, il n'en est rien. Coulibaly a bien tué les quatre personnes, mais l'une d'entre elles, contrairement aux autres, n'est pas morte sur le coup. Les vidéos confirment cette horreur. Évacuant une partie de la charge émotionnelle qui m'a habité pendant ces heures terribles, je me tourne vers Molmy, le serre aux épaules et nous nous répétons « on l'a fait, on l'a fait ! » comme pour nous en convaincre. Le préfet de police est maintenant là. Nous nous congratulons. C'est un homme pudique qui n'exprime pas facilement ses sentiments, mais je perçois son émotion. Nous sommes tous émus.

Après le préfet Boucault, qui trouve les mots justes, je prends à mon tour brièvement, et plus maladroitement, la parole pour dire à ces hommes ma fierté. Fauvergue lancera un « on n'est jamais aussi fort que tous ensemble » qui me fait sourire, quand je pense aux tensions quelques heures auparavant entre BRI et RAID, à propos de leurs prérogatives respectives. Le voilà en politique, il devrait réussir. Le ministre vient aussi nous féliciter. Toutes les unités intervenantes sont alignées. Sa démarche ressemble à une sorte de revue des troupes qui tranche avec les accolades sans façon au sortir de l'action.

Dans les heures et les jours qui suivent, les messages de félicitations et de sympathie sont innombrables, des personnalités politiques, des collègues français et étrangers, des magistrats, des représentants de la communauté juive, et beaucoup d'amis y compris des amis musulmans.

Un an plus tard, jour pour jour.

Toutes les chaînes de télévision ont programmé des émissions spéciales pour commémorer ces événements tragiques. J'ai beau zapper, je tombe toujours dessus.

Ce n'est rien de dire que je suis triste. Les autorités commémorent ces événements et je ne suis pas invité. Je suis devenu une sorte de paria depuis que je suis accusé d'avoir violé le secret de l'instruction dans une affaire de quatre sous, où le ministre de l'Intérieur, Bernard Cazeneuve, m'a très promptement réglé mon compte.

Je reçois alors un coup de téléphone inattendu. C'est Manuel Valls, le Premier ministre, qui prend le temps de m'appeler pour me dire : « Aujourd'hui, je pense à vous. » Je ne sais pas quoi lui répondre. Je balbutie : « Merci, Monsieur le Ministre. » Je ne peux rien dire d'autre, tant j'ai la gorge nouée.

# Ma chute

C'est un matin comme les autres. Je m'arrête au Soleil d'Or, la brasserie à l'angle du boulevard du Palais et du quai du Marché-Neuf, tout près du quai des Orfèvres. Ignorant que ma fin est proche, je prends paisiblement mon café du matin. Je prends le temps d'entamer une petite discussion avec mon voisin de bar. J'ai toujours aimé parler avec les gens croisés par hasard. Anonyme parmi les anonymes. Je traverse le boulevard du Palais pour rejoindre le 36. Je salue le planton à l'entrée. Je grimpe ensuite l'escalier, le fameux escalier si cher aux « anciens » et à quelques gardiens du temple. Un lieu assez moche, mal entretenu et totalement inaccessible aux handicapés. À l'étage, je salue le jeune policier de faction dans sa petite cahute de verre. Une fois qu'il a ouvert le sas, nous échangeons quelques mots aimables pour nous donner l'illusion que nous ne sommes pas indifférents les uns aux autres. Je me dis alors, pour la énième fois, que c'est bien une connerie de l'administration que d'affecter des policiers à des gardes statiques. On ne devient pas flic pour garder des portes ou des entrées. Sans compter le coût pour l'État…

Tout à ces pensées, j'emprunte alors le couloir refait à neuf et avec goût qui mène à mon bureau et à la salle d'état-major. Changement radical d'ambiance et de standing. Je me rends directement à mon secrétariat saluer Christine, déjà présente. C'est une des mémoires de la direction. Grande professionnelle, d'une discrétion absolue, elle sait tout des petites et des grandes choses de cette direction. Elle partage cette tâche avec Christelle, elle aussi d'une efficacité redoutable. De formidables assistantes comme de nombreux chefs d'entreprise en rêveraient.

Mon bureau, le bureau du directeur, n'est pas très grand ni très pratique, mais il est très bien situé. La vue sur la Seine y est magnifique ! Comme chaque jour en y entrant, machinalement, j'allume l'écran géant de télévision dont s'était doté mon prédécesseur pour regarder BFMTV, la chaîne d'actualités « la mieux informée de France ». Il n'est pas loin de 8 heures. Beaucoup de gens de toutes sortes renseignent régulièrement les journalistes de cette chaîne, avec une approche toute relative du secret des enquêtes et sans que personne n'y trouve à redire. Je prends connaissance du courrier et des avis d'infractions de la nuit. Une lecture assez fastidieuse et relativement intéressante. Beaucoup des faits signalés relèvent de l'activité d'une sûreté[1] et pas de la police judiciaire, pas du 36. Mais, tout est atypique dans l'organisation administrative de la capitale. C'est d'ailleurs sur ces faits divers, parfois anodins en apparence, que le préfet de police m'interroge souvent en réunion.

1. Sûreté : unité de police judiciaire de la Direction centrale de la sécurité publique.

Déjà 9 heures et c'est la première réunion de la journée : le directeur adjoint, tous les sous-directeurs, le chef d'état-major et le chef de cabinet sont là autour de la table pour faire un point sur l'activité du moment.

Avant mon arrivée, cette réunion se tenait dans le bureau même du directeur. Chaque fois, les présents devaient déplier des chaises en plastique, car les deux fauteuils visiteurs ne suffisaient évidemment pas à accueillir tout le monde. Je trouve la situation inconfortable pour tout le monde. Pour le directeur, bien calé derrière son bureau, comme pour tous les autres, tassés dans le petit espace restant, leurs dossiers sur les genoux, en difficulté dès qu'il faut noter quelque chose. Dès ma prise de fonctions, j'ai voulu changer cet ordonnancement. Mais dans cette auguste maison, tout est difficile à changer, même un simple lieu de réunion. Mon directeur adjoint de l'époque, l'inspecteur général Jean-Jacques Herlem, un fin connaisseur de l'institution, ayant effectué toute sa carrière à la police judiciaire de la préfecture, m'avait expliqué qu'il en avait toujours été ainsi et qu'il y avait une certaine symbolique à cela. Néanmoins, j'ai souhaité que ces réunions de direction se tiennent dans le grand bureau du chef d'état-major, autour d'une grande table de travail sur laquelle tout le monde pouvait enfin poser ses dossiers et écrire dans des conditions normales. J'y viens en bras de chemise, une tasse à café à la main. En fait, je pensais naïvement que je pouvais reproduire les conditions de travail que j'avais connues en tant que sous-directeur à Nanterre : un travail d'équipe, des relations apaisées, voire amicales, entre membres de l'équipe de direction. Il n'en a rien été. D'aucuns ont même interprété ces changements comme un acte de faiblesse.

La réunion se déroule ce jour-là comme d'habitude, un peu répétitive, un rien monotone même. Le chef d'état-major commence avec « les événements de la nuit ». Généralement, une litanie de vols, d'escroqueries, de casses, de violences, d'agressions, de viols, parfois de meurtre, en précisant bien, chaque fois, quel service est saisi, le tout sur un ton monocorde. C'est ensuite au tour du directeur adjoint, le contrôleur général Philippe Bugeaud, de prendre la parole. Ancien directeur de la police judiciaire de Versailles, je l'avais fait nommer – non sans mal – à la place de Jean-Jacques Herlem, muté à l'IGPN, la police des polices. Bugeaud a en charge le suivi de la brigade criminelle, celle de la répression du banditisme, la brigade des mineurs et les Stups. Rodé aux réunions et attentif à ne pas les faire durer, il n'abordait toujours qu'un ou deux dossiers pour souligner les affaires réussies ou les difficultés rencontrées. La parole revient ensuite au sous-directeur des affaires économiques et financières, le contrôleur général Gilles Aubry. Il s'efforce, à chacune de ses interventions, de faire partager sa bonne humeur, usant de jeux de mots destinés à dérider l'assistance. Rien à voir avec l'intervention du contrôleur général Hélène Dupif. Sous-directrice en charge des brigades territoriales, elle fait part avec son sérieux habituel des affaires réussies, signalant les difficultés rencontrées ou annonçant une action prometteuse. Puis, c'est au tour du sous-directeur en charge de la gestion des personnels et de la logistique. Ceux qui ont décroché redeviennent subitement très attentifs. Et pour cause : il est question de budget, de recrutement, de voitures, de frais, des demandes syndicales, des exigences de la préfecture, avant de terminer par les dossiers disciplinaires. C'est quasiment le seul que les présents interrogent. Enfin, vient l'intervention du chef de cabinet, le commandant Richard Atlan, qui annonce la fin imminente de la réunion, ponctuée d'une longue liste de demandes d'interviews, ou d'autorisation de reportages.

La réunion de direction est achevée. Ce jour-là, rien de vraiment spécial à signaler. Me voilà de retour dans mon bureau quand le téléphone sonne. On m'apprend qu'un commissaire de la brigade criminelle vient de retrouver la moto d'Amedy Coulibaly que nous n'avons cessé de rechercher depuis l'attentat de la porte de Vincennes. Le deux-roues était discrètement stationné à Montrouge non loin du lieu où la jeune policière municipale, Clarissa Philippe, a été assassinée. Le tueur était donc bien seul ce jour-là, personne ne l'avait déposé, comme nous l'avions envisagé.

Je suis vraiment content que cette moto ait été retrouvée. Je téléphone aussitôt au procureur de Paris, François Molins. Lorsqu'il décroche, je n'ai pas le temps de placer un seul mot ! Il semble encore moins disponible que d'habitude, le ton est très cassant : « Je suis très occupé, je n'ai pas le temps de vous parler », et il raccroche. C'est la première fois qu'il me rabroue ainsi. Je lui adresse aussitôt un SMS factuel : « Moto Coulibaly retrouvée. » Un message resté sans réponse. J'ai souvent repensé à l'attitude du magistrat. S'est-il mépris sur l'objet de mon appel ? Craint-il alors que je sois en quête de soutien ? Ce qui est certain, c'est que François Molins devait savoir, depuis plusieurs jours, que j'allais être interpellé et poursuivi par la justice. A-t-il eu peur d'être « sali » par ce contact téléphonique avec moi ? Lui seul peut le dire. Sur le moment, je n'ai pas compris.

Ce qui ne m'empêche pas de continuer d'annoncer la bonne nouvelle du jour. Je contacte alors le directeur de cabinet du préfet de police, le préfet Laurent Nuñez. Lui prend la peine de me répondre. Avec le recul, je pense qu'il savait ce qui allait se passer. Mais son comportement est celui d'un homme capable de faire la part des choses. Lorsque j'ai pris mes fonctions au 36, j'avais tout de suite remarqué que ce travailleur acharné faisait attention aux autres et ne mélangeait pas tout.

Je me prépare alors pour une nouvelle réunion. C'est qu'il est bientôt l'heure du « rapport » chez le préfet de police, comme tous les lundi, mercredi et vendredi de chaque semaine. Je n'aurai pas l'occasion de m'y rendre. Je n'irai même jamais plus à aucune réunion préfectorale… Je ne pensais pas qu'un jour je regretterai autant ces rencontres formelles. Aujourd'hui encore, l'alarme de mon téléphone continue de sonner pour me rappeler l'horaire de toutes ces réunions. Je n'ai pas eu le courage de les supprimer, c'est le dernier fil qui me relie encore à ma vie d'avant.

Alors que je commence à préparer mon dossier pour aller chez le préfet, j'entends un brouhaha inhabituel au secrétariat. Soudain, Christine entre dans mon bureau. Le visage livide, elle me dit : « Des juges et l'IGPN, ils sont là… pour vous… »

Je n'ai pas le temps d'ouvrir la bouche que des hommes surgissent derrière elle. Je reconnais immédiatement l'un d'eux : il est contrôleur général de la police des polices. En revanche, je n'identifie pas les deux magistrats qui se présentent à moi. L'un d'eux se nomme Roger Le Loire. Il me reviendra beaucoup plus tard l'avoir croisé à l'occasion d'une affaire criminelle, en Afrique du Sud. La collègue qui l'accompagne est Charlotte Bilger. Je ne l'ai jamais vue ni même jamais entendu parler d'elle. Ils m'annoncent tout de go qu'ils vont perquisitionner mon bureau dans le cadre d'une enquête pour « violation du secret de l'instruction ». Je n'en reviens pas, je ne comprends pas, je ne parviens même pas à réaliser ce qui se passe. Ironie de notre époque, la télévision me ramène à la réalité. Je vois en direct, simultanément à ce que je suis en train de vivre, l'annonce de la perquisition en cours dans mon bureau et des images de l'entrée du 36... Mon abattement est immense. Pourtant, à ce moment-là, je suis loin d'imaginer toutes les conséquences de cette « descente ». Le juge Le Loire perçoit mon état et me dit, sans doute pour m'apaiser : « Ne dramatisez pas, ce n'est qu'une affaire correctionnelle... »

La perquisition ne donne pas grand-chose. Elle se focalise sur des documents. D'abord un carnet. J'en possède des centaines, de toutes sortes. Depuis toujours ou presque, j'y note régulièrement des tâches à accomplir. La juge Bilger s'évertuera à voir dans ce carnet, qui n'est qu'un aide-mémoire, un agenda auquel il manquerait des pages ! J'aurais mieux fait d'utiliser la fonction « tâches et rappel » de mon téléphone : il n'y aurait pas eu d'équivoque. Deuxième document saisi : il y est question de Christophe Rocancourt. Le nom de celui que la presse a baptisé « l'escroc des stars » a été évoqué lors d'une précédente réunion. Je n'avais alors aucun souvenir précis des faits pour lesquels il était poursuivi. Pour combler cette lacune, mon chef d'état-major, Thomas de Ricolfis, m'avait imprimé un article de presse relatant les « exploits » de Rocancourt.

Autre document saisi par les magistrats : sept pages manuscrites au sujet de Prouteau. Je les ai rédigées pour faire un point sur l'affaire Prouteau, du nom de l'ancien officier de gendarmerie devenu préfet, fondateur du GIGN et du GSPR, le groupe de sécurité de la présidence de la République. Avec d'autres, il est alors soupçonné d'avoir tenté, contre paiement, de faire régulariser des situations administratives en lien avec des titres de séjour. Cette note, je l'ai écrite la veille, à la suite d'un échange de SMS avec la cheffe de l'IGPN, Marie-France Monéger. Mais, pour bien comprendre, revenons au jour précédant mon arrestation.

La veille de mon interpellation, vers 6 heures du matin, j'avais reçu deux appels. Pour l'un deux, j'avais décroché à temps, mais l'interlocuteur avait interrompu immédiatement la communication. Son numéro n'étant pas masqué, deux heures plus tard, en arrivant au bureau, j'ai demandé son identification. Souvent je recevais des appels aux aurores, mais c'était le jour d'une opération antiterroriste et j'ai imaginé que c'était un journaliste en quête d'infos. J'étais furax, car je me demandais comment la presse pouvait déjà être au courant. L'un des numéros était bien celui d'un journaliste, mais, pour le second, j'ai appris dans la journée qu'il s'agissait d'un numéro de la flotte IGPN, qui n'était pas nominatif. Je prends donc contact avec les « bœufs-carottes », parce que je pense naïvement qu'ils voulaient me joindre au sujet de l'une des deux affaires qui venaient de secouer ma direction : le vol de cocaïne dont la brigade des stupéfiants venait d'être victime ou la plainte pour viol contre des fonctionnaires de la BRI. Et si j'ai bien adressé un SMS à la patronne de l'IGPN, c'est seulement aux alentours de midi, pendant un moment de calme, après une matinée normale de travail, et aucunement de manière « précipitée », comme l'ont prétendu certains organes de presse. C'est un mensonge de dire que je me suis « affolé ».

Dans ce message, j'informe tout simplement Monéger qu'un de ses enquêteurs a cherché à me joindre et qu'elle peut me rappeler quand bon lui semble. J'ai reçu sa réponse, par SMS, vers 13 heures, alors que je venais de partir déjeuner. Elle m'avise que ses services ont besoin de m'entendre personnellement dans le cadre d'une commission rogatoire, suite à une affaire conduite par la Brigade des infractions financières, la BRIF… Il n'est donc pas question de la BRI ni des Stups, mais d'un autre service sous ma responsabilité. J'en conclus qu'il ne pouvait s'agir que de l'affaire Prouteau, dans la mesure où une personne que je connaissais semblait être impliquée dans ce dossier : un certain Philippe Lemaître, agent administratif du ministère de l'Intérieur. Une relation professionnelle, comme j'en ai beaucoup d'autres, et dont le nom apparaît dans le dossier Prouteau. Je n'imaginais pourtant toujours pas les proportions qu'allait prendre cette affaire. Le SMS de Monéger semblait dire qu'elle serait obligée de m'entendre plusieurs fois. Or, je voulais absolument vider cet abcès. Et, tant qu'à faire, une bonne fois pour toutes. Voilà pourquoi, ce soir du 3 février 2015, de retour à mon domicile après une journée de travail, et la veille de mon interpellation, j'ai rédigé un mémo très détaillé pour tout expliquer. Je pensais ainsi limiter le nombre d'auditions me concernant. J'étais bien loin du compte…

Durant la perquisition, j'hésite à faire appel à un avocat. Un commandant de l'IGPN lève ce doute et me glisse, discrètement : « Oui, oui, appelez un avocat. » Je l'interroge : « Mais c'est grave à ce point ? » Son regard en dit long. Oui, c'est grave. Je n'avais jamais fait appel à un avocat, sauf pour une histoire de diffamation. Et j'en connais peu. Je me souviens seulement d'en avoir aidé un récemment, qui galérait au poste d'entrée du 36 pour obtenir des documents. Mais impossible de me remémorer son nom, encore moins de savoir où j'avais rangé sa carte de visite. Le seul nom qui me revient alors à l'esprit est celui d'une jeune femme, Anne-Laure Compoint, « bien connue de nos services », comme on dit, car elle représente et défend nombre de policiers. J'ai d'ailleurs rendez-vous avec elle à ce propos. On m'autorise à lui téléphoner. « Bonjour, maître, nous étions convenus d'un rendez-vous prochainement… Mais j'ai besoin de vous, maintenant ! Et pour moi… »

Elle ne tardera pas à me rejoindre dans les locaux de l'IGPN. Je viens d'être placé en garde à vue : elle m'accompagnera pendant toute sa durée. Nous quittons l'île de la Cité, pour les locaux de l'IGPN. C'est là-bas que je suis entendu. On m'accorde un traitement moins humiliant que celui réservé au commandant Richard Atlan, mon chef de cabinet et ami, dont j'apprends qu'il est lui aussi mis en cause pour les mêmes faits que ceux qui me sont reprochés. À cet instant, je crois encore qu'il est possible de s'expliquer et je suis toujours loin d'imaginer ce qui va m'être réservé, tant sur un plan judiciaire qu'administratif.

Pendant ces quarante-huit heures, j'ai compris combien le rôle d'un avocat va bien au-delà du simple combat procédural. C'est une écoute et un peu d'humanité dans un moment où votre monde s'effondre. La présence de l'avocat en garde à vue est définitivement une bonne chose. Contrairement à beaucoup de mes anciens collègues, je n'ai jamais milité « contre » leur présence lors de ce moment très particulier, cet étrange face-à-face entre un suspect et des enquêteurs. Les interrogatoires font trop souvent l'objet de fantasmes – l'usage de violences physiques, par exemple – pour que la police puisse raisonnablement s'opposer à cette disposition. Elle ne devrait rien avoir à cacher sur le déroulement des gardes à vue.

Les questions pleuvent. Je suis, à la fois, trop révolté et trop abasourdi pour y répondre correctement. Et les auditions achoppent immédiatement sur des points qui, avec le recul, me paraissent bien secondaires.

« Est-ce que je connais bien Philippe Lemaître ? me demande-t-on.

– Oui, enfin non… »

Mais, bon sang, pourquoi ai-je eu besoin de dire ça ! J'aurais dû simplement acquiescer, ne serait-ce que pour éviter de braquer tout le monde d'entrée !

Oui, je le connais depuis vingt ans, peut-être. C'est une relation de travail comme j'en ai beaucoup. J'apprends alors que Lemaître est lui aussi en garde à vue. Les collègues qui m'entendent m'affirment qu'il m'accuse de lui avoir révélé l'existence d'une enquête judiciaire contre le préfet Christian Prouteau. Et me voilà donc accusé d'appartenir à une sorte de mouvement conspirateur qui veut entraver la justice.

Ce Lemaître est un homme un peu sombre, mais *well educated*, comme diraient les Anglais, poli, courtois. Lorsque j'étais en poste à Nanterre, il passait me voir régulièrement au gré des visites qu'il rendait sans doute à beaucoup d'autres. Quand je n'étais pas trop occupé, je le recevais sans façon autour d'un café – je ne bois quasiment pas d'alcool, mais je souffre d'une réelle addiction au café. On parlait de tout et de rien. Il ne m'a jamais rien demandé de particulier. Il parlait des gens avec qui il travaillait ou avec lesquels il avait travaillé. En fait, j'ai compris depuis qu'il parlait surtout de lui.

Mais voilà : j'ai répondu « non ». « Non » parce que je n'estime pas le connaître vraiment, je ne sais rien de sa vie privée ni même professionnelle, hors son affectation. Il ne m'a jamais parlé de son travail quotidien. « Non » parce que je ne le fréquentais pas dans le privé. Je ne connais ni ses passions, ni ses amis, ni sa famille. À dire vrai, je l'ai surtout découvert à travers les articles de presse qui relatent l'affaire dans laquelle nous sommes impliqués lui et moi. J'ai ainsi appris que Lemaître servait d'intermédiaire dans d'étranges transactions, qu'il collectionnait les bouteilles de grands vins et qu'il possédait un compte caché en Suisse…

J'ai été tellement maladroit dans mes explications ! J'ai cru utile de remonter trente ans en arrière pour préciser que lors de notre premier véritable échange sur un trottoir aux abords du ministère de l'Intérieur, vers la place Beauvau, je ne me rappelais plus exactement qui il était et quelles étaient ses fonctions. Je comprends rétrospectivement que mon attitude a peut-être été humiliante pour lui. Mais c'est pourtant la vérité. Peut-être se croit-on parfois trop au centre des choses.

Au détour d'une porte, je croise un enquêteur de l'IGPN, un ancien de Nanterre, de la division nationale des infractions financières. Je le salue. Il répond dans un murmure et baisse la tête. Puis s'éloigne rapidement de moi comme s'il avait honte ou que j'étais un pestiféré. Plus tard, lorsque j'aurai pris connaissance de la procédure me concernant, je repenserai souvent à ce fonctionnaire. Je l'avais reçu plusieurs fois, très simplement, en tête à tête dans mon bureau. Il voulait me parler de sa carrière et de ses conditions de travail. Très attaché à son avancement, il envisageait de changer de maison, de quitter la police judiciaire et le service qui lui avait tout appris, pour aller chercher de meilleures conditions ailleurs. Je ne pouvais pas lui donner ce qu'il demandait.

C'est vraisemblablement ce même officier qui m'a appelé au petit matin, la veille de mon interpellation… par erreur ! Des journalistes ont rapporté qu'un des enquêteurs de l'IGPN se rendant en perquisition chez Lemaître avait trouvé sa sonnette cassée. Il lui avait alors téléphoné pour qu'il vienne ouvrir la porte… Mais, dans le noir, toujours selon la presse, cet enquêteur s'était trompé de numéro et m'avait appelé ! Cela ressemble à une blague, à un scénario de série Z pour insomniaques ! Depuis quand appeler dans le noir depuis un portable pose-t-il problème ? Il n'y a pas de rétroéclairage sur les mobiles de l'IGPN ? Aujourd'hui encore, cet épisode est loin d'être éclairci : je me demande si ces explications grossières et vaseuses n'ont pas été communiquées à dessein à la presse pour couvrir une erreur qui ressemble par bien des aspects à un acte manqué. Le genre de chose qui n'aurait pas pardonné dans une enquête en matière de lutte contre la criminalité organisée.

Je passe la nuit en garde à vue. C'est mauvais signe. Les enquêteurs m'avisent que je serai présenté aux juges le lendemain. Je sais dès lors qu'on va me mettre en examen quoi qu'il arrive. L'énergie de mon avocate ne changera rien à mon destin.

Comme prévu, je suis transféré au palais de justice où l'on me fait attendre longuement dans une cellule. Le chef de poste, un sous-officier de gendarmerie, me fait plutôt bon accueil. Je ne le reconnais pas immédiatement. Puis je me souviens l'avoir croisé à l'étranger. On se tutoie. Il m'offre un café. Nous échangeons des mots simples. Même si mon esprit est ailleurs, je me dis que j'ai souvent rencontré au sein de la gendarmerie des hommes comme lui, qui, par leur comportement et leur humanité, font honneur à l'Arme[1].

Face aux magistrats, l'interrogatoire de première comparution se passe très mal. J'ai le sentiment que tout est déjà bien scellé, ficelé et que rien ne modifiera leur point de vue. Mme Bilger se montre agressive, me semble-t-il, s'emportant vite à de nombreuses reprises. Nous nous heurtons sur la nature de ma relation avec Lemaître, et mon banal carnet de notes reste pour elle un agenda.

Les magistrats reprennent l'argumentaire de l'IGPN. « M. Lemaître ne peut mentir puisqu'il s'accuse en même temps, quel serait alors son mobile ? » me demandent-ils. Je n'ai pas à répondre pour lui. Mais j'imagine, sans rien en savoir, qu'il tient peut-être à faire tomber d'autres gens pour minimiser sa faute ? Et moi quel serait mon mobile ? Je ne le comprends qu'à travers des sous-entendus : ma prétendue obédience

1. L'Arme : la gendarmerie nationale.

maçonnique ! Mais je n'ai jamais été franc-maçon. Je ne sais pas encore aujourd'hui comment on peut prouver, une bonne fois pour toutes, ne pas appartenir à cette confrérie. Et quand bien même, l'être ou l'avoir été ne constitue en rien une infraction ! Ce n'est pas non plus un présupposé à la commission d'un délit. Je suis d'autant plus furieux de cette construction que l'un des magistrats qui instruit mon dossier est réputé appartenir à la Grande Loge nationale de France. Il n'en est pas pour autant coupable.

Ma mise en examen acquise, une double sanction s'abat sur moi. Immédiatement et brutalement. Qui peut prétendre encore que la justice n'est pas rapide ? Quand je pense aux difficultés multiples et variées que j'ai souvent rencontrées pour obtenir d'un magistrat l'autorisation d'une écoute sur un malfaiteur notoire ou l'incarcération d'un trafiquant d'armes ou de stups... Je suis placé sous contrôle judiciaire : je ne peux plus exercer d'activité et tout contact avec des policiers de la sous-direction des affaires économiques et financières m'est formellement interdit. Lorsque je fais valoir aux juges qu'ils me condamnent professionnellement, ils me répondent que l'administration peut toujours m'affecter dans d'autres services... Ils sont bien les seuls à y croire. Ou à vouloir m'y faire croire. Je ne suis évidemment pas dupe. Je suis mort.

Ce qui va m'être très vite confirmé. J'apprends qu'au sortir du Conseil des ministres, le ministre Bernard Cazeneuve s'est déjà exprimé face aux caméras. Son intervention a tout du lâchage. « Si, au terme de ces gardes à vue, il apparaît que des manquements graves ont été commis par des policiers ou d'anciens policiers, je serai d'une fermeté absolue et je serai intraitable. »

Promesse tenue. Dès ma sortie de chez les juges, très tard dans la nuit, le ministre a déjà dépêché ses deux émissaires : Jean-Louis Wiart, inspecteur général, en charge des personnels de la préfecture de police, et Brigitte Lafourcade, contrôleur général, en charge des ressources humaines à la Direction des ressources et des compétences de la police nationale.

Le juge Le Loire prévient mon avocate que ces deux-là voulaient m'attendre à la sortie de son bureau. Il affirme les avoir éconduits, leur demandant d'aller attendre ailleurs. Ce qu'ils font en allant dans un premier temps dans le parking en sous-sol. Une précaution sans doute destinée à donner l'illusion d'une séparation entre les pouvoirs judiciaire et administratif. Mais ils sont bien là, agissant sur ordre, prêts à fondre sur leur proie. Avant qu'ils ne scellent mon sort, j'obtiens de pouvoir passer à mon appartement de fonction pour prendre une douche et me changer. Je me sens sale, sale à tout point de vue.

Lorsque j'y parviens, une surprise m'attend : Isabelle, mon épouse, et Alexandra, notre fille aînée, sont présentes. Nous pleurons tous les trois et nous nous embrassons. Je n'en reviens pas qu'elles soient là... On sonne et c'est Atlan qui, avant de rentrer à son domicile, vient récupérer des affaires personnelles. J'avais, en effet, l'habitude de permettre à certains fonctionnaires d'occuper temporairement une des chambres de l'appartement de fonction, en cas de besoin. Mis en examen lui aussi, mon ex-chef de cabinet ne prend pas la peine de dire un mot. Il est pressé et n'a qu'une hâte : retrouver les siens. Il ne doit penser qu'à ça, car c'est comme s'il ne nous voyait pas. Moi-même, je demeure silencieux. De toute façon, il ne peut pas s'éterniser en raison du contrôle judiciaire qui lui interdit tout contact avec moi. Il me reviendra par la suite que Wiart, qui l'a croisé dans la cour, s'est permis de le lui rappeler. Je me demande comment cet homme connaissait déjà le détail de notre contrôle ? A-t-il été mis dans la confidence par les magistrats ? Avant ou après mon interrogatoire de première comparution ?

Je dois maintenant quitter les miens. Je suis conduit à « Lumière », un immeuble moderne à la façade rouge, située tout près de la place de la Nation à Paris. C'est là que se trouvent, entre autres, les locaux de la Direction des ressources et des compétences de la police nationale, la DRCPN. Je ne sais pas ce qui m'attend. Il y a belle lurette qu'il n'y a plus personne dans les murs à cette heure-là ! On est loin du monde des stups et du banditisme où il y a toujours une lumière allumée et du café chaud. À mon arrivée, tout est fermé ou presque. Il faut passer par une petite porte et rallumer toutes les lumières. Comme un imbécile, je remercie par avance Lafourcade de son aide. Je suppose que sa présence est due, en partie au moins, à notre relation amicale. Nous sommes de la même promotion de commissaires. J'ai toujours apprécié cette femme. Mais ce soir-là, tout est oublié. Elle est en mission. Elle me fait signer successivement trois documents : mon limogeage du poste de directeur, la fin de mon détachement comme contrôleur général et, puisque je suis redevenu un simple commissaire divisionnaire, compte tenu de mon âge, ma mise à la retraite immédiate. En me présentant ce dernier document, elle prend la peine d'ajouter : « Et maintenant, voilà le plus dur. » Puis elle me demande de restituer immédiatement ma carte de police. Mon arme, quant à elle, a déjà été saisie lors de la perquisition. La boîte de courrier électronique à mon nom a été instantanément fermée : je n'aurai jamais l'occasion de m'adresser aux personnels du 36. Sans téléphone, sans ordinateur, le tout promptement saisi par la justice, je me sens comme nu.

En quelques heures, je ne suis plus rien. Mon successeur, Christian Sainte, venu de la PJ de Marseille, a été nommé sitôt ma démission actée. Dans les semaines qui suivront, mon chauffeur, Ludovic, sera débarqué. Tout comme Christelle, une de mes secrétaires. Le poste de chef de cabinet sera transformé en responsable de la communication. Je n'aurai rapidement plus aucun contact avec mes anciens collaborateurs en raison du contrôle judiciaire pour certains, par éloignement pour les autres. Heureusement, nombre de fonctionnaires de tous grades m'adressent des lettres émouvantes. Plus rarement des SMS ou des appels téléphoniques comme s'ils craignaient de s'adresser à moi ouvertement, la peur sans doute de voir nos conversations épiées.

Dans les jours et semaines qui suivent, mon seul contact avec la vie administrative est le préfet de police, Bernard Boucault. Il me propose de venir déjeuner avec lui à la préfecture, mais je décline. Je n'arrive pas à surmonter mon malaise lorsque je passe aux abords de ce lieu. Nous convenons de nous retrouver plutôt dans un restaurant du XVII^e^ arrondissement, loin de l'île de la Cité. Le préfet me conseille de demander ma réintégration. Je suis abasourdi. Pourquoi en effet demander cela à un ministre qui vous a exécuté en place publique ? Bernard Boucault se fait rassurant : il m'assure que si je formule une telle demande, j'obtiendrais une réponse positive. L'administration me trouvera alors un poste à l'étranger, même si je dois affronter, pour cela, un conseil de discipline.

Toujours est-il que je ferai finalement cette demande et, comme annoncé par le préfet, la réponse sera immédiatement positive. C'est irréel. Me voilà réintégré, mais comme commissaire divisionnaire de 6e échelon. En clair : une dizaine d'années de travail ont été effacées. Ma carte de police ne m'est cependant pas restituée. Et les informations venues de la DRCPN ne sont pas plus encourageantes : on m'indique clairement que je ferai mieux de prendre ma retraite. Et on me prévient : personne ne me fera de cadeau et personne ne m'attend, surtout pas le patron de la Direction de la coopération internationale.

Je ne demande pas de traitement de faveur. Mais fatigué, lassé, déboussolé, je jette l'éponge. Des idées très noires viennent me hanter. Je tente de me réfugier dans la peinture et la sculpture, mes deux passions. J'essaie surtout de me raisonner, de penser aux miens et à ceux qui me sont chers.

Ma vie professionnelle et sociale est détruite. Je n'ai plus de raison d'être. Cette sale petite musique m'obsède jour et nuit. J'ai été lâché par tout le monde. D'un côté, il y a Bernard Cazeneuve qui, à l'Intérieur, est soucieux d'éliminer ce qui rappelle Manuel Valls, et c'est ce dernier qui m'avait nommé ; de l'autre, les cadors de « la firme », les bras armés de Nicolas Sarkozy, qui ne m'ont jamais pardonné d'être devenu patron du 36 en lieu et place de l'un des leurs. Il fallait absolument m'éliminer. Comme dans une conjuration des contraires.

Durant ces jours sombres, j'ai subi un véritable lynchage médiatique, alimenté par des fuites, des violations flagrantes et répétées du secret de l'instruction. Qui les a donc orchestrées ? Je m'en plains verbalement auprès des magistrats. Il m'est répondu que c'est désormais le cas dans toutes les affaires ! Et que les indiscrétions peuvent venir de n'importe où et de n'importe qui : des magistrats du parquet, des policiers de l'IGPN, et même du cabinet du ministre… Une banalisation que j'avoue avoir du mal à comprendre et, plus encore, à admettre : la violation du secret de l'instruction, n'est-ce pas ce que l'on me reproche si injustement ?

Sitôt ma chute actée, j'apprends qu'un chef de service du 36 a offert le champagne. C'est plus modestement, en sirotant un café, que deux autres hauts fonctionnaires se sont réjouis publiquement de mon départ. Deux autres ambitieux regrettaient l'arrivée encore une fois de quelqu'un « de l'extérieur » pour me succéder. Eux au moins, pensent-ils, font partie du sérail, sont issus de la bonne lignée. Naïvement, je pensais que flics, malgré nos différences, nous poursuivions les mêmes objectifs. Que nous avions à cœur de servir le même intérêt général, la même loi, la même République. Ce n'était visiblement pas le cas.

# Un tueur au 36

Que du beau linge ! Ce 18 décembre 2013, on se presse dans les salons de Beauvau. Manuel Valls, le ministre de l'Intérieur, reçoit la fine fleur présente et passée de la police. La raison ? Christian Lothion fait ses adieux à la police. Dans quelques heures, le directeur central de la police judiciaire prend sa retraite. À 61 ans, sa carrière n'est pour autant pas terminée : il va pantoufler à l'Association française des banques. Je suis au nombre des invités, même si je ne suis pas le bienvenu. Depuis quelques jours, je suis directeur de la police judiciaire à la préfecture de Paris, le nouveau patron du 36 quai des Orfèvres. Je succède ainsi à Christian Flaesch, qui vient d'être viré par Valls pour « faute déontologique ».

Flaesch est lui-même présent ce soir-là au « pot » de départ de son ami Lothion. Tout comme un bataillon d'anciens hauts fonctionnaires avec lesquels le futur retraité a travaillé avant l'alternance de 2012, au premier rang desquels figurent ses amis, Frédéric Péchenard, l'ancien directeur général de la police nationale, et Bernard Squarcini, l'ex-directeur général du renseignement intérieur. Tout comme le sénateur de

Paris (Les Républicains) Pierre Charon. Il ne manque plus que leur chef commun : Nicolas Sarkozy. C'est assez surréaliste de voir ces personnalités aller et venir à Beauvau comme s'ils étaient chez eux. Notre hôte semble s'en accommoder.

Pourtant, dans son discours d'adieu, Lothion remercie à peine Manuel Valls. En revanche, il tresse des lauriers à Péchenard et à son équipe. Durant le pince-fesses, tous m'ignorent. Hormis une certaine Laurence Bastien, secrétaire administrative très proche de Péchenard et… grande amie de Philippe Lemaître, mon futur accusateur. Je me suis souvent demandé pourquoi cette femme s'était crue obligée de venir me saluer. Peut-être parce qu'elle avait travaillé à l'état-major de la direction de la PJ dont j'avais été le chef de 1994 à 1997 ? À moins que ce ne soit parce qu'elle était devenue – à mon étonnement – une des fréquentations de ma femme, grâce à l'entregent d'une copine commune, par ailleurs militante des Républicains… Toujours est-il que je ne peux pas oublier son visage ce soir-là, qui dissimulait mal un malaise. Celui qu'on présente lorsqu'on s'adresse à un malade qu'on sait condamné… J'aurais dû me méfier.

Pour son départ, Lothion a également invité une poignée de journalistes. L'un d'eux écrira dans *Le Monde* à propos de la sauterie : « Une figure de la police et ami de Christian Flaesch avait murmuré à d'autres commissaires étiquetés sarkozystes : "Bernard Petit, de toute façon, on lui fera la peau." » Oui, j'aurais dû me méfier…

Quelques semaines plus tôt, lors de ma prise de fonction au 36, le préfet de Paris m'accueille. Bernard

Boucault sait que je n'étais pas candidat à la succession de Christian Flaesch, mais que c'est Manuel Valls qui a voulu qu'il en soit ainsi. Au détour d'une phrase, je comprends d'abord qu'il se méprend en me considérant comme un spécialiste des affaires financières. Puis il me glisse : « Je n'étais pas favorable au remplacement de votre prédécesseur… » Il y a mieux comme mots d'accueil…

J'avais ensuite rencontré François Molins. Prudent et courtois comme souvent, le procureur de la République de Paris n'émet aucun commentaire sur ma nomination. Simplement, il lâche entre deux phrases, au sujet de l'affaire Flaesch : « Dès lors que c'était transcrit, c'était prévisible que ça sortirait… » Une allusion à la retranscription réalisée, à la demande expresse du juge d'instruction chargé de l'enquête, par les fonctionnaires de l'Office central de lutte contre la corruption et les infractions financières et fiscales, de conversations au cours desquelles Christian Flaesch donnait des conseils à Brice Hortefeux, ancien ministre de l'Intérieur, avant son audition par un juge d'instruction. En fait, une fois ce document établi et transmis au juge mandant, celui-ci avait pris la décision de l'adresser officiellement au parquet, ce qui devait aboutir à une « mise en garde » du parquet général.

Malgré la volonté de confidentialité qui entourait ces faits, le journal *Le Monde* finissait par les dévoiler. Comment les journalistes ont-ils été informés de la convocation et de la mise en garde adressée par le procureur général au directeur de la PJ parisienne ? Nul le sait.

Le tout allait provoquer l'ire du ministre de l'Intérieur et le limogeage de mon prédécesseur.

Une autre rencontre « protocolaire » me laisse un petit goût amer : celle avec le procureur général François Falletti. Il me reçoit dans son grand bureau en présence de sa femme – qui l'assiste en permanence du fait de sa cécité – et d'un autre haut magistrat. L'accueil est assurément courtois et sans ressentiment particulier envers moi. Mais lui aussi me lance : « Je n'étais pas pour le remplacement de Flaesch… » La lecture de certains courriels restés dans la corbeille de l'ordinateur de mon bureau me confirme que tout un monde judiciaire condamne l'éviction de mon prédécesseur. Je lis notamment celui d'un ponte qui ne s'embarrasse pas de subtilité : « Personne n'est dupe… », écrit-il.

Me voilà décidément le bienvenu : instigateur d'un complot destiné à devenir le patron du 36. Diantre !

Dois-je redire que je n'ai pas apprécié la brutalité avec laquelle mon prédécesseur a été débarqué ? Même lorsqu'on est ministre, on n'a pas le droit d'annoncer à un homme qu'il est viré par radio interposée. Dois-je répéter que je n'ai jamais ordonné la moindre écoute téléphonique sur Brice Hortefeux ? Je n'ai moi-même jamais écouté les interceptions qui ont été effectuées, ni aucune autre du reste. Je me suis contenté, comme c'est l'usage, d'un rapport verbal et succinct de la cheffe de l'Office central de lutte contre la corruption et les infractions financières et fiscales, et uniquement quand celle-ci l'a estimé nécessaire. Et lorsque cela a été le cas, j'en ai aussitôt rendu compte à mon supérieur hiérarchique : Christian Lothion. Mais tout cela n'a pas empêché certains de suggérer que c'était moi qui avais tout organisé.

J'effectue ainsi mes premiers pas au 36, auréolé d'une réputation de tueur. À peine installé, un des responsables de la gestion de la PJ me demande un rendez-vous pour une affaire personnelle. Je le reçois comme à mon habitude de façon décontractée, autour d'un café. L'homme que je connais peu me paraît posé et sympathique. Je découvre un fonctionnaire compétent mais qui ne s'est jamais fait à la PJ et peut-être même pas à la préfecture de police de Paris, dont il n'est pas issu. Je compatis. Il s'inquiète de sa future mutation. Je suis surpris qu'il ne le sache pas encore : elle a été acceptée depuis quelques jours. Il s'en trouve ravi. Et moi pour lui, bien que je n'en sois aucunement responsable.

Au moment de sortir de mon bureau, il paraît hésiter. Je l'interroge :

« Vous avez changé d'avis ?

– Non, pas du tout, monsieur le directeur…

– Vous avez oublié quelque chose ?

– Non, monsieur le directeur. Je voulais simplement vous prévenir. Attention à vos dépenses. À la préfecture, quelqu'un suit de près vos débits de carte bleue et les commente à haute voix.

– Mais qui bon sang ? Et pourquoi ?

– Je ne peux pas vous dire. Simplement, faites attention… »

Je lui réponds du tac au tac que je n'ai absolument rien à cacher, comme si j'étais déjà sur la défensive. Mes dépenses professionnelles sont effectuées grâce à une carte de crédit spécialement dédiée. Toutes peuvent être épluchées. Contrairement à d'autres, je ne possède pas de caisse secrète et je ne dispose d'aucuns fonds spéciaux. L'homme me sourit tristement avant de prendre congé.

Quelques semaines plus tard, un nouvel avertissement m'est adressé. Lors d'une de nos multiples réunions destinées à faire le point sur les enquêtes en cours, le procureur de Paris m'interroge sur le dossier Aristophil. Cette société, fondée en 1990, est spécialisée dans l'expertise et le commerce de lettres autographes et de manuscrits originaux du patrimoine écrit. Elle vend notamment des parts dans la possession de ces documents. Son succès est tel qu'elle ouvre des filiales en Belgique, en Suisse, en Autriche et même à Hong Kong. Parallèlement à cette activité, son fondateur, Gérard Lhéritier[1], crée en 2004, à Paris, le Musée des lettres et des manuscrits. Six cents mètres carrés situés boulevard Saint-Germain, au cœur du Paris intellectuel. Les plus hautes autorités de l'État visitent ce lieu, dont le parrain n'est autre que Patrick Poivre d'Arvor, et l'un des principaux partenaires financiers, la Société générale.

Des milliers d'épargnants placent ainsi leur argent dans ce qui est présenté comme un bon investissement, en achetant en pleine propriété ou en indivision des documents rares. Pourtant, courant 2014, une enquête est ouverte sur les agissements de cette société. Elle est confiée à la brigade de répression de la délinquance économique de la police judiciaire.

En m'interrogeant, François Molins veut savoir si cette enquête s'oriente vers une arnaque à la Madoff, une sorte de « pyramide de Ponzi » des belles lettres.

1. Le 4 mars 2015, Gérard Lhéritier a été mis en examen pour « pratiques commerciales trompeuses, escroquerie en bande organisée, blanchiment, abus de confiance, abus de biens sociaux, et présentation de comptes infidèles ». L'instruction est toujours en cours.

Autrement dit : les achats des uns servent-ils à financer les intérêts et le remboursement des autres ?

Je lui réponds benoîtement n'en rien savoir. Les investigations en cours, perquisitions et autres saisies d'éléments comptables pourront sans doute nous éclairer. Molins me presse alors d'accélérer l'enquête. Mon sous-directeur aux affaires économiques et financières en a la responsabilité. Je laisse donc Gilles Aubry manœuvrer.

Un matin, il vient me trouver. D'ordinaire souriant, il présente un visage inhabituel :

« Que se passe-t-il, Gilles ?

– Tu as déjà été au musée du livre ?

– Non, je ne sais même pas où c'est. Pourquoi me demandes-tu ça ?

– Tu connais le patron d'Aristophil ?

– Ni lui ni aucun de ses employés. Où veux-tu en venir ? »

Embarrassé, Gilles Aubry m'explique que, lors d'une perquisition, ses hommes ont découvert un mot signé de ma main dans le livre d'or de l'établissement. Il fait peu de doute dans mon esprit qu'il s'agit d'un acte malveillant. Je comprends aussi que, s'il m'en parle, c'est que tôt ou tard cette information sera dans la procédure et peut-être d'ici peu dans la presse. J'imagine déjà avec angoisse le titre de l'article du *Canard enchaîné* !

« Mais Gilles, dans ton musée, il y a bien des caméras de surveillance ? »

Gilles Aubry est un pro, il a déjà fait bloquer les bandes enregistrées. Dans les quarante-huit heures qui suivent, il m'informe par téléphone qu'on a trouvé

« le coupable », un commandant de police de sa sous-direction. Celui-ci reconnaît avoir écrit le mot et signé sous mon nom. J'exige qu'un rapport me soit adressé par la voie hiérarchique.

Le document que je reçois comprend plusieurs pages très bien écrites. L'essentiel est consacré à décrire la situation et l'attitude d'un représentant du parquet venu sur place, lequel se serait montré bougon et peu enthousiaste quant à sa participation à l'opération. Seul, le dernier feuillet aborde l'écriture en catimini et sous mon nom du fameux mot dans le livre d'or. On croit comprendre que le commandant s'est laissé aller à écrire un mot supposé humoristique pour tromper le temps.

Je n'en reviens pas. Je veux rencontrer ce fonctionnaire qui s'amuse à écrire en mon nom. Quand il se présente à moi, accompagné de ses supérieurs, je constate que c'est un vieux soldat, le regard fuyant, qui n'arrive pas à me donner une explication cohérente. J'en parle au procureur de Paris. François Molins prend le temps de lire le rapport du fonctionnaire de police que je lui tends. Il s'attarde sur les passages concernant l'attitude de son collaborateur mais ne me semble pas prêter attention au feuillet me concernant… Affaire classée.

Une autre affaire de « belles lettres » me confirme que la police judiciaire de la préfecture de Paris est un sacré panier de crabes… remplis de drôles de requins ! À mon arrivée au 36, je découvre que, outre l'activité judiciaire et administrative proprement dite, j'ai la responsabilité de bien d'autres tâches « annexes ». Dont la présidence d'un prix littéraire, le fameux prix du Quai des Orfèvres qui consacre chaque année le meilleur roman policier publié aux éditions Fayard. Cela pourrait sembler anecdotique et, pourtant, le prix est symboliquement très important dans la police.

Les deux ouvriers de ce spectacle, François Jaspard, un de mes prédécesseurs, et Jacques Mazelle, un ancien de chez Fayard, se présentent à moi pour m'expliquer mon rôle. À mots couverts, ils me mettent en garde contre les saillies du sénateur Charon, seul homme politique à faire partie du jury. Je comprends confusément qu'une fronde couve lorsque j'apprends incidemment que certains membres discutent pour permettre à mon prédécesseur, Christian Flaesch, de se maintenir en qualité de président du jury, tâche statutairement dévolue en principe au directeur de la PJ en exercice.

La consultation de la liste des membres du jury[1] me fait craindre des difficultés à venir. Elle comprend beaucoup de policiers sympathisants de Nicolas Sarkozy, des membres de « la firme », comme certains journalistes les dénomment.

Le premier déjeuner réunissant tous les membres du jury confirme mes craintes lorsque j'entends Frédéric Péchenard affirmer haut et fort : « Il ne manque plus que Bernard pour être en famille. » Comprendre Bernard Squarcini, évidemment.

Comme lors du pot de départ de Lothion à Beauvau, ces « grands flics », ou supposés tels, semblent si certains du retour de Nicolas Sarkozy aux affaires – et

1. Le jury du prix comprend au total vingt-deux personnes. Il est composé de hauts magistrats, de policiers, des anciens directeurs du 36, d'avocats et de journalistes. Le président d'honneur et le président du jury sont respectivement le préfet de police de Paris et le directeur de la police judiciaire en exercice.

du leur par la même occasion –, qu'ils font comme s'ils étaient partout chez eux.

Comme si tout cela n'y suffisait pas, un autre événement complique encore la situation. Le sénateur Charon a tenu publiquement des propos très critiques à l'égard du préfet de police. Celui-ci ne veut plus le croiser. Il me demande même de regarder si on peut exclure ce parlementaire du jury. La chose est toutefois impossible pour des raisons évidentes de règlement…

Charon était quant à lui sur la ligne : je suis un élu de l'opposition et j'ai le droit de m'exprimer. Il n'a pas tort. Boucault de son côté est prêt à entendre des critiques mais pas des attaques *ad hominem*… Les choses s'enveniment à un point tel que le préfet n'écarte pas l'idée que la préfecture puisse ne plus s'associer audit prix.

Je parviens non sans mal à obtenir un cessez-le-feu. Il est de courte durée. Deux affaires retentissantes vont mettre à mal l'image du 36 et écorner celle de ses responsables, dont je suis.

Dans la nuit du 22 au 23 avril 2014, une jeune Canadienne de 34 ans accuse des fonctionnaires de la fameuse Brigade de recherche et d'intervention de l'avoir violée dans les locaux de cette unité[1]. J'ignore encore tout de ces faits quand le préfet de police, Bernard Boucault, me téléphone au petit matin. Il est en rogne. Au même moment, le directeur adjoint, Jean-Jacques Herlem, cherche à me joindre. J'en informe le

1. Le 28 septembre 2017, la cour d'appel de Paris a ordonné le renvoi de deux policiers de la BRI devant la cour d'assises de Paris pour qu'ils soient jugés de faits qualifiés de viol en réunion.

préfet qui interrompt brutalement la conversation et me demande de le rappeler dès que j'en aurai fini avec mon adjoint. Herlem me raconte alors brièvement les faits et les premières mesures qu'il a prises. Je crois comprendre qu'il a essayé de calmer le jeu. Fort de son expérience – bien réelle –, il a considéré que la soirée en question devait amener à une certaine prudence et qu'il fallait un peu de temps pour comprendre ce qui s'était vraiment passé. Il n'a pas tort mais tout en l'écoutant, je constate combien sa capacité d'étonnement est émoussée par des années passées au même poste. Et combien la tradition du grand chef défendant bec et ongles sa boutique est fortement ancrée dans les esprits du 36.

À peine en ai-je terminé avec mon adjoint que le préfet de police revient à la charge. Il est toujours aussi irrité. Ma position est assez simple : je n'ai pas grand-chose à dire sur les faits. À ce stade, je ne maîtrise que ce qu'a bien voulu m'en dire mon adjoint. La justice est saisie, il faut donc laisser faire l'enquête et attendre les premières auditions. D'un point de vue administratif, la situation me paraît limpide : les hommes de la BRI ne peuvent en aucun cas faire monter dans nos locaux une inconnue…

La matinée qui suit est éprouvante. Je tente de faire la lumière sur ce qui s'est passé cette nuit-là au quatrième étage, dans les locaux de la brigade. Plusieurs hauts fonctionnaires n'hésitent pas à m'appeler pour me faire part de leur point de vue : je ne devrais pas enfoncer des fonctionnaires qui sont prêts à donner leur vie en intervention. Certains journalistes influents écrivent, pour les excuser, que les antigangs débordent de testostérone et que les soirées de la PJ ont toujours été de tout temps hors norme. Sous le sceau de la confidence, certains d'entre eux me rapportent mille anecdotes sur ces fêtes, leurs débordements et leurs beuveries, dont certaines, devenues légendaires, se terminaient même par des coups de feu tirés en l'air !

Les uns et les autres insistent aussi pour me dire que bien des dames ont fréquenté ces lieux.

Peu m'importe : ces faits restent pour moi inacceptables.

Le préfet de police lui est très radical : il envisage de virer immédiatement le chef de la BRI et son adjoint. Je n'arrive pas à savoir s'il s'agit de son point de vue ou s'il relaie une demande du ministre. Je m'oppose farouchement au limogeage de ces deux chefs. Christophe Molmy vient tout juste d'être nommé à son poste et on ne peut sincèrement pas l'accuser d'avoir été laxiste avec sa brigade. Quant à son adjoint, le valeureux Georges Salinas, il n'est également en rien responsable des agissements personnels des mis en cause. L'homme est une valeur sûre de la PJ, comme sa conduite le confirmera durant les attentats de janvier 2015. On ne peut pas sacrifier ainsi des hommes sur l'autel de la communication politique !

Leur sort se joue lors d'une réunion dans le bureau du préfet. À dessein, je demande à Molmy et à Salinas de m'accompagner. Je sais qu'il est plus dur de couper la tête de quelqu'un lorsqu'il vous fait face. Les deux policiers ont bien compris l'enjeu. Chacun s'explique autour de la grande table ovale de la préfecture. En sortant, j'ai le sentiment d'avoir sauvé leur tête, mais la décision prendra la journée. J'en conclus qu'il faut obtenir l'aval du cabinet du ministre…

Le préfet me demande alors d'aller m'expliquer sur une radio. Je comprends que la demande vient de Beauvau et que je vais devoir prendre mes patins ! Je choisis Europe 1 où je dis ce que j'ai à dire, sans langue de bois. Pour moi, les fonctionnaires fautifs n'ont plus leur place dans leur unité, même si je sais que leur travail est toute leur vie et que je ne doute pas un instant qu'ils se sacrifieraient pour la défense de nos concitoyens. On ne peut bien sûr pas faire abstraction de la victime.

Plus tard, le préfet me lâchera : « Il faut tenir vos hommes ! » La remarque me blesse. Elle est particulièrement injuste. J'ai conscience que cette affaire m'affaiblit.

L'ambiance est désormais gravement plombée au 36. Ce sanctuaire de la PJ parisienne est devenu pour la première fois un lieu de crime.

C'est dans ce contexte qu'intervient une seconde affaire, tout aussi désagréable, rocambolesque et préjudiciable. Dans la nuit du 24 au 25 juillet 2014, cinquante-deux kilos de cocaïne sont volés dans la salle des scellés de la Brigade des stups.

L'enquête établit rapidement qu'un enquêteur de cette brigade, le brigadier Jonathan Guyot, est à l'origine du vol[1]. Il est formellement reconnu par la policière qui était de garde. Celle-ci précise même qu'il a quitté les lieux avec des sacs bourrés de drogue… Ce qui encore aujourd'hui me laisse perplexe : on peut donc quitter des locaux de police avec « des sacs bourrés de drogue » sans que ces faits soient aussitôt l'objet d'un signalement ? À croire que plus personne ne s'étonne plus de rien.

1. Le 17 mars 2017, la 14e chambre du tribunal correctionnel de Paris a condamné ce fonctionnaire à dix ans d'emprisonnement. Ce dernier n'a pas fait appel du jugement.

Quelques jours plus tard, le 2 août 2014, le suspect est interpellé à Perpignan, sa ville d'origine. Dans son sac à dos, les enquêteurs mettent la main sur 16 020 euros en petites coupures et des notes griffonnées qui ressemblent à une comptabilité occulte. Il dispose également du code du coffre dans lequel se trouvait la clé du local à scellés… Pire, l'analyse de ses comptes bancaires et de ses projets immobiliers depuis 2013 révèle un « fonctionnement atypique » qui ne peut résulter « que du blanchiment régulier des sommes issues de la vente du cannabis », selon les mots du juge Gervillié en charge de l'enquête.

Le jour où le vol a été découvert, mais je n'en avais pas encore été avisé, j'ai rendez-vous avec le chef de la Brigade des stupéfiants et son adjoint, non pas en raison de leurs responsabilités à la tête de leur brigade mais en leur qualité de représentants syndicaux. Ces deux fonctionnaires figurent en effet parmi les dirigeants du Syndicat indépendant des commissaires de police. Je les reçois autour d'un café. À leur expression, je me doute rapidement que quelque chose ne va pas. Pensant qu'il s'agit d'un point de gestion posant problème, je les invite à se détendre. Mais ils me déclarent subitement qu'ils ne sont plus là à titre syndical. Et ils m'annoncent la découverte du vol des scellés de cocaïne…

Au début, j'avoue que j'ai du mal à y croire. Je pense qu'il doit s'agir d'une erreur. Je leur demande s'ils ont bien tout vérifié, s'ils ont cherché partout. La came ne peut-elle avoir été déplacée temporairement dans un autre lieu ? Ou déposée au greffe ? Thierry Huguet et Jean-Paul Mégret m'expliquent alors que la cocaïne était bien entreposée dans le local à scellés et qu'il s'agit certainement d'un vol. Ils m'assurent avoir fouillé partout jusque dans les locaux contigus de la BRI. Connaissant les tensions qui existent au sein des Stups, je leur demande s'il ne peut pas s'agir d'un règlement de comptes interne. Ils me répondent alors avoir fait vérifier tous les endroits possibles, y compris la cheminée de leur bureau…

Même si je ne me fais guère d'illusions, je leur accorde cependant encore une heure pour tout revérifier avant d'aviser officiellement le procureur de Paris de la disparition des scellés.

Le temps écoulé, Thierry Huguet me confirme, lors d'un bref et laconique échange téléphonique, que la drogue reste introuvable. J'avertis alors François Molins, le procureur de Paris, qui m'annonce saisir aussitôt l'IGPN. J'avise ensuite le préfet de police, Bernard Boucault, qui me fait part de son intention de se rendre sans délai au 36. Je l'attends devant l'entrée. Il arrive à pied, seul, le visage fermé. En traversant la cour intérieure, il me demande si ce ne peut pas être le fait d'un autre service… Je n'en reviens pas : qui peut lui distiller pareille connerie ?

Quand le préjudice est connu, Beauvau songe à dissoudre purement et simplement la Brigade des stupéfiants. Quand le préfet évoque cette possibilité, je m'y oppose fermement : les agissements individuels d'un ou plusieurs malfaisants ne doivent pas aboutir à remettre en cause un service d'État. De son côté, le chef de la Brigade des stups est convaincu que je vais profiter des circonstances pour lui couper la tête… Étrange préoccupation en pareilles circonstances…

Ces affaires inédites au 36 m'ont incontestablement fragilisé. Je suis devenu une cible vulnérable. Surtout pendant cette période pré-électorale. C'est le moment que choisit l'hebdomadaire *Valeurs actuelles*, qui soutient alors ouvertement Nicolas Sarkozy, pour m'accuser de faire partie d'un cabinet noir.

Tout cela prête à sourire : il y a toujours eu des cabinets noirs et il n'y en a jamais eu… ! Dans la course folle à la magistrature suprême, qui peut croire que les états-majors et les cellules de communication de tous les candidats ne sont pas à l'affût d'une erreur, d'une rumeur, d'une plainte, d'une enquête, de disputes, de faiblesses, qu'ils s'empressent de relayer ou d'amplifier, dès lors qu'ils estiment que cela pourrait nuire aux concurrents et profiter à leur candidat ? Qui peut croire que les affaires DSK ou Fillon n'ont pas été du pain béni pour leurs opposants ? Mais de là à parler d'un cabinet noir comme aux heures les plus sombres de la République, il ne faut pas exagérer.

L'hebdomadaire, situé à la droite de la droite, ne fait pas dans la dentelle et me désigne comme « le responsable police » de cette cellule clandestine. Je suis scandalisé et j'en obtiendrai réparation en justice.

Dans l'espoir d'éviter de nouvelles et ridicules attaques qui affaiblissent l'institution autant que moi-même, je décide de passer à l'offensive… en invitant le préfet Frédéric Péchenard à déjeuner. Nous convenons ainsi de nous retrouver à l'Auberge bressane avenue de La-Motte-Piquet à Paris. À l'heure dite, l'ex-directeur général de la police, élégamment vêtu, arrive en scooter.

Ce repas peut être l'occasion de nous expliquer. Je reviens d'abord sur le départ de Flaesch et les circonstances de ma nomination. Il m'écoute sans réaction particulière. Je lui demande ensuite si ce qu'on me dit de façon répétée est vrai. À savoir : l'existence d'une « black-list » où je figurerais au premier chef et qui comprendrait une dizaine de noms de flics à éliminer immédiatement dès le retour de la droite en 2017. L'ex-grand flic réfute et se contente de me répondre qu'après une alternance politique il n'est pas anormal de changer les personnes…

Je l'interroge également sur l'existence d'une sorte d'enquête qui aurait été menée sur ma famille et notre patrimoine. Il dit tout ignorer de ce dont je parle…

Et sur sa responsabilité dans la publication de l'article diffamatoire de *Valeurs actuelles*. Il m'assure y être étranger. Peut-être… mais je continue de penser que si ce n'est lui, ce sont peut-être ses proches.

Sur tous ces points, je reste donc sur ma faim. Même si j'ai parfaitement en mémoire le détail de tout ce qui m'a été rapporté, je ne crois pas utile de pousser plus loin mes demandes.

J'aborde alors un sujet, cette fois cher au préfet de police. Il lui est en effet revenu que l'ancien flic, bien que désormais directeur général du mouvement Les Républicains et élu du Conseil de Paris, continuait d'aller et venir au 36. D'entrée, je lui dis qu'il n'est pas question pour moi de lui signifier une interdiction d'accès, mais que, d'un autre côté, il ne peut pas – en sa nouvelle qualité de responsable politique – venir dans les services du 36 sans m'en avertir. Mon interlocuteur m'explique alors doctement qu'il a passé une grande partie de sa vie dans ces lieux, qu'il est membre de l'Amicale des anciens de la Crim' et que c'est à ce titre qu'il lui arrive de se rendre quai des Orfèvres…

J'insiste encore : « Lorsque tu étais à ma place, aurais-tu apprécié qu'un de tes prédécesseurs agisse comme tu le fais ? Aurais-tu aimé qu'un député de gauche effectue, à sa guise, des descentes au 36, sans en référer au directeur ? » En guise de réponse, le préfet, devenu numéro deux des Républicains, se contente d'un sourire.

# Secret Story

Le soleil est bien haut, c'est déjà l'heure de l'apéro. Sur la route entre Marseille et Nice, dans le petit port de Golfe-Juan, des plaisanciers s'apprêtent à embarquer à bord de leurs splendides et puissants yachts pour un déjeuner en mer. Il est 12 h 30 ce 5 juin 2010. Michel Campanella a déjà tombé la chemise. Torse nu, « Canari » ne le sait pas encore, mais il s'apprête à rejoindre une cage pas vraiment dorée. Son petit frère Gérald devise avec sa compagne, sans se soucier de rien. En cavale depuis quelques années, il sert, à la fois, de chauffeur et de coach sportif à Alexandre Rodriguez, dit « la Baleine ». Le voilà qui arrive d'ailleurs, c'est lui l'heureux propriétaire d'une importante société de construction navale et l'armateur de *L'Atlas* et du *Yes*, deux yachts de luxe qui mouillent dans les eaux de la Méditerranée. C'est à ce moment-là que nous décidons d'intervenir.

Dans une tentative désespérée pour échapper aux collègues de la Brigade de recherche et d'intervention, le cadet des frères Campanella, surnommé « le Gros », trébuche dans sa course. Il n'y a qu'à se baisser pour le serrer… Michel, l'aîné, tente, lui, de se planquer dans le coffre banquette d'un des bateaux. En vain. Quant à Rodriguez, il est physiquement incapable de s'enfuir. Ce qui n'est pas le cas du gros poisson que nous sommes venus chercher. Il se nomme Bernard Barresi. Condamné par contumace en 1994 à vingt ans de réclusion criminelle pour « vol à main armée et association de malfaiteurs » après le braquage d'un fourgon blindé du côté de Mulhouse[1], il est depuis en cavale. Lorsque mes collègues lui passent les menottes, il déclare bravache : « Je ne suis pas connu des services de police. » Si je m'en tiens aux faits, je ne peux lui donner tort. Pendant près de deux décennies, celui dont on dit que personne sur le Vieux-Port n'osait prononcer son nom par peur d'avoir des ennuis, a vécu en toute quiétude dans l'arrière-pays marseillais, ne s'interdisant presque rien, poursuivant son juteux business et investissant tous azimuts, au su et au vu de tous. Y compris sans doute de certains policiers.

Trois semaines plus tôt, le 11 mai, « Jambon » – compagnon d'une dame Serrano, ce qui lui vaut ce surnom auprès de ses pairs – était dans sa résidence secondaire en Haute-Corse à Calenzana. Il veille alors à quelques aménagements dans la vaste villa familiale, sans doute en prévision des prochaines vacances. Soudain, un de ses missi dominici vient le prévenir : les condés de la BRI corse vont venir le serrer d'un instant à l'autre. L'information est sûre : elle émane de Michel Campanella lui-même, prévenu par un fonctionnaire de

1. Rejugé pour ces mêmes faits en 2012, l'intéressé est d'abord acquitté au bénéfice du doute par la cour de Colmar, puis recondamné en appel, en 2014, à dix ans d'emprisonnement par la cour d'appel de Nancy. Le butin de 34 millions de francs (5,2 millions d'euros) n'a jamais été retrouvé.

police. Ni une ni deux, Bernard Barresi s'arrache. À son domicile, les collègues mettent la main notamment sur une confortable somme d'argent en liquide – autour de 70 000 euros – et sur un passeport établi au nom de Pavon par la mairie de Marseille. Il aura bien voyagé durant sa cavale : Miami, République dominicaine, etc. « Jambon » n'est vraiment pas du genre à sécher tranquillement dans le noir…

Cette perméabilité entre le Milieu « corso-marseillais » et certains représentants de l'État (fonctionnaires comme élus), je la connais. Je m'en méfie chaque jour depuis que je suis sous-directeur chargé de la lutte contre le crime organisé et la délinquance financière. Plus encore lorsqu'il s'agit d'affaires marseillaises. En effet, chaque fois que j'ai eu à conduire des opérations sur le Vieux-Port, j'ai presque toujours été confronté à des problèmes de fuites. Il me faut reconnaître que le Milieu est très fort. Les « Corso-Marseillais » y règnent en maître depuis des années, même si, ces derniers temps, ils doivent batailler ferme pour demeurer les numéro un. Une nouvelle génération de gangsters leur mène la vie dure. Au prix de règlements de comptes multiples et sanglants, ceux qu'on appelle de façon réductrice « les Franco-Maghrébins » se sont efforcés de leur grappiller des parts de marché. Cette « génération Kalachnikov », comme l'a dénommée le journaliste Frédéric Ploquin[1], a fait main basse sur le trafic des stupéfiants, notamment la résine de cannabis et, dans une moindre mesure, la cocaïne. Même s'ils ont appris le métier avec les voyous à l'ancienne, ces nouveaux

1. Frédéric Ploquin, *Génération Kalachnikov. Les nouveaux gangsters*, Fayard, 2014.

bandits se sont rapidement émancipés. Les chaperons et les parrains, ils n'en veulent pas. D'ailleurs, à quoi bon ? À eux seuls, ils maîtrisent déjà directement tous les segments du trafic – importation, livraison, distribution – et en tirent des profits colossaux. Pourquoi dès lors partager ou même verser une dîme ? Contrairement à leurs aînés, ces jeunes rechignent à se soumettre à une protection. Pas question pour eux d'être vassalisés ! À la fois têtes brûlées et inconscients, rien ne semble les impressionner. Ils ne pensent et ne parlent qu'à travers leurs armes. Inutile donc pour eux, à ce stade, de soudoyer des fonctionnaires ou d'arroser des élus.

Face à eux, les « Corso-Marseillais » jouissent d'une très longue expérience. Avec des hauts et des bas, leur business est toujours le même depuis les années cinquante : rackets, extorsions de fonds, braquages, tripots, escroqueries en tout genre, etc. L'argent ainsi amassé est ensuite blanchi : ils investissent dans les affaires, l'immobilier, les boîtes de nuit ou la « limonade », entendez les brasseries, cafés et restaurants.

Leur longévité, doublée d'une prospérité incroyable, leur a permis de tisser des liens – parfois ténus, mais ô combien suffisants – avec certains décideurs locaux.

Lorsque débute cette enquête, initiée par les « shérifs » de la Brigade nationale de recherche des fugitifs[1], qui traque Gérald Campanella, en cavale depuis 2004, après une condamnation à cinq ans d'emprisonnement pour recel en bande organisée, je sais qu'une de nos

1. L'Office central de lutte contre la criminalité organisée (OCLCO) regroupait alors une brigade de répression du banditisme, une brigade de répression et d'intervention, et donc la BNRF, toutes ces unités ayant une compétence nationale.

difficultés sera de garder secrètes nos investigations. Ce qui est déjà une gageure lorsque nous opérons en région parisienne relève de l'exploit – et de la chance – lorsque nous descendons dans le sud-est de la France. Heureusement, je peux compter sur des appuis locaux fiables. À commencer par les deux hommes forts de l'« Évêché », nom donné à l'hôtel de police de Marseille, car installé dans un ancien palais épiscopal. L'Évêché accueille, dans le quartier du Panier[1], le commissariat de Marseille et la Direction interrégionale de la police judiciaire (DIPJ). Roland Gauze et son adjoint, Christian Sivy, ainsi que le chef et les hommes de la BRI Marseille sont des fonctionnaires remarquables, qui œuvrent dans des conditions difficiles, à tout point de vue. Outre ces incorruptibles, nous avons la chance de travailler sous la houlette d'une escouade de magistrats hors pair, extrêmement motivés et compétents : Christophe Perruaux, Thierry Azéma, Philippe Dorcet, Charles Duchaine… Tous se méfient comme de la peste de la puissance du Milieu et de sa capacité à corrompre pour acheter sa tranquillité. Ainsi, par exemple, soucieux d'éviter les fuites, le juge Duchaine, dans le cadre de ses enquêtes sur « le système Guérini »[2], n'a pas hésité à dessaisir les services de police judiciaire locaux au profit de leurs homologues de la gendarmerie, réputés plus sûrs, car moins sédentaires : leur statut de militaire les contraint à changer d'affectation très régulièrement. Ils n'ont pas le temps de véritablement

1. Nom d'un quartier populaire de Marseille situé dans le IIe arrondissement, une des parties les plus anciennes de la ville.

2. Du nom du sénateur et ex-président du Conseil général des Bouches-du-Rhône. Le concernant, une instruction est toujours en cours.

s'installer sur un territoire, et ainsi d'être « travaillés » par les voyous.

C'est en sachant tout cela que je décide, avec mes collègues Roland Gauze et Christian Sivy, de prendre, dès le début de nos investigations, un maximum de précautions en constituant une sorte d'équipe restreinte pour protéger le secret de nos recherches. Il en a été ainsi durant toute sa durée. Non sans mal. Très tôt, de multiples incidents confirment nos craintes. La première alerte est déclenchée après une écoute téléphonique. Sans être totalement explicite, deux voyous font allusion à des renseignements officiels. Néanmoins, la qualité de leur « tuyau » nous laisse penser que les malfaiteurs disposent d'une source, certes de haut niveau, mais qui, heureusement, ne connaît pas les détails de l'enquête. Seconde alerte : un policier est surpris dans le garage de l'Évêché en train de relever les plaques minéralogiques des véhicules de la BRI ! Troisième alerte : les agissements troubles d'un fonctionnaire de la police des polices locale qui, soudainement curieux, tente de faire ami-ami avec ses collègues directement en charge de l'enquête. Enfin quatrième alerte, beaucoup plus sérieuse encore : des repérages répétés par des voyous près du domicile de l'un des enquêteurs nous font craindre des manœuvres d'intimidation, si ce n'est pire : l'idée de l'éliminer ? Ainsi, plus notre enquête progressait, plus la perspective de notre coup de filet se rapprochait, plus la tension montait. Et plus il fallait redoubler d'attention…

L'opération que nous projetons est d'envergure. C'est que la traque d'un fugitif s'est métamorphosée en une incroyable enquête nous conduisant au cœur même du banditisme de la cité phocéenne. Nous découvrons stupéfaits l'ampleur des dégâts : le business lucratif des clans Campanella-Barresi, le monde des affaires, mais aussi ses liens avec les politiques et la police. Le vaste coup de filet que nous envisageons – plus d'une vingtaine d'individus sont visés – suppose de « taper »[1] simultanément en plusieurs endroits du pourtour méditerranéen. Pour cela, de nombreux enquêteurs de ma sous-direction se rendent à Marseille, la veille au soir de l'intervention. Comme d'ordinaire, tout ce petit monde prévoit de prendre ses quartiers dans un hôtel où nous avons nos habitudes lors des missions de routine. Mais les habitudes sont faites pour être changées. Surtout lorsque nous apprenons incidemment que l'établissement en question fait l'objet d'attentions toutes particulières. Et puis, il faut se rendre à l'évidence : même si toutes les plaques minéralogiques de nos véhicules sont changées comme c'est l'usage dans ce type d'opération, le simple stationnement de toutes ces voitures de service va nécessairement attirer l'attention. Y compris celle de policiers locaux – sans aucun lien avec notre affaire –, mais qui ne manqueraient pas d'en parler autour d'eux, trop peut-être. Il n'en faudrait pas plus pour que notre présence soit signalée depuis l'Évêché jusqu'à Notre-Dame-de-la-Garde en passant par la Canebière…

Pour toutes ces raisons, je décide donc de ne pas faire loger les miens à Marseille. Je dois trouver une solution qui nous garantisse le secret jusqu'au dernier moment… La chance va m'y aider. Une semaine avant le jour J, je déjeune avec un vieil ami. Marc est un colonel de l'armée de l'air avec lequel je partage la passion du tir

1. « Taper » signifie, arrêter, interpeller dans le jargon policier.

à l'arc, même si, contrairement à lui, je ne suis qu'un bien piètre compétiteur. Je le retrouve dans un modeste restaurant chinois de la rue de Berri, à Paris, où nous avons nos habitudes. Tout juste attablé, je me risque à lui demander : « Tu n'aurais pas un copain sur une base aérienne du côté de Marseille capable d'héberger discrètement une centaine de flics, durant au moins une nuit ? » Marc prend à peine le temps de réfléchir, saisit son téléphone et me transmet une fois raccroché les coordonnées du commandant de la base aérienne de Salon-de-Provence pour négocier notre hébergement. Je prends immédiatement attache avec l'officier. L'affaire se noue sans difficulté. Les conditions un peu plus rustiques que celles d'un complexe hôtelier me font craindre une remontée de fuel syndicale. Mais il n'en sera rien. L'hébergement s'avère tout à fait convenable et l'accueil des militaires est très bon. Et surtout discret. Hormis les questions d'intendance, ils ne nous ont interrogés sur rien. Ce n'est que le lendemain de notre coup de filet qu'ils ont compris l'objet de notre déplacement en nombre.

Après l'opération, un journaliste, José d'Arrigo, auteur de nombreux ouvrages sur le banditisme phocéen, a affirmé que nous avions créé un SRPJ *bis* à cinquante kilomètres de Marseille, à l'insu de nos collègues[1], et que nous n'avions prévenu nos homologues locaux qu'une heure avant l'intervention[2]. Ces propos étaient excessifs. Il s'agissait simplement d'une sorte de concentration de troupes avant l'offensive, comme

1. « Des policiers à la solde de la mafia ? », *La Grande Émission*, LCM (devenue TV Sud Provence en 2015), 6 juillet 2010.
2. CNEWS Matin, 3 octobre 2012.

diraient justement les militaires ! Le chef de la PJ Marseille, son équipe rapprochée et toute la BRI Marseille – comme les juges – savaient très bien que nous étions posés à cet endroit. Nous en étions convenus lors d'un de mes déplacements à Marseille. Et sitôt l'effet de surprise et les interpellations effectuées, nous avons repris nos habitudes et l'ensemble de la procédure s'est bien tenue à l'Évêché.

Jusqu'au tout dernier moment, le secret de notre venue a été bien protégé en interne au sein même de la Direction inter-régionale de la police judiciaire de Marseille. À part les hommes de la BRI Marseille, chargés de monter en première ligne, et d'un cercle rapproché autour de Roland Gauze, personne n'était informé des développements de notre enquête et encore moins du coup de filet que nous avions programmé. Le 4 juin, veille du jour J, alors que les « Parisiens » s'installaient dans les bâtiments militaires, leurs collègues marseillais étaient juste informés qu'ils devaient se présenter au service le lendemain dès potron-minet. Mais, à aucun moment, il ne leur a été précisé l'objet de leur réveil matinal et encore moins qu'une centaine d'enquêteurs de Paris les accompagneraient. Ce luxe de précautions, ô combien nécessaire, a été plus ou moins bien perçu par les fonctionnaires locaux. Je peux les comprendre : il n'est pas agréable d'être traité ainsi parce qu'une poignée de policiers sabote le travail de l'immense majorité et contribue ainsi à jeter le discrédit sur tous. Mais il nous a fallu en passer par là. Et au vu des résultats obtenus, je ne le regrette absolument pas.

Le 5 juin, les surveillances commencent dès l'aube. Mais ce n'est qu'en milieu de journée, lorsque toutes les « stars » sont simultanément à notre portée, que le feu vert est donné. Bernard Barresi, Gérald et Michel Campanella, Alexandre Rodriguez, certaines de leurs compagnes sont ainsi arrêtés sur le port de Golfe-Juan. Une quinzaine d'autres individus sont également interpellés. Au cours des multiples perquisitions, une myriade de sociétés seront mises au jour. Elles établissent que les « Corso-Marseillais » se sont transformés en hommes d'affaires. Leurs investissements lucratifs en Asie, en Amérique du Sud, à Dubaï, ou à Casablanca en témoignent. Nous découvrons également qu'ils sont devenus les heureux propriétaires d'une brasserie très réputée à Aix-en-Provence. Et encore qu'ils possèdent une société de sécurité qui assure, notamment, le gardiennage des locaux du Conseil général des Bouches-du-Rhône, mais aussi parfois du stade Vélodrome, l'antre de l'Olympique de Marseille.

Au lendemain de l'arrestation des parrains marseillais et après leur présentation à des magistrats, une conférence de presse est organisée à l'Évêché. Mon patron d'alors, Christian Lothion, directeur central de la police judiciaire, fait le déplacement pour l'occasion. C'est d'autant plus légitime qu'il a lui-même dirigé la PJ phocéenne jusqu'en 2008. À ses côtés, le procureur de la République, Jacques Dallest, en fonction de 2008 à 2013. Comme beaucoup d'enquêteurs présents, je redoute que les journalistes conviés à couvrir l'événement leur demandent comment il a été possible que des gens en cavale, et en théorie sans le sou, puissent mener grand train, se retrouver à bord de yachts délirants, posséder autant de voitures, d'aussi belles maisons, fréquenter les restaurants les plus chics de Marseille, puissent aller et venir aussi impunément et, aussi, pactiser avec des édiles locaux ou faire ami-ami avec certains fonctionnaires… Heureusement, ou peut-être malheureusement, il n'en a rien été.

Cette affaire terminée, nous n'en avions pas pour autant fini avec les « Corso-Marseillais ». Nos services allaient poursuivre leurs équipées communes avec les collègues de la PJ Marseille.

Comme tous ceux qui sont engagés de longue date dans la lutte contre la criminalité organisée, je sais très bien qu'à elle seule l'arrestation d'un chef ne suffit pas à tarir les sources de revenus d'une organisation. D'autant que, même en prison, ceux-ci continuent de diriger leurs sinistres activités grâce aux téléphones portables qui pullulent dans ces lieux… Et quand un boss ou un groupe criminel n'est plus en mesure de diriger ses affaires, d'autres profitent aussitôt de cette faiblesse pour s'approprier le business. Bref, malgré nos coups de filet, les affaires continuent !

Cela étant, la chute des Barresi-Campanella, réputés intouchables, et dont leurs victimes et rivaux n'osaient même pas prononcer les noms (!), a quand même changé la donne. Il y a eu incontestablement un avant et un après notre descente. J'en veux pour preuve le simple fait que les langues ont commencé à se délier. Certaines sources n'ont plus hésité à nous parler. Grâce à ces renseignements, petit à petit, nous avons pu mettre des noms et des visages sur ce que nous nommions – de façon trop abstraite selon certains – « le Milieu corso-marseillais ».

L'affaire Brasero est née ainsi. En 2011, j'obtiens un renseignement confidentiel selon lequel deux sociétés basées à Paris servaient de blanchisseuses aux activités de Franck Barresi, le frère de « Jambon » que nous avions arrêté un an plus tôt, en 2010, sur son yacht à Golfe-Juan. Après les vérifications d'usage, réalisées par le Service d'information, de renseignement et d'analyse stratégique sur la criminalité organisée (SIRASCO)[1], nous suspectons fortement l'existence d'une association de malfaiteurs pratiquant l'extorsion de fonds et le blanchiment d'argent. Ces faits rapportés à la juridiction inter-régionale spécialisée[2] de Marseille aboutissent à l'ouverture d'une enquête et à la saisine conjointe des juges Azéma et Perruaux, avec lesquels nous avions déjà travaillé.

Cette enquête a été difficile, mais très intéressante. Les Milieux parisien et marseillais se croisent en permanence, les affaires saines et les affaires douteuses s'entremêlent étroitement, le tout au travers d'une nébuleuse de sociétés. Un véritable écheveau juridique et commercial qu'il nous faut décrypter, déchiffrer, et qui demande beaucoup de savoir-faire chez les enquêteurs de l'Office central pour la répression de la grande délinquance financière. Il nous faut également mener des filatures délicates avec des « clients » extrêmement méfiants. Certains des protagonistes n'hésitent pas à effectuer dans la même matinée un aller-retour Marseille-Paris en TGV dans le simple but d'échanger quelques mots sur un quai de gare ou dans une brasserie, rendant ainsi inopérantes nos laborieuses interceptions télépho-

1. Le SIRASCO a été créé en 2009. Rattaché à la Direction centrale de la police judiciaire, il est composé de personnels issus des différentes directions de police et de gendarmerie. Son objectif : collecter, analyser et diffuser du renseignement, ainsi que promouvoir ces activités.

2. Créées par la loi du 9 mars 2004, ces JIRS regroupent des magistrats du parquet et de l'instruction possédant une expérience en matière de lutte contre la criminalité organisée et la délinquance financière dans des affaires présentant une grande complexité. On en compte huit sur le territoire.

niques. Malgré ce luxe de précautions, nous parvenons cependant à identifier des suspects, des personnes « très défavorablement connus des services », selon la formule consacrée. Ils s'affairent à phagocyter des sociétés ou à s'approprier des commerces de prêt-à-porter parisiens. Petit à petit, nous devenons même les témoins privilégiés de leurs appétits et de leur agitation frénétique.

Il faut reconnaître que nous bénéficions d'un incontestable atout. La mécanique des bandits est finalement toujours la même : « presser le citron », faire payer des gens, prendre le contrôle de sociétés, faire peur, prêter pour mieux exiger, contraindre, placer ses hommes, dissimuler, « rouler » le fisc… Certaines sociétés sont tellement vampirisées qu'elles finissent par ne plus être viables : la seule perspective de leur propriétaire devient alors la liquidation judiciaire. Les malfrats ont alors le champ libre.

Il nous faut plus d'un an pour mener à bien cette enquête. À son terme, nous conduisons une opération simultanée à Paris et à Marseille. Notre coup de filet permet de démanteler cette organisation qui comprenait une dizaine de personnes.

Il n'y a pas que le renseignement qui compte, même s'il est primordial. Il y a aussi le travail acharné des enquêteurs, un travail souvent très méticuleux, comme celui effectué après chaque règlement de comptes sanglant. L'objectif premier est bien évidemment d'identifier les auteurs et de les déférer à la justice. Mais ces investigations – couronnées ou non de succès – permettent aussi à coup sûr de mieux comprendre les enjeux de pouvoir derrière chaque acte criminel…

L'enquête sur l'assassinat de Jacques Buttafoghi en est le parfait exemple. Membre notoire du Milieu, l'homme est abattu le 23 novembre 2009 à Calenzana, en Haute-Corse. Les premières investigations ne permettent malheureusement pas de remonter jusqu'aux auteurs et aux commanditaires. Mais nous découvrons à cette occasion que la victime avait de multiples activités sur le continent, en particulier sur la région aixoise. Nous suspectons des extorsions de fonds, lesquelles pourraient constituer un mobile. En continuant à gratter, nous constatons que, malgré la disparition de cette figure du banditisme, le racket semble perdurer. Deux ans après son assassinat, nous déclenchons une nouvelle enquête baptisée « Calisson », en référence à cette friandise qui a fait la réputation d'Aix-en-Provence. Sous l'autorité du juge d'instruction Christophe Perruaux, nous allons nous intéresser une nouvelle fois à ces hommes, héritiers d'une vieille pratique du gangstérisme : le racket des boîtes de nuit.

Pour le policier, l'extorsion de fonds à une certaine échelle est une infraction extrêmement intéressante. Certes moins spectaculaire que les attaques à main armée et moins médiatique que le trafic des stupéfiants, le racket est néanmoins une des manifestations incontestables de la criminalité organisée. Son impact sur l'activité économique d'une ville ou d'une région peut être considérable.

Nos investigations vont ainsi révéler l'existence d'une structure criminelle très hiérarchisée qui a mis en coupe réglée non seulement de nombreuses discothèques, mais également des restaurants.

Lorsqu'ils ne sont pas gérés de fait par les bandits eux-mêmes, ces établissements doivent s'acquitter de coquettes sommes, en moyenne 2 000 euros par mois, et parfois beaucoup plus. Une sorte de patente, payée en échange d'une prétendue tranquillité, qui assure surtout aux malfaiteurs des revenus réguliers et confortables, particulièrement précieux lorsque l'un d'entre eux passe par la case prison. Une sorte d'assurance chômage, si j'ose dire… Lorsque nous les interrogeons, certains exploitants de ces discothèques nous assurent payer ainsi depuis des années ! D'abord, dans les années quatre-vingt, au clan de Francis le Belge, puis, à la mort de ce dernier, aux « Corso-Marseillais ».

Au terme de notre enquête conjointe avec la PJ Marseille, une opération coordonnée nous permet d'arrêter une douzaine d'individus, parmi lesquels Toussaint Acquaviva et Jean-Pierre Anastasio[1]. Certains membres de cette redoutable équipe menaient un train de vie assez dispendieux, avec une passion avérée pour les berlines de luxe allemandes, alors qu'ils ne déclaraient pratiquement aucun revenu. En novembre 2013, ces hommes seront condamnés par le tribunal correctionnel de Marseille à diverses peines, allant jusqu'à sept ans de prison et 10 000 euros d'amende pour extorsion de fonds en bande organisée et association de malfaiteurs[2]. Une partie de leurs avoirs sera également confisquée.

1. Certains de ces malfaiteurs sont connus pour être proches d'Ange-Toussaint Federici, dit « ATF », le chef de la bande dite des « Bergers braqueurs » de Venzolasca (Haute-Corse), lequel purge, depuis 2007, une peine de trente ans de réclusion criminelle pour son rôle dans la tuerie du bar des Marronniers à Marseille.

2. En 2015, la cour d'appel d'Aix-en-Provence confirme les condamnations. Sauf pour Jean-Pierre Anastasio qui n'avait pas fait appel de sa première condamnation à sept ans d'emprisonnement.

# Rien ne va plus

C'est la pause. En ce début d'après-midi de printemps 2014, comme chaque jour, ou presque, j'ingurgite prestement, en compagnie de collègues aussi pressés que moi, un sandwich dans un des bistrots des quais de Seine. Tout juste de retour à mon bureau du 36 quai des Orfèvres, quelques litres supplémentaires de café avalés, le téléphone sonne. Les ennuis commencent. C'est un ami, lui aussi policier, en poste à la centrale, place Beauvau à Paris. Sans prendre le temps de me saluer, il me lance : « Bernard, tu as lu *Le Monde* ? » Non je n'ai pas lu le quotidien du soir. Lorsque j'étais sous-directeur en charge de la lutte contre la criminalité organisée et la délinquance financière à Nanterre, mon bureau ne se situait qu'à quelques minutes de Paris par les transports en commun, mais j'avais parfois le sentiment d'être ravitaillé par les corbeaux. Comme coupé de l'épicentre médiatico-politique et policier. Depuis mon arrivée à la préfecture de police, la situation a changé. J'ai plus facilement accès à la presse, mais je ne peux la lire que le soir, après le travail, une fois rentré chez moi.

Donc, non, je n'ai pas lu *Le Monde*. « Attends, je te fais la lecture. » Les cinq premières lignes de l'article, titré « La justice sur la piste du parrain des parrains »[1], me suffisent : « Deux juges et des dizaines d'enquêteurs sont à ses trousses depuis de longs mois. Pour eux, pas de doutes possibles : l'homme d'affaires corse Michel Tomi, 66 ans, à la tête d'un empire industriel en Afrique, serait le dernier "parrain des parrains" français. L'affaire inquiète jusqu'à l'Élysée, elle risque même de provoquer de forts remous dans les milieux diplomatiques, avec la mise en cause pour corruption du président malien, Ibrahim Boubacar Keita, dit IBK. »

En cinq lignes, les deux auteurs ont jeté à la poubelle des mois d'enquête. Nous l'avions pourtant menée, jusqu'alors, dans le plus grand secret[2]. Elle est désormais portée à la connaissance de tous. À commencer par le principal suspect.

Dès lors le téléphone ne cesse de carillonner. Les collègues, compatissant : « Bernard, tu as lu *Le Monde* ? » Des journalistes, questionnant : « Vous confirmez les informations du *Monde* ? » Je ne lis rien, je ne confirme rien, je ne dis rien et je ne veux rien savoir. Point. Bref, je suis furieux. J'imagine l'émoi des enquêteurs que j'ai laissés à Nanterre quand j'ai été nommé à la préfecture. Déjà que Tomi, que tout le monde se plaît à présenter comme « le parrain des parrains », n'était pas très bavard au téléphone, qu'il était escorté en permanence d'une bande de malabars aux aguets, qu'il était excessivement prudent, soucieux de ne pas commettre le moindre écart… Nous voilà bien… Et

1. *Le Monde*, 28 mars 2014.
2. Une instruction judiciaire est toujours en cours.

puis, que va penser le juge Serge Tournaire en charge de cette enquête ? Comment lui expliquer la fuite ? Personne n'a la moindre idée de son origine.

On aurait voulu réduire l'enquête à néant, on n'aurait pas fait mieux. A-t-on eu peur en haut lieu de voir impliqués des proches du président malien, notre allié dans la lutte contre le terrorisme ? A-t-on voulu faire passer un message ? Je n'en sais rien.

En revanche, ce que l'on raconte, c'est que le 22 mars 2014 – soit cinq jours avant la parution du *Monde* – plusieurs fonctionnaires ont été convoqués dans le bureau du ministre de l'Intérieur. Manuel Valls veut savoir où en est l'enquête sur Tomi.

Il se raconte que sitôt la réunion terminée, le ministre a traversé la rue du Faubourg-Saint-Honoré. Qu'a-t-il dit au président ? Nul ne le sait. Ce que l'on peut seulement affirmer c'est que les auteurs de l'article du *Monde* sont également ceux qui publieront en 2016 *Un président ne devrait pas dire ça*[1], le livre qui relate les confidences de François Hollande.

Mais revenons en 2013… Je suis alors sous-directeur de la police judiciaire en charge de la lutte contre le crime organisé et la délinquance financière dont les bureaux se situent à Nanterre. Je suis ce jour-là en compagnie du directeur central et du directeur central adjoint de la police judiciaire, ainsi qu'avec mes collègues, patrons des offices centraux, dans le bureau du ministre. Une réunion ordinaire pour faire le point sur nos priorités et nos besoins en matière de lutte contre la criminalité organisée.

1. Gérard Davet et Fabrice Lhomme, Éditions Stock.

Au moment de prendre congé, au vu et au su de tous, le « premier flic de France » m'interpelle : « Monsieur Petit, restez là. Il faut que je vous parle... » « Le baiser de la mort »[1], quand j'y repense...

Surpris, je note la même surprise – parfois rehaussée de jalousie – dans le regard de mes petits camarades... Tous – ou presque – croient que Manuel Valls, que je connais à peine, m'a proposé ce jour-là de devenir, après le départ en retraite programmé de Christian Lothion, le futur directeur central de la police judiciaire. Il n'en est rien. Il n'en a même jamais été question. Certains de mes « amis » ont propagé cette fausse nouvelle dans le seul but de me déstabiliser, voire de me nuire. Peut-être qu'ils espéraient le poste pour eux-mêmes ? Stupide guerre des places...

En réalité, Manuel Valls me dit simplement ce jour-là : « Le préfet de police de Paris, ou son représentant, va prendre contact avec vous au sujet d'un dossier, je vous demande formellement de n'en parler à personne, pas même à votre directeur ni à son adjoint. » Je suis abasourdi. Je balbutie maladroitement que cette demande est à la fois inhabituelle et bien délicate. Mais le ministre est ferme. Tout en me reconduisant, il ajoute, énigmatique : « Petit, je ne peux pas vous en dire plus. Mais prenez bien le temps de regarder. » Et c'est tout.

Pensif, je reprends, seul, le chemin de Nanterre-Préfecture par les transports en commun. De retour à mon bureau, je n'ai pas à attendre longtemps ce fameux

1. Dans la mafia, « le baiser de la mort » est l'annonce d'une mort violente prochaine pour celui qui le reçoit.

et énigmatique contact avec « le préfet de police ou son représentant ».

Mon téléphone sonne : « Bonjour Bernard, c'est René Bailly. » Il me laisse à peine le temps de le saluer et me glisse : « Il faut qu'on se voie. »

Je ne connais pas René Bailly personnellement, même si nos hommes ont déjà eu des échanges sur certains dossiers mais, comme c'est la coutume entre collègues, nous nous tutoyons aussitôt. « D'accord René, tu veux que je vienne à la PP ou tu veux me rejoindre ici à Nanterre ? Même tard, tu sais. » Mais l'homme discret aime que les affaires discrètes se traitent… discrètement. Une déformation professionnelle, sans doute… Il me donne rendez-vous le soir même porte Maillot, au Palais des congrès, à mi-chemin de nos bureaux respectifs. Je ne suis pas sûr de pouvoir le reconnaître. J'arrive en voiture, sans précaution particulière. Ce n'est pas le cas de René. Lui, déboule à moto. Je le sens inquiet, très attentif à notre environnement. J'apprends même qu'il porte son arme de service. Formé à la DST, ayant fait une grande partie de sa carrière aux fameux RG puis à la DCRI, Bailly incarne parfaitement le « rens' ». La soixantaine grisonnante, un physique passe-muraille, discret, loyal, travailleur, il dirige d'une main ferme la Direction du renseignement de la préfecture de Paris. Et connaît parfaitement les affaires corses.

Tout en déambulant dans le hall, il me précise, d'emblée, que seul le préfet de police et le ministre sont au courant de notre rencontre. Puis il me parle, à grands traits, d'un dossier qu'il conduit… dans la plus grande discrétion. Y apparaît un certain Michel Tomi, qui est loin d'être un inconnu pour moi comme pour les hommes de ma sous-direction, puisque son nom est cité dans de nombreuses affaires et que nous avions déjà enquêté sur le Cercle de jeux Wagram, mais j'y reviendrai.

Richissime, Tomi est considéré comme l'empereur des jeux et casinos en Afrique de l'Ouest. Héritier d'une certaine Françafrique, il a été condamné, par le biais de sa fille, directrice du PMU au Gabon, pour avoir financé la campagne du Rassemblement pour la France de Charles Pasqua lors des élections européennes de 1999. L'intéressé avait obtenu du même Charles Pasqua, ministre de l'Intérieur, les autorisations administratives nécessaires pour exploiter le casino d'Annemasse, en Haute-Savoie[1]. Vivant entre Paris, Marseille, le Mali, le Gabon et le Maroc, le sexagénaire, qui ne se déplace qu'en fauteuil roulant, est aussi un intime de la famille Bongo. Né en Corse, il ne se rend plus que très rarement sur l'île. Ce qui concourt certainement à sa légende de *deus ex machina* du banditisme insulaire. Lui-même ne cache d'ailleurs pas sa proximité avec le clan Germani-Casanova, un des piliers du gang bastiais de La Brise de mer[2].

Lors de notre déambulation, René Bailly me confie avoir procédé à des surveillances discrètes de Tomi et des siens. À Paris, bien sûr. Mais aussi en province,

1. En mars 2008, Michel Tomi est condamné à quatre ans de prison, dont deux ferme, ainsi qu'à 150 000 euros d'amende. Charles Pasqua est, quant à lui, condamné à dix-huit mois avec sursis, après le rejet de son pourvoi en cassation en avril 2010, mais il sera finalement relaxé par la Cour de justice de la République.

2. La Brise de mer est un groupe criminel qui doit son nom à celui d'un bar du vieux port de Bastia. L'établissement servait de lieu de réunion à certains membres du gang auquel on attribue, entre autres, ce qu'on a appelé « le casse du siècle » : le vol de 31,4 millions de francs suisses à l'Union des banques suisses en 1990 à Genève.

peut-être même à l'étranger, assez loin de la zone de compétence de son service. Sans qu'il me le dise explicitement, je crois comprendre que l'expérience d'un traitement parfois particulier des affaires corses par certains cadres de la police l'oblige à une certaine prudence.

Ce rendez-vous mystérieux marque le début de l'enquête baptisée « Soprano », confiée conjointement par mes soins aux Offices centraux de lutte contre la criminalité organisée et de la répression de la grande délinquance financière. J'irai, dans cette affaire, de surprise en surprise. Pour tout dire, je ne serais même pas étonné si l'on me disait que j'avais moi-même été surveillé par d'autres services de police. J'ai été obligé de prendre des précautions exceptionnelles. Sur les conseils de mes collaborateurs, j'ai même fait « dératiser » mon bureau et celui de mon adjoint immédiat, vérifiant méticuleusement qu'aucun micro espion n'y était dissimulé. Voilà pourquoi je ne serai pas surpris quand j'apprendrai, par la suite, qu'un enquêteur du Service central des courses et jeux, contribuant à l'enquête sur le cercle parisien Wagram, avait été placé sur écoute par la sécurité intérieure[1].

En fait, l'enquête sur Michel Tomi fait peur. Pas seulement parce que l'homme est considéré comme le dernier grand parrain corse, mais aussi en raison de sa puissance financière et de sa proximité avec les politiques, tant en France qu'à l'étranger. Le fait qu'on lui prête également des liens avec des policiers de haut rang renforce cette crainte. Toujours est-il qu'après avoir vérifié les informations que la

1. Une instruction judiciaire est toujours en cours sur ce point.

Direction du renseignement de la préfecture nous avait communiquées, au moment de transmettre le rapport au procureur de la République de Paris, mes chefs de service m'ont semblé renâcler. Comme intimidés par la puissance et le réseau relationnel du suspect. Aucun d'entre eux n'a vraiment été enthousiaste à l'idée de signer un quelconque document de son nom. Pour ne pas les exposer, j'ai donc paraphé moi-même le rapport[1], sollicitant auprès du parquet de Paris un cadre juridique plus approprié pour mener l'enquête. Il m'a été rapporté par la suite que cette pièce m'avait « marqué au fer rouge » et exposé à l'ire de Tomi. Lequel s'est ultérieurement réjoui de mon départ du 36.

C'est une constante : les pressions ne sont jamais aussi nombreuses et les soucis multiples que lors des enquêtes financières concernant la grande criminalité corse ou corso-marseillaise. Pourtant, contrairement aux élus et aux journalistes, j'hésite toujours à employer le mot de « mafia ». Ce qui ne veut pas dire que des liens puissants n'existent pas entre bandits et élus, entre bandits et patrons, entre bandits et policiers. Mais la situation entre l'île de Beauté et la péninsule italienne me paraît différente. Certes, le banditisme corse est incontestablement le principal représentant du crime organisé en France. Mais il est constitué d'une juxtaposition de clans criminels, indépendants les uns des autres, s'alliant ou se combattant au gré de leurs intérêts, loin de la pérennité et de la structuration des organisations italiennes ou américaines. Pendant ces enquêtes, j'ai aussi confusément le sentiment d'avoir été

1. Rapport en date du 22 juillet 2013.

manipulé par des « forces occultes » qui s'affrontaient en coulisses, certainement en raison d'enjeux financiers et de pouvoirs considérables.

Pourquoi m'a-t-on confié l'affaire Tomi ? Sans doute parce que mon service avait fait ses preuves dans l'affaire du Cercle Wagram. Cette affaire avait fait la une de la presse le 8 juin 2011. Ce jour-là, nos hommes avaient effectué une descente spectaculaire dans le cercle de jeux situé à deux pas de l'Arc de Triomphe, pour mettre fin au règne du gang bastiais de la Brise de mer. Depuis la mort du parrain Richard Casanova[1] en 2008, son ancien comparse, Jean-Angelo Guazzelli[2], tirait les ficelles de cet établissement, véritable vache à lait du grand banditisme insulaire. Mais, en janvier 2011, Jean-Luc Germani, bouillant beau-frère du défunt Casanova, reprend le contrôle du cercle parisien. Cela sous l'œil des hommes de René Bailly. Si bien qu'à peine ont-ils repris les commandes du cercle que les nouveaux « propriétaires » sont obligés de prendre la poudre d'escampette. Jean-Luc Germani, Frédéric Federici et Stéphane Luciani, réputés dangereux, sont en cavale. La direction du renseignement de la préfecture s'intéresse alors à Michel Tomi, suspecté de subvenir aux besoins du trio. L'homme d'affaires commence ainsi à faire l'objet de surveillance. L'étendue de ses relations et de ses affaires impressionne tout autant qu'elle intrigue.

1. Richard Casanova dit « Richard le Menteur » a été assassiné en Corse le 23 avril 2008, victime d'un règlement de comptes.

2. Le frère de Jean Angelo, François Guazzelli, dit « Francis », a été assassiné en Corse le 15 novembre 2009, victime d'un règlement de comptes.

En fait, les conditions mêmes de saisine et le déroulé chaotique de l'enquête auraient dû attirer mon attention, et déclencher une alerte dans ma tête : attention danger ! On ne conseillera jamais assez aux jeunes et futurs collègues d'être très attentifs aux chemins qui les conduisent à s'intéresser à une affaire : ils annoncent clairement les difficultés auxquelles ils vont être confrontés pendant leurs investigations et parfois bien au-delà… Il faut dire qu'avant même que l'enquête Wagram ne débute véritablement, je savais déjà que mon attitude et mes propos contrariaient certains de mes très éminents confrères. En effet, publiquement, j'avais affirmé qu'en matière de lutte contre le crime organisé et la délinquance financière, il n'y avait aucune zone de non-droit. Or, certains collègues avaient une vision très différente. Selon eux, il ne fallait surtout pas toucher aux cercles de jeux sous prétexte que ces établissements étaient de véritables mines d'or en matière de renseignement. D'autres – parfois les mêmes – défendaient aussi l'idée que, si on faisait « tomber » les voyous corses, ils seraient aussitôt remplacés par d'autres groupes de malfaiteurs sur lesquels nous disposerions de beaucoup moins d'informations. Un hiérarque policier m'a même dit un jour : « Tu seras bien avancé quand les Arabes auront remplacé les Corses et qu'on ne saura plus rien du tout. » Je suis resté sans voix, abasourdi devant pareille ineptie. Je le suis toujours.

J'étais averti. À dire vrai, je savais déjà que toucher à la Corse, c'était prendre le risque de déclencher une onde de choc. Et s'en prendre aux cercles de jeux, c'était à coup sûr déclencher une micro-guerre nucléaire. Jusque dans les rangs de la police.

L'histoire récente nous l'avait d'ailleurs collectivement appris. Au sortir de la Seconde Guerre mondiale, l'État avait décidé de confier la gestion de ces établissements – qui, à la différence des casinos, pouvaient s'implanter dans la capitale et étaient gérés par de simples associations (! ?) – à des familles méritantes corses, épaulées généralement par de valeureux policiers ayant des attaches sur l'île. Les uns et les autres avaient, dans l'ombre, rendu des services à la Libération, et la collectivité nationale payait ainsi sa dette. Dès les années soixante, une première et furieuse guerre des jeux avait éclaté. Elle a fait de nombreuses victimes. Les résistants d'hier ont cédé la place à des bandits. Les cercles, où des millions circulaient sans le moindre contrôle, constituaient déjà non seulement une activité lucrative mais aussi un lieu privilégié pour blanchir l'argent de la drogue de la French Connection.

En 1982, cette guerre franchit un nouveau seuil. Marcel Francisci, le patron du très huppé cercle Hausmann, est assassiné dans un parking. Surnommé « l'empereur des jeux », l'homme qui a commandé les Forces françaises libres en Italie est, à la fois, un honorable élu de la République et, en même temps, soupçonné d'être à la tête de l'un des gangs corso-marseillais les plus redoutés. Pour la police, à cette époque-là, comme aujourd'hui, il ne fait guère de doute que le grand banditisme contrôle les cercles de jeux. Et que ce ne sont pas que des parties de poker qui s'y jouent, mais de multiples infractions financières. Du côté des pouvoirs publics, l'incurie et la myopie ont mis très longtemps à se dissiper, à croire que certains avaient tout intérêt à laisser le business prospérer…

En ce qui concerne le Wagram, les hommes en charge de la lutte contre la criminalité organisée m'apprennent en janvier 2011 que différentes factions du grand banditisme corse – et singulièrement le gang bastiais de La Brise de mer – se disputent le contrôle du cercle de jeux. Cette unité, conduite par le commissaire divisionnaire Franck Douchy est celle qui possède alors la vue la plus complète et la plus fine sur l'état du gangstérisme français. Plus précisément, un travail de fond, mené conjointement avec les services de police judiciaire de Marseille et d'Ajaccio, lui a permis d'accomplir des progrès considérables en matière de connaissance de l'organisation du banditisme corso-marseillais. Néanmoins, et à ma demande, cette affaire va être menée de concert avec l'Office central pour la répression de la grande délinquance financière. Et pour cause : il allait être question de sommes importantes, de flux financiers, de blanchiment d'argent sale et pourquoi pas de paradis fiscaux. De plus, à ce moment-là, le chef de la répression de la grande délinquance financière, le commissaire divisionnaire Jean-Marc Souvira et tous ses hommes menaient en France une action très énergique contre la grande criminalité.

À vrai dire, aux prémices de cette affaire, je pensais que nous allions en rester simplement au niveau du renseignement criminel, de l'information pour la documentation criminelle opérationnelle. Ce qui n'était déjà pas rien. Comprendre les luttes qui agitent les factions criminelles, identifier les rapports de force à l'intérieur des clans ou connaître les alliances entre ces groupes est essentiel lors de la conduite de certaines enquêtes, ou pour élucider un règlement de comptes.

En fait, je ne voulais pas décourager les équipes mais, en mon for intérieur, il était acquis que nous ne serions jamais saisis judiciairement de l'affaire du Wagram. C'est que « le lièvre avait été levé » par la Direction du renseignement de la préfecture de police, qui avait mené ses propres investigations dans le plus grand secret. René Bailly et ses hommes, à la faveur de surveillances en tout genre, avaient réussi le tour de force de collectionner un très grand nombre d'informations sur la guerre des gangs en gestation… Si l'enquête devait connaître un tour judiciaire – c'est-à-dire qu'un magistrat soit nommé pour la conduire –, j'étais persuadé qu'elle allait être menée par le partenaire « naturel » de la direction du renseignement parisien, à savoir, la direction de la police judiciaire de Paris, c'est-à-dire les femmes et les hommes du 36. D'autant que les faits se déroulaient à Paris *intra muros*[1] et que les deux directions précitées étaient rattachées à la même autorité hiérarchique : le préfet de police de Paris. Quant à leurs patrons respectifs, René Bailly et Christian Flaesch, ils se croisaient tous les jours. Bref, tous ces éléments laissaient raisonnablement supposer une saisine probable de la police judiciaire de Paris, et non de la direction centrale.

Mais l'enquête allait connaître un cheminement différent…

Tout était inhabituel. La direction du renseignement de la préfecture n'a pas vocation à enquêter directement sur les établissements de jeux à Paris. Cette mission incombe au Service central des courses et jeux,

1. Les lieux déterminent une compétence géographique dite *rationae loci*. Il existe d'autres critères et notamment thématique, *rationae materiae*, et plus rarement en raison des personnes *rationae personae*.

rattaché directement à la Direction centrale de la police judiciaire. Pourquoi René Bailly s'était-il intéressé à ce cercle de jeux ?

Agissait-il sur la base d'un renseignement confidentiel, de sa propre initiative ou sur instruction ? Et dans cette dernière hypothèse qui lui en avait donné l'ordre ? Le préfet ? Le ministre ? À ces questions loin d'être anodines, je n'ai jamais pu obtenir de réponse certaine… Il m'est simplement revenu que l'attention du service de renseignement s'était initialement portée sur des membres de la mouvance nationaliste. Lesquels fréquentaient le Wagram et, qu'à partir de là, on s'était intéressé au cercle.

Mes interrogations se sont accrues lorsque, à maintes reprises, mes enquêteurs ont fait référence à des informations confidentielles de la Direction du renseignement de la préfecture concernant les agissements du clan Germani pour prendre le contrôle du cercle. Mais, en réalité, personne n'arrivait à avoir un accès fiable à ces informations. Pas moyen de savoir ce que les hommes du renseignement avaient vraiment vu et entendu. L'embrouillamini était tel que j'en étais arrivé à me demander si tout ce qui se disait dans les couloirs était bien fondé… Ou si tout cela ne relevait pas d'un « jus de crâne », plutôt que d'une construction intellectuelle reposant sur des faits bien réels.

Puis, soudainement, les informations tant promises sont arrivées. Elles étaient adressées à la Direction centrale de la police judiciaire et non à la préfecture de Paris… Côté justice, le parquet de Paris, également destinataire de ces informations, a estimé qu'il était nécessaire d'ouvrir une enquête. Deux juges d'instruction – Hervé Robert et Serge Tournaire – ont été chargés de la conduire. Lesquels n'ont pas confié les investigations au 36, mais conjointement aux offices centraux spécialisés et au service des courses et jeux. Nous étions donc en première ligne.

À peine l'enquête a-t-elle débuté que l'ambiance est vite devenue électrique. Une certaine paranoïa a gagné progressivement, et sans exception, tous les acteurs de ce dossier. Il est vrai que s'attaquer à un cercle de jeux n'est pas une mince affaire, et une succession d'éléments peu ordinaires allait se produire…

Très vite, cette enquête a permis de comprendre que les liens entre la police des jeux et les cercles étaient souvent très étroits. Ainsi les conseils d'administration de ces associations[1] très particulières étaient pour la plupart présidés par des fonctionnaires retraités du service central des jeux, ceux-là même qui étaient précédemment chargés de surveiller leur fonctionnement… Mais il y a plus étonnant. Alors que nous avions lancé une série d'interpellations et de perquisitions simultanées, conformément à ce qui avait été décidé avec les magistrats, il s'est avéré qu'une de nos cibles, une employée du Wagram, était absente au moment de l'opération. Nous ignorions pourquoi, et où elle se trouvait. Devant la porte fermée de son domicile, un groupe de policiers étaient prêts à requérir des témoins, puis à forcer la porte. Fait rarissime, le directeur central de la police judiciaire, Christian Lothion, me téléphone pour me

1. Les « cercles » de jeux parisiens avaient juridiquement le statut d'association loi de 1901 et n'étaient donc pas soumis à l'impôt. Ils sont dissous depuis une loi de 2016, et remplacés par des « clubs » de jeux. Le texte prévoit que ces nouvelles entités auront le statut de sociétés commerciales. Elles seront donc soumises à l'impôt et leurs bilans contrôlés par un commissaire aux comptes.

demander de faire le nécessaire pour qu'on ne casse pas la porte. Il m'explique que le directeur général de la sécurité intérieure, le préfet Bernard Squarcini, vient de l'appeler, l'informant que la jeune femme séjournait aux États-Unis, mais qu'elle était sur le point de rentrer… Surpris, j'ai accédé à cette requête afin de ne pas alimenter davantage les rumeurs selon lesquelles les hommes de la police judiciaire en voulaient au chef de la sécurité intérieure, ou développaient des sentiments « anti-corses ». Las, lorsque j'ai fait part de ma décision aux enquêteurs sur place, il était déjà trop tard. Respectant à la lettre la procédure, ils avaient forcé la porte de la personne que Bernard Squarcini présentera plus tard comme sa « nièce ». Évidemment, Christian Lothion a été persuadé – il l'est sans doute encore aujourd'hui – que je n'avais rien fait pour satisfaire sa demande.

Au cours de nos investigations, les fuites dans la presse nous désolaient car elles pouvaient compromettre notre travail. C'est ainsi, entre autres, que fut révélé le nom d'une personne qui avait été entendue dans l'enquête et qui était celle chargée de convoyer en Corse d'importantes sommes d'argent en cash, des millions d'euros, exfiltrées du Wagram. Un nouveau caillou dans notre chaussure.

Et ce n'était pas fini. Sitôt les perquisitions effectuées, comme cela était convenu, mes services remettent les scellés des objets saisis au Service central des courses et jeux. Quelques jours plus tard, certaines pièces disparaissaient dans des conditions mystérieuses. Manquaient à l'appel, non pas des documents qui auraient pu donner une quelconque indication sur l'identité du ou des voleurs, mais simplement, si j'ose dire, de l'argent liquide (12 000 euros) et une montre de valeur, de marque Rolex. Cette dernière appartenait à la « nièce » du préfet Squarcini ! Le dernier dépositaire des scellés fut naturellement le premier à qui l'on demanda des comptes. Il s'agissait du chef de groupe du service des jeux en charge de l'enquête sur le Wagram.

L'effet déstabilisateur sur l'ensemble de la troupe fut immédiat. Mais malgré ces crocs-en-jambe et ces chausse-trapes, l'enquête continuait d'avancer.

Nos investigations confirment progressivement les faiblesses du Service central des courses et jeux. Elles révèlent des proximités, pour le moins troublantes, entre les salariés des cercles de jeux et certains policiers. Les cercles semblaient parfois avisés à l'avance des contrôles dont ils étaient l'objet, et certains fonctionnaires acceptaient des cadeaux de la part de ces établissements. En vrac : iPad, bonnes bouteilles et, évidemment, déjeuners et autres dîners offerts par la maison, à tel point que des procédures administratives ont été engagées par la suite contre ces fonctionnaires de police ! Quant au responsable du service, Jean-Pierre Alezra, il était lui-même en grande difficulté. Pour ne pas dire en sursis. Le directeur central de la police judiciaire, et sans doute quelques autres, disposait de tirages photos de soirées où on le voyait danser avec des personnels des cercles de jeux. Notamment du Wagram. Ces photos seront publiées dans *Le Parisien* le 5 décembre 2013. Quarante-huit heures plus tard, il était limogé par le ministre de l'Intérieur, Manuel Valls.

L'intéressé pensait qu'on cherchait à le déstabiliser, que certains convoitaient sa place. Je ne sais pas précisément à qui Alezra pensait en tenant ces propos.

Personnellement, j'ai toujours pensé qu'on lui a fait payer le fait qu'il n'avait pas assez bridé ses enquêteurs lors des investigations sur le Wagram.

Nous sommes vraiment peu de chose.

# Une folle histoire belge

C'est tout à côté du carré des indigents. Il faut bien le chercher au fond du cimetière de cette banlieue parisienne. Il fait merveilleusement beau en cet après-midi de début septembre. Vraiment pas un temps d'enterrement. Avec nos impers à la Colombo et nos blousons à la Starsky (sans Hutch), on a l'air malin. Des caricatures de flics vieillissants. Nous sommes huit autour du cercueil. La consigne « ni fleurs ni couronnes » a été parfaitement respectée. Le cercueil est nu, simple, sans bois précieux ni poignées rutilantes. Le drapeau français est lui aussi absent : l'État oublie facilement ses plus fidèles soldats. Avant de procéder à l'inhumation, la préposée aux Pompes funèbres interroge à la cantonade. « Quelqu'un souhaite-t-il prendre la parole ? » Silence de mort. Un seul parvient *in extremis* à bredouiller brièvement quelques mots totalement improvisés.

C'est en déambulant entre les tombes que chacun d'entre nous retrouve peu à peu la parole. Paul Leray était mon premier patron. Il était chef de l'Office central pour la répression du banditisme[1]. J'étais un de ses

1. Voir DCPJ et OCRB dans la liste des sigles en début d'ouvrage.

adjoints. Totalement dévoué à son travail, « Paulo » a passé une bonne partie de sa vie avec les crimes et délits des autres. De quoi transformer silencieusement, mais profondément, la vie d'un homme. Nous en savons tous quelque chose.

Je venais de sortir de l'École nationale supérieure de la police, à Saint-Cyr-au-Mont-d'Or, en banlieue lyonnaise, lorsque j'ai fait sa connaissance grâce à un heureux hasard doublé de ma folle inconscience. En fin de scolarité, juste avant l'examen final, toutes les directions de police envoyaient des émissaires faire leur marché parmi les étudiants les mieux classés. Les services de renseignement étaient plus subtils. Eux détectaient très en avance ceux qui parlaient des langues rares ou avaient des formations atypiques. Ils pouvaient ainsi profiler des postes sur mesure. Pour ma part, j'étais sorti premier au classement intermédiaire à l'issue des partiels et il semblait à peu près sûr que je finirai en fin d'année dans les cinq premiers[1]. J'avais aussi l'avantage d'avoir été officier et de connaître « la centrale »[2]. J'étais donc tout naturellement dans le collimateur de ces étranges chasseurs de jeunes coqs. Mais j'ignorais tout de leurs méthodes de recrutement.

1. J'ai terminé major de la 37e promotion, *ex æquo* avec un camarade issu directement du monde universitaire et qui a malheureusement trouvé la mort des années plus tard dans un terrible accident. Le 4e de la promotion était Hervé Lasportes, un ancien de Sciences Po, précédemment inspecteur des impôts, et surtout mon copain du groupe chinois de l'OCRTIS (les Stups). Nous avons passé le concours ensemble et, une fois reçus, nous nous étions retrouvés à l'école. Je ne sais pas ce qu'il est devenu aujourd'hui, mais son amitié me manque.

2. Les services de la Direction centrale de la police judiciaire par opposition aux services territoriaux de province.

Je fus donc surpris d'être prestement convoqué, à Paris, par le sous-directeur des affaires criminelles. Personne ne m'avait dit ce qu'il me voulait. J'étais d'autant moins rassuré que je ne connaissais même pas son nom et je savais encore moins à quoi il ressemblait. Il s'appelait Joseph Le Bruchec. C'était un homme à la stature impressionnante et très bien habillé. Sa voix était grave, puissante, doté d'un timbre incroyable. Ce qui lui valait le surnom de « La Voix qui tue ». J'en tremble encore…

Après m'avoir posé des questions sur ma vie, mes projets, et surtout sur ma volonté de rester en région parisienne, il me dit : « Nous envisageons de vous offrir un poste en centrale à la sortie d'école. En l'occurrence, le poste de chef de la section des vols auto, si vous vous engagez à postuler sur celui-ci… » Je suis désarçonné : je ne connais rien aux voitures ! Et pire encore, je ne comprends même pas en quoi consiste le job. Faire la course aux voleurs de tires ou établir des statistiques savantes en vue d'analyses plus ou moins intéressantes ? Tout cela pour qu'une fois l'an, on lise dans les journaux : « La voiture la plus volée de l'année est la 2CV coupé sport… » ! Si je ne voulais assurément pas devenir un rond-de-cuir, je ne souhaitais pas non plus retourner aux Stups où je venais de passer sept années aussi exaltantes qu'épuisantes. En fait, je rêvais plutôt de lutter contre le terrorisme ou le grand banditisme, surtout s'il me fallait rester à Paris. C'est que, comme la plupart des élèves commissaires de l'époque, je n'écartais pas non plus l'idée de repartir en province, non loin de mes parents, qui me manquaient terriblement.

J'en étais là de mes cogitations, lorsque La Voix qui tue m'adresse un vigoureux : « Alors, Petit, vous prenez ? » Je me surprends à lui répondre un irrévérencieux : « Non », bien vite suivi d'un respectueux : « Non, monsieur le directeur. » Je ne savais pas alors que ça ne se faisait pas[1]. Il n'y a que les intrépides et les inconscients pour oser refuser une proposition de son directeur ou de son représentant. Surtout si on prétend vouloir faire carrière dans sa direction…

Le Bruchec parut effectivement autant surpris qu'agacé par ma réponse. Mais alors que je m'attendais à être simplement congédié et invité à reprendre aussitôt le train pour Saint-Cyr-au-Mont-d'Or, ce grand monsieur, qui avait déjà pris la peine de m'écouter, me dit : « Il y a peut-être un autre poste à la direction. Mais nous ne pensions pas l'ouvrir tout de suite à un jeune promu. C'est un poste à l'OCRB. Je dois en parler d'abord au directeur. Attendez-moi là… » La lutte contre le crime organisé, je n'osais pas le croire ! Pour moi, c'était un service prestigieux. À l'époque, et aujourd'hui encore, je plaçais les braqueurs de banques, de fourgons blindés et autres centres forts[2] dans mon panthéon des prédateurs. Ils font partie à mes yeux de l'aristocratie du banditisme. Et c'est, bien évidemment, l'aristocratie de la police judiciaire qui doit être chargée de les traquer. Finie la province, adieu l'idée de lever un peu le pied : j'étais à nouveau prêt à tout sacrifier pour une vie de nobliau…

J'en étais là lorsque La Voix qui tue se fit à nouveau entendre. « Petit, vous connaissez le directeur… » Bien

1. Tout a bien changé aujourd'hui ! Plus aucun jeune promu ne se gêne pour dire « non » et l'administration doit souvent revoir ses prétentions à la baisse en déclassant certains postes, voire en les fermant.

2. Centres forts : dépôts où les fourgons blindés de transport de fonds ramènent l'argent.

sûr que non : je le voyais pour la première fois. Mais lui au moins je connaissais son identité : Gilbert Thil. Il portait de grosses lunettes carrées en écaille et paraissait sévère. Il me jaugea rapidement du regard et, sans me demander quoi que ce soit, dit simplement : « Pourquoi pas… mais attention, c'est un poste difficile et son chef aussi. Je ne veux jamais – vous m'entendez : jamais – vous entendre vous plaindre ! »

« Bien, monsieur le directeur, merci, monsieur le directeur. »

C'est comme cela que je me suis retrouvé à l'OCRB, à travailler sous les ordres de Paul Leray. Car « le chef difficile », c'était lui. Gilbert Thil avait raison. Paulo était terriblement exigeant – comme il l'était avec lui-même – sur l'implication et la disponibilité de chacun. Ce qui signifiait non seulement de travailler bien au-delà des horaires habituels de la fonction publique, mais aussi de participer à d'interminables planques à bord de véhicules non adaptés, ou encore être de permanence le week-end toutes les trois semaines sans donner lieu à aucune compensation particulière, ni récupération. Ce qui ne posait d'ailleurs aucun problème : nous n'y songions même pas ! En fait, il s'agissait surtout d'accepter – une fois pour toutes – de ne pas pouvoir programmer ses absences… Une véritable hérésie aujourd'hui !

Mais ce n'est pas tout. Paulo n'était pas très doué pour ce qu'on appelle aujourd'hui les ressources humaines, le management, le relationnel. Un poil bougon, et c'est un euphémisme, il détestait tout autant les tire-au-flanc que « les lapins de corridor », ces étranges individus qui hantent les bureaux de la haute administration policière, développent une parfaite méconnaissance des réalités de terrain et de ses difficultés tout en donnant, évidemment, des leçons à la terre entière. En fait, pour Paul, il n'y avait que le travail et les résultats qui comptaient. Mais quel policier ! Quel courage ! Et surtout quelle connaissance du banditisme : ses petits et ses grands noms, ses us et ses coutumes ! Il est d'ailleurs mort en emportant un incroyable trésor. Tout au long de sa carrière, il a établi des milliers de fiches sur ces délinquants qu'il mettait sans cesse à jour et rangeait précautionneusement dans le coffre de son bureau. À coup sûr, il en avait établi une au nom de « Haemers », le Mesrine[1] belge impliqué dans une incroyable affaire à rebondissements aux confins du grand banditisme et de la politique.

J'ai été mis sur cette histoire par une vieille connaissance, du temps de mon passage aux Stups[2]. Tout commence le 11 février 1989. Ce jour-là, je reçois un coup de fil de mon ami, Paul Van Thielen, officier de gendarmerie en Belgique. Il me raconte être depuis près de deux ans à la poursuite de Patrick Haemers et de ses complices. D'ailleurs, précise-t-il, une terrible attaque de fourgon[3] vient encore d'avoir lieu, faisant un mort et un blessé. Le gendarme me confie alors que tous les proches du gang font l'objet de surveillances,

1. Jacques Mesrine, « l'ennemi public numéro un » en France. Auteur de nombreux braquages, condamné à de multiples reprises, il a été abattu par la police le 2 novembre 1979, porte de Clignancourt, à Paris.

2. Voir, *infra*, le chapitre « La longue marche ».

3. Le 31 janvier 1989, un fourgon de transport de fonds était attaqué sur l'autoroute de la mer à hauteur de Grand-Bigard par un commando fortement armé. Au cours de cette attaque d'une violence inouïe, les malfaiteurs parviennent à immobiliser le fourgon et l'éventrent avec une charge explosive tuant instantanément un des convoyeurs restés à l'intérieur.

plus ou moins étroites, plus ou moins légales[1], depuis de longs mois. Avec son inimitable accent traînant d'outre-Quiévrain, il ajoute : « Ce que je vais te dire, Bernard, est ultra-confidentiel… Un homme est entré en contact avec la compagne de Tosca, l'Albanais du gang. On ne sait pas exactement qui est ce type. Il s'agit peut-être de Tosca lui-même d'ailleurs. Ils ont convenu d'un rendez-vous au cours duquel il doit y avoir une remise d'argent. On pense que la rencontre va avoir lieu en France, peut-être à Metz. » Intrigué, je demande à en savoir davantage sur le lieu et la date du rendez-vous. « Toujours entre nous, Bernard, sur les écoutes, je dois te dire qu'il y a d'autres voix en arrière-plan… On ne sait pas qui sont ces personnes, mais on a cru entendre le mot "gare" sans qu'on puisse dire si c'est en lien avec notre rendez-vous… »

J'en avise évidemment aussitôt Paulo qui, avec sa bienveillance habituelle à mon égard, me donne carte blanche tout en me recommandant d'être particulièrement sur mes gardes : « Fais attention, les Haemers, ce sont des tueurs. »

Avant de monter l'opération, j'obtiens encore quelques précisions de la part de mon camarade gendarme. Il me raconte que Tosca se nomme en réalité Basri Bajrami. Qu'il est considéré comme particulièrement dangereux pour avoir non seulement participé à plusieurs braquages, mais aussi pour avoir été l'un des membres présumés du commando qui a attaqué à l'explosif le fourgon cellulaire de l'administration

1. À cette époque, les écoutes sont interdites en Belgique, mais pas aux Pays-Bas, lesquels prêtent leur concours aux forces de l'ordre belges dans la traque du gang Haemers en plaçant sous surveillance la femme d'un des membres du gang.

pénitentiaire et permis, deux ans plus tôt, l'évasion spectaculaire de Patrick Haemers, leur chef. C'était le 3 août 1987, lors d'un transfert de la prison de Louvain au palais de justice de Bruxelles, où l'ennemi public numéro un belge devait être conduit. Ralenti par les embouteillages et soudainement éventré par une violente explosion, le fourgon stoppe net. Trois hommes encagoulés et lourdement armés extirpent alors du véhicule le prisonnier. Haemers sort indemne des débris. Depuis l'attaque, Haemers et Tosca sont en cavale. Quant à la femme de ce dernier, Évelyne Braibant, elle vit désormais seule. Elle a d'ailleurs sagement quitté la Belgique où elle se sait surveillée, pour s'installer aux Pays-Bas. Mais la surveillance ne s'est pas relâchée pour autant...

Avec Paul Van Thielen, nous convenons du dispositif à mettre en place. En premier lieu, j'envoie immédiatement un de mes hommes aux Pays-Bas : il participera à la filature belgo-néerlandaise. Parallèlement, je vais prépositionner des hommes non loin de Metz en attendant d'en savoir plus sur la venue éventuelle de cette femme. Je conviens avec mon chef de la nécessité d'aviser la Direction régionale de la police judiciaire, basée à Strasbourg, afin d'obtenir des renforts. De son côté, mon complice gendarme organise la filature, s'efforçant de parer à toute éventualité et d'envisager toutes les hypothèses : vérifier que la personne filochée prenne une voiture ou le train, voire, sait-on jamais, l'avion. Il se charge également de toutes les demandes de coopération internationale. Une vraie sinécure administrative à l'époque...

Tout va alors très vite. Je prends la route pour Metz aux aurores avec quatre équipages de l'OCRB. Nous sommes rejoints sur place par cinq ou six équipages de la BRI de Strasbourg. Nous établissons aussitôt nos quartiers dans les locaux de la police judiciaire de Metz et nous nous installons dans l'attente. La bonne nouvelle tombe en fin de matinée. Nous apprenons que la femme de Tosca vient de quitter son domicile de Breda aux Pays-Bas. Jusqu'au dernier moment, j'avais espéré qu'elle prenne le train : ce qui nous aurait grandement facilité la tâche en matière de surveillance et donné une indication claire sur sa destination, tout en donnant un sens au mot « gare » entendu sur les écoutes.

Malheureusement, elle utilise une voiture, une Golf noire. Et son itinéraire est déconcertant. Elle contourne la Belgique pour rejoindre l'Allemagne. Parvenue à Aix-la-Chapelle, elle file vers le Luxembourg. Ce n'est qu'à cet instant qu'elle prend vraiment la direction de la France. Ainsi donc, après des heures et des heures d'attente, nous pensons avoir une petite chance de la voir passer… J'ai appris à cette occasion que la patience est une vertu cardinale chez les flics…

Toutes les frontières sont franchies sans que la « target », comme disent les Belges dans un de leur anglicisme habituel, ne se doute de rien. Un sans-faute pour la « caravane » de véhicules banalisés qui la filoche depuis son domicile, à bord de l'un desquels l'inspecteur Xavier Rochereau, mon envoyé spécial, a parfaitement trouvé sa place. C'est lui qui nous informe régulièrement de la progression de la Golf et de sa suite. Positionnés juste après le passage de la frontière franco-luxembourgeoise, nous attendons l'arrivée de cet étrange convoi. Nous voyons d'abord arriver des « précurseurs », c'est-à-dire l'avant-garde du dispositif belge. Ils sont très en avance sur le reste des véhicules.

Ils veulent s'assurer que le relais va s'effectuer dans de bonnes conditions. Deux gendarmes, un officier et un sous-officier descendent alors des véhicules pour rejoindre les nôtres et intégrer ainsi officiellement le dispositif français. Ils ont l'air fatigués et tendus. Cette opération qui n'a duré que quelques secondes donne néanmoins lieu à un échange aigre-doux entre nous. Arguant de son rang hiérarchique, le capitaine de l'unité belge souhaite – légitimement – monter dans le véhicule de commandement. Quant à moi, je préfère que ce soit Rudy, le sous-officier, qui m'accompagne. Et pour cause : j'ai appris de la bouche de Paul Van Thielen qu'il était le seul à connaître *de visu* presque tous les membres du gang Haemers. À part lui, aucun d'entre nous n'est capable de les identifier formellement : la seule photo dont nous disposons est ancienne, ce qui me paraît bien insuffisant quand on n'a pas le droit à l'erreur. Finalement, après quelques considérations diplomatico-policières, j'obtiens gain de cause. Rudy s'assoit à l'arrière de ma voiture. Au volant se trouve le commandant Dany Charpy, un homme formé à la conduite rapide et, de surcroît, moniteur de tir, expert en armes. Ce qui lui vaut de porter le doux surnom de « Porte-avions »... C'est un ami et je sais que je peux compter sur lui en cas de coup dur sur la voie publique. Pour ma part, j'ai pris la place du mort.

La voiture de la femme de Tosca et le reste du dispositif de filature arrivent à leur tour. Le dispositif français prend alors le relais en douceur. Au début tout va bien : la conductrice de la Golf prend la direction du centre-ville de Metz sans méfiance. Et puis, pour une raison que j'ignore encore aujourd'hui, elle semble tourner en rond. Elle effectue subitement un demi-tour en pleine ligne droite et ne lâche plus son rétroviseur du regard. Est-elle perdue ? A-t-elle reçu la consigne de multiplier « les coups de sécurité », afin de dérouter d'éventuels poursuivants ou, plus grave encore, a-t-elle détecté la filoche ? Toujours est-il que, plus le temps passe, plus elle nous éloigne du centre-ville. J'ai désormais la certitude que quelque chose ne va pas. À n'en plus douter, il y a eu « un coup de chaud » et l'épouse de Tosca a dû détecter quelque chose de louche derrière elle. Si c'est le cas, il est évident qu'elle ne nous conduira plus nulle part. Je regarde Rudy, je lis l'inquiétude sur son visage. Je la partage : le fil fragile que les Belges ont patiemment tissé avec le gang Haemers est sur le point de se rompre.

Je prends alors la décision de demander aux équipages de l'OCRB d'abandonner la filature et de gagner rapidement la gare de Metz. J'ai conscience que je joue gros. Un commandant de la BRI de Strasbourg proteste : il pense qu'il ne faut pas lâcher la Golf. Ce que je ne leur demande d'ailleurs pas ! Ils continuent donc leur bonhomme de chemin... Quant à moi, la conduite habile de Charpy me permet d'arriver le premier à la gare. Il nous dépose, Rudy et moi, devant l'impressionnant édifice de grès gris pâle et file chercher une place correcte pour se garer : outre le matériel radio, notre véhicule transporte également du matériel d'intervention, des gilets pare-balles, une arme longue et des munitions. Il n'est donc pas question de stationner la voiture et son précieux chargement n'importe où.

Aussitôt arrivés dans le hall, le gendarme belge est tétanisé. Je l'interroge :

« Rudy, ça ne va pas ? Qu'est-ce qui se passe ?

– C'est Tosca !

– Mais où ?

– Là-bas près du panneau d'affichage…

– Mais ils sont au moins dix autour du panneau. Lequel, bon sang, lequel ?

– Le petit qu'on voit de profil avec le blouson et le jean. »

Je propose qu'on s'approche de lui pour procéder aussi tranquillement que possible à son interpellation. Mais Rudy brise mon élan. Il me rappelle qu'en vertu de la législation, il ne porte pas d'arme sur le territoire français. Et que Tosca peut le reconnaître à tout moment… D'ailleurs, le voilà qui prend la direction de la sortie… Juste le temps pour Rudy de s'éclipser. En attendant l'arrivée du commandant Charpy, j'entame la filoche. Seul. Mon idée est de ne pas le perdre le temps que les renforts arrivent. Pour cela, je ne peux pas me permettre qu'il prenne trop d'avance. En remontant la rue, devant la gare, le fugitif se retourne une première fois. Je n'ai aucune illusion sur le fait qu'il va me repérer rapidement… si ce n'est déjà fait. D'ailleurs, soudain, malgré la circulation, il franchit brutalement l'artère, s'arrête juste quelques secondes sur le terre-plein central pour regarder encore derrière lui. Au moment où il reprend son chemin, je traverse à mon tour mais en courant le plus vite possible. Arrivé sur le trottoir d'en face, Tosca ralentit et s'apprête à se retourner encore une fois. Ce sera la dernière. Je fonds sur lui à pleine vitesse. Il fait alors mine de se saisir d'une arme. La mienne est restée dans son étui et j'empoigne le braqueur violemment. Nous roulons sur le sol devant une brasserie messine, à deux pas de l'entrée d'un hôtel. Les passants nous regardent, interdits, sans bouger : aujourd'hui tout le monde filmerait avec son portable !

Je me souviens de l'énergie incroyable de cet homme, semblable à celle d'un animal en danger, bien décidé à ne pas se rendre. Notre corps à corps sur le trottoir n'a pas le temps de m'être défavorable. Charpy arrive, flingue au poing. Pointant son automatique sur mon adversaire, il hurle : « Si tu bouges, je te fume ! » Tosca-Bajrami n'a pas bougé.

Une fois Tosca menotté, nous le conduisons dans la brasserie voisine. Il a le regard ailleurs. Il n'a rien sur lui. Ni arme ni rien. Je ne le quitte pas en attendant l'arrivée des renforts et le retour de Charpy, qui est parti vérifier si notre prisonnier ne s'était pas débarrassé de quelque chose durant notre empoignade. Lorsqu'il revient, ce n'est pas avec un flingue mais avec une enveloppe trouvée sur le trottoir contenant environ 200 000 francs suisses !

Le reste du dispositif finit enfin par nous rejoindre. Certains croient alors que nous avons serré Tosca par hasard dans la rue alors qu'il sortait d'un hôtel. Et s'empressent de le faire savoir à leur hiérarchie et... à la presse. Ainsi, la nouvelle de l'arrestation fuse immédiatement tant en Belgique qu'en France.

Paul Van Thielen est l'un des premiers à me féliciter : « Bernard, Tosca, c'est une sacrée prise ! » Mais il me met aussitôt en garde : je dois me préparer à subir un assaut d'appels téléphoniques de toute la hiérarchie policière de son pays qui veut être mise sur le coup. Ce qui ne manque pas d'arriver. Invariablement, je renvoie mes interlocuteurs vers mon ami gendarme. Certains commissaires belges m'en voudront pendant – très – longtemps de ne pas avoir répondu à leurs sollicitations. La guerre des polices sévit aussi au-delà de nos frontières...

Paulo, le patron de l'OCRB, me félicite lui aussi et m'avertit tout autant. L'arrestation de Metz fait déjà du grabuge à Beauvau. Comme à Bruxelles, tous les chefs veulent désormais être associés d'une façon ou d'une autre à cette affaire. Et Paulo me fait remarquer que si Tosca est une belle prise, l'argent qu'il convoyait pour son épouse va peut-être donner un tour inattendu à cette affaire. Il n'avait pas tort. L'histoire du gang Haemers va prendre un tour très politique. Je croyais avoir simplement interpellé un fourgonnier[1] et je me retrouve au milieu d'une affaire d'enlèvement tout à fait singulière. Car les autorités belges en sont persuadées : les 200 000 francs suisses que Tosca avait en sa possession proviennent d'une rançon. Celle qui venait d'être versée en Suisse pour la libération de « VDB »[2].

VDB, c'est Paul Vanden Boeynants, un homme politique, plusieurs fois ministre et Premier ministre. Le 14 janvier 1989, un mois à peine avant l'arrestation de Tosca, il est enlevé dans le garage de son immeuble. Une mystérieuse « Brigade socialiste révolutionnaire » revendique l'opération. Dans une lettre frappée d'une étoile rouge adressée à un grand quotidien, elle fait valoir ses revendications politiques et financières. Elle évoque un tribunal populaire, exige une rançon. L'affaire secoue évidemment la Belgique : un ancien Premier ministre a été enlevé ! Imaginez un instant pareille situation en France…

1. Fourgonnier : jargon policier pour désigner les malfaiteurs spécialisés dans les attaques de fourgons de transport de fonds ou de centres forts.

2. Une rançon de 2 550 000 francs aurait été versée en Suisse aux ravisseurs.

L'enquête piétine. Les policiers ont, certes, découvert un trou foré dans la porte d'un local technique du garage, vraisemblablement destiné à surveiller la victime et à l'intercepter au moment opportun. À l'intérieur, ils retrouvent des effets personnels de VDB : sa pipe, une chaussure, son appareil auditif, ainsi qu'un capuchon de seringue. Il fait alors peu de doute que les ravisseurs connaissaient bien les lieux et qu'ils ont procédé à des repérages minutieux. Il semble également que l'élu ne se soit pas laissé faire : un sédatif lui a peut-être été administré. Mais de là à identifier les ravisseurs… Quarante-huit heures après les faits, les enquêteurs en sont toujours à émettre de simples hypothèses. Celle qu'ils privilégient alors est l'enlèvement politique, perpétré par un groupe terroriste d'extrême gauche. Il faut dire qu'à l'époque d'autres pays européens sont confrontés à des affaires similaires[1].

Lorsque je ramène Tosca au siège de l'OCRB, 127, rue du Faubourg-Saint-Honoré, à Paris, j'ai bien évidemment tout cela en tête. Paulo me met à nouveau en garde : hors de question qu'il s'échappe, ça me coûterait très cher ! Je procède alors à son interrogatoire dans mon propre bureau. Je me souviens parfaitement de la nature de nos échanges : Bajrami était loin d'être inintéressant. Nous commençons par refaire le match de son arrestation :

1. L'Italie était confrontée aux Brigades rouges, la France à Action directe, l'Allemagne à la Fraction armée rouge, et la Belgique avait déjà eu affaire de 1983 à 1985 aux Cellules combattantes communistes dont la Brigade socialiste révolutionnaire pouvait être une émanation… Toutes ces organisations terroristes d'extrême gauche revendiquaient leurs actes à travers des documents frappés d'une étoile rouge à cinq branches.

« Comment as-tu su que j'étais flic ?

– Je vous ai vus arriver dans le hall de la gare…

– Dans les gares, il y a toujours des flics… Comment as-tu su que nous étions là pour toi ?

– Je n'en étais pas sûr, c'est pour cette raison que je suis sorti, pour regarder si tu suivais… Et puis j'avais regardé tes pompes. Tes chaussures. Je connais bien les chaussures : mon père avait un magasin de chaussures. On apprend beaucoup sur les gens en vendant des chaussures…

– Qu'as-tu donc appris en regardant les miennes ?

– Ce ne sont pas des chaussures de ville classiques, on peut courir avec. C'est des chaussures de travail, des pompes de flic… »

Et Tosca ajoute :

« À Metz, si j'avais réussi à traverser la rue, j'aurais enlevé les miennes et je serais parti en courant, pieds nus. Personne ne peut me rattraper quand je cours pieds nus, personne ! »

On se tutoie, on bavarde, mais Tosca ne lâche rien sur le fond. Il ne répond pas aux questions qui fâchent. Rien sur ses complices, rien sur leur planque, rien sur l'origine de son argent, rien sur ses braquages, rien sur VDB. Rien !

Pendant que j'en suis réduit à papoter avec lui, le commandant Florence Carles fait le boulot en coulisses. C'est elle qui nous permet de pousser plus loin notre avantage. Grâce à un document oublié par Bajrami dans une des poches de son blouson, elle identifie le lieu où il a passé la nuit du 13 au 14 février. La veille de son interpellation, il a dormi à Paris dans une chambre du Méridien, porte Maillot, à un quart d'heure à peine des bureaux de l'OCRB. Florence Carles s'y rend immédiatement et obtient entre autres la communication des téléphones que Tosca a appelés. Après vérification, elle identifie un interlocuteur au Touquet.

Pour me faire part de ses découvertes essentielles, elle interrompt mon interrogatoire-conversation. Elle me glisse : « Tu sais, ça sent bon cette adresse au Touquet… J'ai l'expérience des enlèvements, ce pourrait être le lieu de séquestration… » Je me fie entièrement à elle, tout en avisant notre chef Paulo de l'avancée de l'enquête. Malgré la fatigue accumulée, Florence fonce immédiatement au Touquet avec son équipe. Sur place, elle me décrit par téléphone la villa baptisée « La brèche en forêt » qui se situe à l'angle des avenues du Golf et de Longchamp. La maison, au charme désuet, est vide. Mais ma collègue découvre, dans l'une des pièces, un anneau scellé dans le mur, ainsi que d'autres éléments matériels qui établissent que VDB, l'ancien Premier ministre belge, a bien été retenu dans cette ravissante prison, au cœur d'une station balnéaire. Nous venons ainsi de découvrir le lieu de séquestration de Paul Vanden Boeynants[1] !

Comme pour l'arrestation de Bajrami, nous ne sommes guère félicités. Bien au contraire !

Cette fois, c'est vraiment ma faute : dans la précipitation et la fatigue de la nuit, j'ai oublié d'aviser la PJ Lille, compétente géographiquement sur Le Touquet. Son directeur s'en est plaint auprès du directeur central de la police judiciaire. Lequel a remonté les bretelles de mon patron. Paulo me transmet les remontrances.

1. VDB a été libéré sain et sauf le 13 février 1989 aux abords de la gare de Tournai, moyennant paiement d'une rançon. Il est décédé le 8 janvier 2001 à l'âge de 81 ans.

Puis aussitôt, voyant mon abattement, il me sert chaleureusement la main en me disant : « Ce n'est pas grave. Tu en verras bien d'autres. Bravo quand même. »

Des félicitations un peu précipitées. L'affaire est, en effet, loin d'arriver à son terme. Une commission rogatoire internationale venue de Belgique nous permet de poursuivre nos investigations dans le sud de la France. Nous apprenons que Haemers et les siens pourraient séjourner dans la Villa d'Opio, une maison louée par le gang auprès de l'agence immobilière de Marina Baie des Anges à Nice. Je fais aussitôt le déplacement avec des collègues de l'OCRB, mais il est trop tard. Les malfaiteurs ont écourté leur séjour et nous arrivons alors que les femmes de ménage sont en train d'achever leur travail. Ils nous échappent encore une fois. Je commence à comprendre les frustrations de Van Thielen. Malgré les efforts de la police scientifique, nous sommes privés de tout relevé de trace et de tout prélèvement. Ça tombe mal. Déjà passablement énervé : un des collègues de la BRI de Nice appelés en renfort faisait montre d'un je-m'en-foutisme à toute épreuve. Il était obnubilé par ses vacances et la perspective de son prochain départ à la retraite. Tandis qu'il se prélassait au soleil sur la terrasse de la Villa d'Opio en arguant du fait qu'« à la BRI, on ne fait pas de procédure »[1], je tape laborieusement les procès-verbaux de constatations. Beaucoup de papier pour rien, comme souvent. Heureusement, avec ou sans lui, notre déplacement est loin d'être négatif. L'enquête de voisinage nous apprend que les occupants de ladite

1. À l'époque, les BRI ne faisaient que du « saute-dessus », c'est-à-dire des arrestations en flagrant délit. Elles rédigeaient rarement de PV, hors celui d'interpellation. La procédure proprement dite incombait alors à une autre brigade.

villa fréquentaient un restaurant coquet du coin : La Madonnette. Nous nous y rendons. Une bonne surprise nous y attend. Des photos ont immortalisé le passage de l'année 1988 à 1989. Nos clients figuraient parmi les convives du réveillon ! On les découvre ainsi, tout sourire, autour d'une même table, en train de ripailler. Sur les clichés, figure avec eux un personnage qui nous est totalement inconnu...

De retour à Paris, je montre les clichés à Paul Van Thielen qui a fait le déplacement de Belgique. Je me souviens de sa stupéfaction. L'inconnu de la table est un avocat pénaliste belge bien connu, Michel Vander Elst[1]. Paul ne m'en dit pas plus, mais je perçois bien son trouble. Et pour cause : cet avocat est non seulement celui de Haemers, mais son cabinet est situé dans l'immeuble même où VDB a été enlevé ! Malgré ce progrès incontestable, notre enquête n'est pas encore bouclée.

Au cas où, j'avais fait organiser une surveillance discrète de la mère de la compagne de Philippe Lacroix, considéré comme le principal lieutenant de Haemers. La brave dame habitait à Nice. Nous apprenons ainsi que des cartons appartenant à sa fille sont entreposés dans une société de garde-meubles et qu'ils sont en cours de déménagement vers l'Italie... Je suis intrigué. Pourquoi transférer ces affaires en Italie ? Pourquoi maintenant ? Je demande alors à Xavier Rochereau, le même officier que j'avais envoyé aux Pays-Bas participer à la filature de la femme de Tosca, de descendre aussitôt à Nice

1. Michel Vander Elst, avocat au barreau de Bruxelles, sera arrêté en Belgique le 24 mars 1989. Il sera condamné à huit ans d'emprisonnement pour complicité d'enlèvement.

pour inspecter le contenu desdits cartons, avant qu'ils passent la frontière. « Xavier, lui dis-je, tu me téléphones dès que tu es sur place. Et tu me dis dès que possible ce qu'il y a dans ces boîtes... »

Ce soir-là, j'attends de ses nouvelles dans mon bureau. Isabelle, mon épouse, m'a rejoint : nous avions prévu de dîner ensemble. J'avais réservé une table dans un bon restaurant du quartier. Mais pas question de partir avant d'avoir reçu des nouvelles de Nice : à cette époque le portable n'existe pas ! Mon téléphone sonne enfin. Et c'est Xavier. Il m'annonce avoir fait chou blanc : *a priori*, comme ça, m'assure-t-il, il n'y a rien dans ces cartons qui intéressent notre affaire, juste des effets personnels et des objets divers, le tout semble bien appartenir à la fille... Nous pouvons partir dîner tranquillement. Je range mes affaires, j'éteins les lumières et je suis sur le point de fermer la porte, quand, soudain, une nouvelle sonnerie. C'est encore Xavier ! « Bernard, il y avait aussi une vieille machine à écrire et j'ai eu l'idée de dérouler son ruban... À l'envers, on lit des noms, des téléphones, des adresses, il y a aussi comme des informations sur un bureau de poste, ça fait penser à la préparation d'un casse... Il n'y a pas de doute : ce sont eux ! »

Je mobilise alors la police technique et scientifique. Tandis qu'Isabelle et moi avalons vite fait une mauvaise pizza, les collègues de l'Identification judiciaire passent leur soirée à faire parler la fameuse machine à écrire et son ruban. Ils mettent ainsi au jour plusieurs lettres adressées par Philippe Lacroix, le lieutenant d'Haemers, à un certain M. Goffin, résidant au Brésil. Avant de rentrer à la maison, je repasse par le bureau pour aviser Paul Van Thielen de nos découvertes. Il est enthousiaste. Il formule l'hypothèse que l'adresse brésilienne est une planque du gang et que derrière Goffin se cache Haemers. Cette fois, c'est aux Belges de jouer…

Et pourtant, un nouveau rebondissement se produit en France. Un tuyau m'amène jusqu'à un box loué dans un parking de Lille. Au point où nous en sommes, je décide de me rendre sur place pour vérifier son contenu. Cette fois, je n'oublie pas d'en aviser la PJ locale… À mon arrivée, surprise : c'est le directeur régional, le commissaire divisionnaire Bernard Caplette en personne, qui m'accueille. En le saluant, je le préviens : « Tu sais, je ne suis pas sûr que l'on trouve vraiment quoi que ce soit là-dedans… » La suite des événements me donnera tort. À l'intérieur du garage, une Lancia Théma recouverte de poussière, les clés de contact planquées sous la roue avant droite. Dans son coffre, des gilets pare-balles, des fusils d'assaut, des revolvers, des grenades et de fausses plaques minéralogiques. Nous venons de trouver la voiture qui a servi à l'enlèvement du Premier ministre belge !

Trois mois plus tard, le 27 mai 1989, Patrick Haemers, sous le nom de Goffin, ainsi que deux de ses complices seront arrêtés à Rio en présence de Paul Van Thielen qui a fait le déplacement. Plein comme un œuf, un compte bancaire sera également découvert en Uruguay au nom du même Goffin.

Cette fois, l'enquête est vraiment terminée pour nous. À son issue, Paul Leray me dira simplement : « C'est bien », avant de retourner à ses fiches. C'était Paulo.

# Ouistiti et zigotos au 127

Mince, le ministre ! Je n'en reviens pas. Il est là, impérial, protégé par son imposant bureau ouvragé. Celui qu'a occupé Cambacérès, le révolutionnaire devenu ministre de la Justice. Jeune commissaire, je suis face à lui, niveau rez-de-jardin, place Beauvau. Je n'en mène vraiment pas large : c'est la première fois que j'ai affaire à lui, au grand patron, à celui qui ne rechigne pas à être considéré comme « le premier flic de France ». La nuit est déjà bien avancée ce lundi 27 juin 1988. Pourtant je suis en sueur, comme si le coucher du soleil n'avait pas eu d'effet sur moi. Je reste debout. L'entretien, ou plutôt mon monologue, dure trois minutes, au plus. Pierre Joxe, l'œil inquisiteur, aura à peine bougé un sourcil, prononcé deux mots avant de me donner la parole : « Expliquez-moi », et trois mots après m'être tu : « Vous pouvez disposer. » Je venais de sauver ma peau…

Nommé à Beauvau sitôt la réélection de François Mitterrand, il y a quelques semaines à peine, le redouté ministre de l'Intérieur s'emploie à ce que rien ne lui échappe. Il veut savoir, tout savoir. C'est une histoire abracadabrantesque qui m'a conduit jusqu'à lui. Ce soir-là, Joxe a pourtant bien autre chose à faire que d'entendre les explications d'un modeste et infortuné chasseur de braqueurs. Lorsque je le rencontre, il revient en effet de la gare de Lyon, à Paris, où un drame vient de se nouer. Deux trains sont entrés en collision, faisant plus d'une soixantaine de morts et autant de blessés. Juste avant notre entretien, on vient lui faire un point de situation sur la catastrophe. Après mon départ, j'imagine qu'il en sera de même. Il est visiblement préoccupé. Mais, en attendant, quelques minutes durant, dans le secret de son bureau, je suis aux yeux du ministre un fonctionnaire qui a failli. Un homme est grièvement blessé et je suis soupçonné d'être l'auteur – indirect – de la bavure.

L'homme en question se nommait Hervé Tapin. La dernière fois que je l'ai vu, il gisait presque sans connaissance sur le trottoir au pied du 127. C'est là que se trouve mon bureau à l'antigang. Un endroit incroyable que ce 127, rue du Faubourg-Saint-Honoré. Situés dans le Paris chic, nos locaux sont à cinq minutes de la place Beauvau comme de l'Élysée. Situation idéale. Y compris pour répondre en hâte à la convocation d'un ministre...

Au 127, qui héberge les principaux services de la police judiciaire, on entre comme dans un moulin ou presque. L'imposant portail métallique vert n'est fermé que la nuit. Vigipirate n'existait pas à l'époque. Simplement, trois plantons montent langoureusement la garde. Ils sont chargés de filtrer entrées et sorties. Sitôt franchi un premier passage, pas plus large qu'une voiture, deux petits immeubles bourgeois de quatre étages chacun donnent sur une cour intérieure.

Au premier, avec vue sur la rue, mon propre bureau ressemble à ce qui fut une chambre ou une fraction de séjour. Comme pour les autres enquêteurs, des moulures, un plancher fatigué ou des linos défraîchis et, même, parfois une cheminée ou un lavabo rappellent le passé privé des lieux. Les peintures murales sont toutes dans un triste état, les plafonds s'écaillent et les WC ne sont pas vraiment adaptés à autant de fréquentation. Du sol au plafond en passant par les boiseries des fenêtres, tout craque en permanence. Évidemment, il n'y a pas toujours de rideaux et certains de nos voisins disposent d'une vue plongeante sur nos activités. Ici, tout est finalement inadapté, insécurisé et moche, à l'exception de quelques bureaux de « tauliers ». Je me souviens tout particulièrement de celui occupé par François Le Mouël, le patron de l'Office central pour la répression du trafic illicite des stupéfiants : une magnifique cheminée prussienne ornée de faïence verte y trône en majesté. À part ça, toujours égale à elle-même, l'administration n'a fait que le strict nécessaire en matière d'aménagement. Les seules véritables améliorations ont consisté à créer et à sécuriser les geôles de garde à vue. Mission pas vraiment réussie : un jour, une personne gardée à vue a réussi à s'évader en passant par un petit passage qui devait correspondre à un ancien soupirail pour déverser le charbon…

Tapin, lui, s'est jeté par la fenêtre. De ma fenêtre ! Entraînant avec lui mon rideau ! C'est enveloppé dedans que je le retrouve, en début de soirée, sur le pavé parisien, au milieu d'éclats de verre et de boiseries. Je le découvre comme des dizaines d'autres passants, attirés comme des mouches par les sirènes et les lumières bleu et rouge des sapeurs-pompiers et des services d'urgence. Je viens de prendre une petite heure pour aller dîner à la pizzeria du coin, à Franklin-Roosevelt. Auparavant, j'avais passé l'après-midi à l'interroger. Lorsque j'en ai eu fini avec lui, je l'ai laissé aux mains de collègues de province. Eux aussi souhaitent l'entendre pour je ne sais plus quelle autre affaire de braquo. En quittant mon bureau, je leur confie le zigoto en les prévenant : « Faites gaffe, ce n'est pas un gars facile. On a eu du mal à l'interpeller. – Oui, oui, t'inquiète, on a l'habitude », m'avaient-ils répondu.

Avant de mettre la main sur ce malfaiteur, il nous en avait fallu du temps et de la sueur. Un tuyau et de nombreux recoupements nous avaient conduits, le groupe et moi, sur la piste de « saucissonneurs », ces malfrats qui n'hésitent pas à pénétrer au domicile de quidams, à les ligoter comme des saucissons, puis à leur faire avouer sous la contrainte violente où se trouvent leurs bas de laine. Nous savions que ces mêmes gangsters étaient également adeptes du braquage de banque. À cette époque-là, pourtant encore récente, les établissements bancaires n'étaient que peu équipés de sas et autres chambres fortes ultra-sécurisées. De patientes surveillances nous avaient permis d'identifier quatre individus. Tous Parisiens, mais préférant opérer au cœur de la relative tranquillité de la province. On leur prêtait ainsi le braquage d'une caisse du Crédit agricole en Saône-et-Loire.

Au cours de nos filatures, nous avions pu remarquer que les suspects s'efforçaient de ne jamais apparaître tous ensemble. De temps à autre, un binôme prenait la route, sans doute pour effectuer des repérages. C'est ainsi que nous avons acquis la certitude, petit à petit, que Tapin et les trois autres lascars préparaient un coup dans le Loiret. Ils étaient très organisés et particulièrement méfiants, à tel point que chaque filoche constituait une véritable prise de risque. Se faire « détroncher » – c'est-à-dire se faire repérer et identifier – aurait été une catastrophe. En moins de temps qu'il n'en faut pour le dire, tout ce beau monde se serait carapaté et mis au vert pendant plusieurs mois. Personne – surtout pas nos patrons – ne souhaitait que l'enquête se prolonge de six mois ou un an. Il nous fallait réussir un flagrant délit à la première occasion.

En ce début d'été, cette perspective semblait pourtant s'éloigner. Nous étions sans nouvelles d'eux depuis leur dernière escapade dans le Loiret. Pis, le 26 juin – un dimanche –, les écoutes téléphoniques demeuraient désespérément muettes et les surveillances des domiciles des braqueurs parfaitement inutiles. Les quatre suspects avaient totalement disparu et nous étions dans l'incapacité de savoir où ils étaient allés, et quand ils allaient revenir… Ni même s'ils allaient rentrer au bercail… Après tout, ils étaient peut-être partis, comme tout le monde à cette époque de l'année, en vacances…

Le lendemain, cependant, au petit matin, la bande des quatre donne enfin de ses nouvelles. Leur chef Tapin rejoint même son domicile. Quant aux écoutes téléphoniques, elles « zonzonnent » à nouveau. Même s'ils parlent à mots couverts, il est aisé de comprendre qu'ils ont passé, ensemble, un bon week-end… Pour fêter ça, ils se donnent rendez-vous à déjeuner dans un restaurant du côté de l'Hôtel de Ville, à Paris.

Nous en étions là. Nous étions convaincus qu'ils avaient commis un forfait, mais nous étions incapables de savoir lequel : nous avions passé une bonne partie de notre temps à éplucher les avis d'infractions et les télégrammes en provenance du Loiret, à téléphoner ici et là. Malheureusement personne ne nous signalait le moindre braquage qui puisse correspondre. Nous n'avions dès lors aucune raison d'arrêter nos quatre gangsters : le flag espéré n'était pas encore pour tout de suite. Jusqu'à un opportun coup de fil de la gendarmerie.

Il nous apprenait qu'un couple, du côté de Nevoy, au sud de Montargis, avait passé un sale dimanche.

Quatre individus masqués et gantés, armés d'un pistolet-mitrailleur et d'un fusil à pompe les avaient retenus en otage alors qu'ils s'apprêtaient à passer à table. Gérants de supermarchés à Gien et Poilly-lez-Gien, les commerçants avaient été ligotés et leur maison méthodiquement fouillée. Les malfaiteurs avaient réalisé une razzia sur les bijoux et l'argent liquide. Mais ce n'est pas ce qu'ils étaient venus chercher en priorité : ils exigeaient de leurs victimes qu'elles téléphonent à la société de surveillance des deux magasins pour qu'elle débranche le signal d'alarme. Ils étaient parvenus à récupérer 150 000 et 200 000 francs dans les chambres fortes des deux supermarchés. Puis avaient pris la fuite.

Il ne faisait guère de doute pour nous qu'il s'agissait de Tapin et de ses complices. Il fallait à présent les cueillir. À la hâte, nous montons un dispositif aux alentours du restaurant où ils se sont fixé rendez-vous, près du BHV. Nous retardons au maximum notre intervention : il manque un convive à l'appel. Finalement, alors que les agapes se terminent, nous décidons de procéder à l'interpellation des trois présents. Avec deux camarades de l'Office central pour la répression du banditisme, nous sautons Tapin… sur le trottoir. Il est le premier à quitter le restaurant. Le combat est vif, de violents coups de poing s'échangent, l'homme ne renonce aucunement. Il ne cède que sous le nombre. De leur côté, les commandants Dany Charpy et Florence Carles[1], avec d'autres enquêteurs, pénètrent dans la brasserie et parviennent, non sans difficulté, à maîtriser les autres malfaiteurs.

Les perquisitions aux domiciles des suspects vont pouvoir commencer. Une opération fructueuse : un

1. Voir, *supra*, le chapitre « Une folle histoire belge ».

pistolet-mitrailleur, un fusil à pompe, trois revolvers, un pistolet automatique, des munitions, des talkies-walkies, des cagoules, une somme d'argent correspondant à celle volée à Gien et, surtout, les bijoux des victimes sont découverts. Tapin et les siens sont perdus.

Alors que nous procédons aux premiers interrogatoires, la localisation du quatrième malfaiteur[1] est toujours en cours. À vrai dire, nous n'attendons pas grand-chose des auditions, compte tenu du profil des malfaiteurs. J'entends Hervé Tapin dans mon bureau situé au premier étage du 127. Il n'a pas perdu de sa virulence. Il commence par nier les faits, puis, devant l'évidence, se mure dans le silence. Jusqu'à ce que je le confie en début de soirée à des collègues montés de province pour l'entendre sur commission rogatoire dans une autre affaire. J'en profite pour enfin aller faire une pause dans une pizzeria…

Une petite heure plus tard, je retrouve Tapin sur le trottoir, en partance vers les urgences. Je suis à la fois décontenancé et en colère. De toute évidence, tout n'avait pas été fait pour éviter cette situation. Évidemment, je préviens par téléphone mon chef de service, Paul Leray. Je lui fournis les premières explications. « Tu vas avoir droit aux bœufs ! » me prévient-il aussitôt. Autrement dit, à un interrogatoire de la police des polices. J'y suis prêt et n'ai absolument rien à cacher. Mais je vais avoir droit à mieux. Ou pire, c'est selon. Car à peine Paulo a-t-il raccroché qu'il reçoit un coup de téléphone du cabinet du ministre de l'Intérieur : le ministre veut savoir ce qui vient de se passer. Mais qui l'a avisé ? Comment

1. Le quatrième homme, Patrick Arbaud, sera arrêté plus tard. Son interpellation donnera lieu à une fusillade avec la police et à une course-poursuite dans Paris. Il avait déjà échappé à une première tentative d'interpellation en s'enfuyant par les balcons et les toits.

a-t-il su ? Et en aussi peu de temps ? J'apprendrai bien plus tard qu'un journaliste d'une agence de presse, voisin du 127, voyant les pompiers, a tenté d'obtenir des informations sur le drame qui s'est joué sous ses fenêtres. C'est comme cela que Beauvau a été informé et s'en est ému auprès de Paulo. Lequel m'ordonne de me présenter au ministère en lâchant un « allez, courage ». Je n'en mène pas large. Au cas où, j'emporte mon registre : il atteste que Tapin était bien en garde à vue et que j'en avais terminé avec lui lorsqu'il s'était grièvement blessé en tentant de s'évader. Heureusement, Pierre Joxe n'a pas été difficile à convaincre de ma bonne foi. Et me renvoie à mon service sitôt le court entretien terminé. Il me restait à expliquer à Paulo, qui m'attendait au bureau, ce qui s'était passé avec le ministre…

Au 127, d'autres zigotos m'attendaient. Ils n'étaient pas que du côté des voyous. Dix ans avant de me faire convoquer par le ministre, jeune inspecteur stagiaire, j'arrivais pour la première fois dans cet antre de la police judiciaire. Comme certains autres de mes camarades de promo, j'y effectuais « une semaine découverte ». Cela consistait à faire le tour de toutes les unités et à essayer de partager un peu du quotidien des fonctionnaires avant de se voir signifier son affectation. Je me suis ainsi retrouvé, quelques jours durant, à l'antigang. J'ignorais bien évidemment que j'y reviendrais plus tard comme commissaire.

Durant ces journées « découverte », on ne rencontrait pas les chefs de service. J'aurais bien aimé pourtant : leurs noms avaient défrayé la chronique et ils faisaient figure, pour nous jeunes policiers, de modèle, sinon de légende. Ils se nommaient Lucien Aimé-Blanc, Charles Pellegrini, et François Le Mouël. Malgré tout, je n'ai pas été déçu de mes rencontres. Pendant deux jours, on m'a collé avec « Jojo », un enquêteur… à part. La quarantaine, vêtu d'un blouson en cuir et d'un pantalon multipoches, boots immuables aux pieds, il était de petite taille mais très trapu, avec des bras musculeux impressionnants et une tête posée, quasiment sans cou, sur de larges épaules. Des collègues bien intentionnés m'avaient prévenu : « C'est un ancien militaire. » J'aurais deviné tout seul. Jojo était, à n'en pas douter, un homme de l'intervention, plutôt que de la procédure. D'un courage exceptionnel.

Le contraste avec moi devait être saisissant. J'avais à peine 23 ans, j'étais grand et maigre et j'étais venu en costume – chemise blanche-cravate « pour bien présenter » ! Je devais ressembler à Thierry Lhermitte, costume-code pénal, rejoignant son premier poste, dans le film de Claude Zidi, *Les Ripoux*.

Aucune intervention n'étant à l'ordre du jour, Jojo passait le plus clair de son temps à fabriquer ses propres balles pour son pistolet Beretta. Quant à moi, bêtement, je le regardais faire : il remplaçait des amorces, pesait de la poudre avec laquelle il remplissait ensuite des douilles, il disposait ensuite les ogives et sertissait le tout avec attention, m'expliquant au passage tous les secrets de la balistique. Les leçons de Jojo n'étaient pas vraiment conformes à l'idée que j'avais de la police judiciaire !

Il y avait des personnalités pittoresques, j'en ai eu la confirmation quand je suis revenu, bien des années plus tard. C'était une journée ordinaire qui commençait. En traversant la cour intérieure, je tombe nez à nez, stupéfait, avec un homme qui tient en laisse un singe et lui parle. J'hallucine ou quoi ? Arrivé à mon bureau, je lance à la cantonade : « Hé, les gars, vous savez qu'il y a un type qui se trimbale avec un ouistiti ? Les plantons du poste de garde l'ont même laissé rentrer. » Les sourires amusés de mes collègues ne laissent pas de place aux doutes et j'en déduis que l'homme et son primate font partie de la maison. L'un de mes camarades prend tout de même le temps de m'expliquer qui il est et quelles sont ses fonctions. Ce fonctionnaire, éternellement vêtu d'une blouse et perpétuellement accompagné de son animal, est censé assurer la maintenance et réparer tout ce qui est cassé au 127. Bref, c'est l'homme à tout faire des lieux. De petite taille, il arbore en permanence une barbe maigrichonne dont la finalité doit être de compenser une calvitie assez prononcée, et il porte des lunettes rondes en métal. En écrivant ces lignes, je me rends compte que je n'ai jamais su ni son nom ni son prénom. Il était pour moi comme pour mes collègues « l'homme au singe ».

Nous ne le voyons que très rarement dans les couloirs et encore moins dans nos bureaux. En cas d'urgence, il faut lui téléphoner ou aller le trouver dans les entrailles des bâtiments, c'est-à-dire dans les caves du 127 où se trouvent les locaux techniques… C'est là que m'envoie mon chef de groupe, alors que j'officie pour les Stups. Il y avait urgence : une nouvelle fuite dans les toilettes du quatrième étage. « Essaie de lui mettre la main dessus et ne te perds pas… », me lance mon patron avec une certaine malice. Sur le coup, je ne comprends pas pourquoi. Je n'ai pas été déçu du voyage…

Les sous-sols du 127 constituent un monde irréel. L'homme au singe y règne en maître. Je découvre des locaux totalement dédiés à l'aquariophilie ! De nombreux aquariums tropicaux de toutes tailles sont savamment répartis dans chaque pièce. Leurs lumières bleues et roses fluorescentes offrent un aspect très particulier aux lieux. Mi-kitsch, mi-art contemporain. Des dizaines de poissons vivent à l'intérieur de grands bacs en verre blancs et nus, certains posés à l'intérieur d'anciens cadres de télévision. D'autres dans de grands vases tulipes. L'atmosphère est bercée par un doux ronron, celui des pompes à oxygène et des bulles qui remontent infatigablement le long des parois de verre.

Déambulant au milieu de cet univers, je découvre des guppys, des platys, des danios, des scalaires, des poissons combattants et bien d'autres que je n'identifie pas. J'aperçois dans un des murs du sous-sol, un trou grossièrement percé : le maître des sous-sols du 127 a étendu son domaine. Dans un de ses recoins, un bureau en bois doté d'un vieux fauteuil et d'une armoire métallique. Assurément du mobilier de récupération, totalement désassorti et plus défraîchi encore que celui mis à notre disposition dans les étages. Cependant le téléphone « administratif » – tout à fait réglementaire, lui – m'indique je suis au bon endroit. Arrivant de je ne sais où, l'homme au singe, chargé de boîtes d'alimentation pour poissons, déboule, même pas surpris de ma présence. J'ai à peine commencé à lui expliquer notre problème de fuite qu'il m'assure avoir compris, qu'il viendra voir… lorsqu'il en aura fini avec les habitants de ses aquariums… Puis, presque aussi causant que ses poissons-lunes, il me raccompagne jusqu'à la sortie de son labyrinthe. Ni moi ni mes collègues ne l'apercevrons dans nos bureaux, là-haut. Pourtant le lendemain, les toilettes sont belles et bien réparées.

Quelques semaines par an, j'échappais à ce monde improbable. Direction : la Seine-et-Marne et l'école nationale de police de Cannes-Écluse. À l'OCRB, j'avais aussi en charge la formation à la lutte contre le banditisme. Deux fois par an, pour une durée de deux semaines à chaque session, j'accueillais une quarantaine d'enquêteurs venus des Brigades de recherche et d'intervention et des groupes de répression du banditisme. Les places étaient chères et la sélection réelle. En quinze jours, nous mettions à jour les connaissances théoriques de nos stagiaires. Ce qui consistait d'abord à analyser les nouveaux modes d'intervention des voyous : saucissonnage, braquage, enlèvement, remise de rançon, etc. Puis à apprivoiser les matériels mis à disposition. Enfin venait la phase pratique. Quatre jours durant, nous allions jouer aux gendarmes et aux voleurs. Ou plutôt aux flics et aux voyous.

Les stagiaires n'avaient pas à se composer un personnage : ils étaient les policiers. Dans le rôle des voyous, il y avait « le plastron » : six enquêteurs de la répression du banditisme parfaitement aguerris. Ils allaient simuler des vols à main armée dans des petites banques de Seine-et-Marne. Pour les stagiaires, il fallait les identifier, les filocher et, naturellement, les interpeller. Le scénario n'était bien sûr pas réglé comme du papier à musique. Il s'agissait d'une mise en situation au plus près du réel, avec ses imprévus, ses contraintes, ses embûches. En fonction de la progression des uns et des autres, je faisais évoluer la situation et le scénario. J'en profitais également pour tester du nouveau matériel et des nouvelles techniques d'intervention. En particulier dans des situations complexes, comme le dénouement d'une remise de rançon « embarquée » à bord d'un train.

C'est une chose d'intervenir sur la voie publique pour maîtriser des malfaiteurs, c'en est une autre que de rentrer de force dans un domicile, d'arrêter un ou plusieurs individus sans blesser les autres occupants des lieux, tout en ne s'exposant pas outrancièrement. Aussi, malgré l'inquiétude du directeur de l'école de Cannes-Écluse, qui redoutait toujours les accidents, j'avais pris l'initiative de faire travailler mes stagiaires sur les « progressions en lieux clos ». Nous simulions des interventions dans des appartements ou dans des caves pour améliorer nos pratiques dans la libération d'otages et l'arrestation des malfaiteurs armés. Si l'apprentissage de ces techniques est aujourd'hui à l'ordre du jour de presque toutes les unités, il n'en était rien à l'époque, même en police judiciaire. Faute d'argent, il fallait aussi faire avec les moyens du bord et se montrer ingénieux.

Nous utilisions une munition révolutionnaire à l'époque, la MEA (munition d'entraînement allégée). Il s'agissait d'une cartouche, sans poudre, dont la pointe en caoutchouc n'était propulsée que par la force de l'amorce. Nous avions pu bénéficier de cette invention grâce à une relation amicale de Maurice Martin, le chef du Centre de formation des gardiens de la paix à Vincennes. Les stagiaires pouvaient ainsi, en situation et si besoin, tirer avec leurs propres armes de service. Il va sans dire qu'ils se faisaient aussi tirer dessus… Évidemment, il y avait parfois de la casse. À l'impact, les balles en caoutchouc faisaient mal et elles étaient dangereuses pour les yeux. C'était la débrouille, il fallait se protéger avec les moyens du bord : gilets pare-balles, casques de moto avec visière et gants de ski. Les petits bobos étaient néanmoins fréquents. De ce fait, il y avait toujours une petite appréhension, qui était loin d'être inutile pour l'exercice.

En matière d'armement, c'était surtout la partie de Porte-avions. C'était lui qui était chargé d'organiser « le feu d'artifice » de ces stages intenses.

Dans une carrière de la banlieue de Montereau, dans l'Yonne, nous nous faisions livrer des carcasses de voiture. Il s'agissait alors de montrer aux collègues comment briser la vitre ou le pare-brise d'un véhicule quand les occupants refusent d'ouvrir, ou encore comment stopper un véhicule. Chaque stagiaire commençait par expliquer la pratique de son unité. Ce partage d'expérience permettait d'affiner les techniques, mais aussi de bannir certaines idées reçues. Le commandant Charpy prenait par exemple un plaisir certain à faire la démonstration que le coup de crosse dans une vitre – façon inspecteur Harry – pouvait être totalement vain et dangereux. Souvent, la crosse rebondit et le pistolet avec !

Pour stopper les voitures, le tir dans les pneus était une technique répandue. Mais après avoir tiré eux-mêmes sur le véhicule de démonstration, les stagiaires constataient que l'effet recherché était loin d'être immédiat, contrairement à ce qu'on voit dans les films d'action. Le commandant Dany Charpy faisait alors sensation en tirant une balle en céramique – très résistante – capable d'arrêter le bloc-moteur d'un véhicule.

Enfin, clou du spectacle, Dany présentait différentes grenades. Sûr de son effet, il s'attardait sur les grenades assourdissantes, celles qu'on pouvait utiliser dans certaines interventions pour estourbir les malfrats avant de les neutraliser. Rares étaient ceux qui avaient déjà réellement entendu un de ces engins exploser. Aussi, les explications théoriques fournies, il se saisissait d'une de ces fameuses grenades, la dégoupillait, la posait sur le capot de la voiture et avait juste le temps de dire : « Voilà ce que fait une grenade assourdissante » que l'engin explosait. Porte-avions, à peine décoiffé par le souffle de l'explosion, n'avait pas bougé. Ce qui n'était évidemment pas le cas des stagiaires qui avaient pris comme ils le pouvaient la poudre d'escampette. Le commandant hurlait alors : « Je vous avais prévenu, elle ne fait aucun dégât. Elle fait juste du bruit. » Et rend sourd…

# La longue marche

Les vacances, enfin. Nous venons tout juste d'atterrir à Hong Kong en cet été 1987. Avec ma compagne, Isabelle, nous nous perdons, en touristes heureux et insouciants, dans les artères de la mégalopole anglo-chinoise. Soudain, sur Causeway Bay, à deux pas du Time Square local, je sursaute en sentant une main qui se pose sur mon épaule. « Ça va, Bernard ? » Surpris de pareille interpellation, ici et maintenant, je me retourne brusquement. C'est Ian ! Ian que j'ai connu à Paris et qui ne parlait alors pas un mot de français ! Ian, petit trafiquant d'héroïne et toxicomane que j'ai arrêté autrefois. Ian pour lequel je m'étais pris de sympathie, que j'allais voir en prison, auquel j'apportais des cigarettes et quelque argent pour améliorer son ordinaire. Il semble aller bien. Le voilà de retour chez lui, expulsé après avoir purgé sa peine. Il m'assure travailler et habiter à deux pas. Le jeune Chinois m'invite à le rejoindre, plus tard, afin de partager un moment avec lui. N'arrivant pas à croire au hasard de nos incroyables retrouvailles, j'hésite. Voilà deux ans que je l'ai perdu de vue. Que fait-il maintenant ? S'est-il rangé ? S'est-il soigné ? Je suis en vacances et dois absolument faire une coupure avec le boulot qui est en train de me bouffer. Comment va réagir Isabelle qui m'interroge déjà sur cet ami soudain ? Finalement, je ne me rendrai pas au rendez-vous fixé.

À Paris, deux ans plus tôt, Ian était devenu un de mes « tontons », un de mes indicateurs. Il contribuera, au mitan des années quatre-vingt, à démanteler la Chinese Connection.

Cette filière cherche à remplacer la célèbre French Connection, un vaste réseau de trafic d'héroïne qui a longtemps opéré jusque dans les années soixante-dix entre la France et le continent nord-américain. Les Français l'ont oublié, mais, en 1970, les relations franco-américaines sont tendues. John Cusak, le chef tout-puissant du Bureau of Narcotics and Dangerous Drugs, l'ancêtre de la DEA, accuse – publiquement – Marseille d'être la plaque tournante du trafic mondial de l'héroïne, déclarant que plus de 80 % de l'héroïne consommée aux États-Unis est importée de France. En fait, les États-Unis ont confusément l'impression que notre pays est un brin tolérant avec ses bandits. Il est vrai que ce trafic est à son apogée depuis les années soixante et que les moyens n'y sont toujours pas ! S'ajoute à cela que les Américains mettent sur le même plan Cosa Nostra et la Corsican Connection. Or, s'ils commencent à pénétrer les arcanes de leur mafia grâce aux repentis, il en va tout différemment avec la mafia corse, qui continue de garder tous ses secrets. Et c'est bien sous la pression de l'administration Nixon que notre pays réagit pour aboutir, entre autres, à la grande loi de 1970 toujours en vigueur et au renforcement de toutes les unités anti-drogue, dont l'Office central pour la répression du trafic et les Stups

Marseille, ainsi qu'à une action plus marquée de la DEA sur notre territoire.

La French Connection finit donc par être éradiquée grâce à l'action de policiers légendaires comme les commissaires Marcel Morin, Lucien Aimé-Blanc ou François Le Mouël[1], mais aussi grâce au dévouement d'autres policiers, dont le commissaire Charles Bonneil, les commandants Claude Chaminadas, Jean-Marie Flori, Robert Perru, et tous les officiers qui ont fait le job.

François Le Mouël y gagnera ses galons de patron du 36 et lorsque le jeune commissaire divisionnaire Jacques Flanquet, qui arrive de Corse, lui succède à la tête de l'Office central pour la répression du trafic illicite des stupéfiants, il ambitionne de prendre le même chemin vers un poste de direction. Avec son adjoint, le commissaire Alain Berthe, il nous presse de trouver du grain à moudre. Nous sommes peu nombreux à son service. L'office des stups ne compte seulement qu'une trentaine de fonctionnaires. Il n'y a que deux groupes d'enquête, en tout et pour tout !

Dès 1975, le démantèlement progressif de la French Connection a laissé la voie libre à de nouveaux réseaux. Adieu, « la blanche » de Cesari[2], pure à 98 %. Voilà qu'arrivent l'héroïne du Triangle d'or avec la Chinese Connection, l'héroïne du Croissant d'or avec ses réseaux

1. François Le Mouël est le fondateur, en 1964, de la section de recherche et d'intervention de la police judiciaire de la préfecture de Paris, qui deviendra l'année suivante la fameuse BRI.

2. Joseph Cesari, dit « Jo », est le chimiste le plus célèbre de la French Connection. L'héroïne qu'il parvenait à fabriquer était pure à 98 %. Emprisonné et risquant une lourde peine, il se suicide dans sa cellule en 1972.

pakistanais et ses tigres sri-lankais, et bien d'autres qui deviendront les grands réseaux africains – nigérians, maliens, togolais et béninois – qui achètent en Asie et revendent en Europe. Avec l'éradication annoncée de la filière française et la recomposition permanente du marché international de la drogue, les Stups doivent donc évoluer.

Dès sa nomination, Jacques Franquet, en poste depuis 1979, veut réorienter l'action de ses équipes opérationnelles et, en conséquence, les restructurer et les renforcer. Mais les réticences internes sont grandes. Réorienter l'activité d'un service n'est pas rien. Les anciens n'arrivent pas à admettre – peut-être même pas à imaginer – que l'organisation criminelle qu'ils ont tant combattue est sur le point de disparaître. D'autant qu'il y a quelques résurgences avec des « chevaux de retour ». Un laboratoire est ainsi découvert au Chambon-sur-Lignon[1] et des chimistes français, comme le docteur André Bousquet, sont toujours en action, mais dans des laboratoires clandestins à l'étranger[2].

1. En 1980, après des mois d'enquête et de surveillances particulièrement difficiles, l'OCRTIS, assisté par les services régionaux de police judiciaire de Marseille et de Clermont-Ferrand, découvre en Haute-Loire, au Chambon-sur-Lignon, plus précisément dans le hameau de la Suchère, un laboratoire de fabrication d'héroïne. Une dizaine de trafiquants sont arrêtés, dont la plupart ont déjà été condamnés pour des faits similaires. Le juge qui instruit l'affaire et qui a délivré la commission rogatoire est le juge Michel qui sera assassiné en octobre 1981 avant le jugement des trafiquants.

2. À la suite d'une enquête conjointe entre les polices française et italienne, le docteur Bousquet est arrêté en Sicile, à Palerme, dans un laboratoire de fabrication d'héroïne appartenant à la mafia. La capacité de production de cette unité était énorme, de l'ordre de cinquante kilogrammes par semaine. Pendant l'opération, un parrain sicilien, Gerlando Alberti dit « L'Imperturbable », est également arrêté dans

Il n'échappe à personne non plus qu'il est aussi plus valorisant de travailler sur les grands noms de la pègre française qu'on traque depuis des décennies que sur des inconnus aux noms imprononçables en provenance d'Asie et dont vous ne savez rien des modes opératoires ni de la psychologie criminelle. J'ai le souvenir à ce propos d'un échange très vif avec un collègue qui appartenait au groupe « French ». Alors que je lui parlais de la porte d'Italie, à Paris, il me répond sur un ton méprisant que les seules portes qu'il connaisse, ce sont les *gates*, les portes des aéroports, et le trafic international vers les États-Unis. Pas les abords du périphérique et ses misérables trafics !

On ne peut cependant pas arrêter le cours du temps. La French se meurt bien sous les coups répétés des services de police. Notre pays est gravement touché par la toxicomanie et certains pointent du doigt le trafic d'héroïne dans les rues de Paris. L'offre est si abondante que le prix du gramme chute en peu de temps de 1 200 à 600 francs !

Avec l'arrivée des renforts obtenus par Franquet, deux nouveaux groupes d'enquête sont créés. Le premier se concentre sur des réseaux pakistanais et sri-lankais, l'autre, auquel j'appartiens, sur les filières du Sud-Est asiatique.

Mon groupe est dirigé par Alain Auger, inspecteur divisionnaire[1], fin procédurier, ancien champion

---

le laboratoire. Quelques jours après cette arrestation spectaculaire, un tueur exécute l'hôtelier qui avait accepté d'héberger en toute discrétion les policiers français et italiens dans son établissement…

1. Aujourd'hui, l'équivalent de commandant de police depuis une réforme de 1995 qui calque les échelons policiers sur les grades de l'armée et de la gendarmerie.

de volley et grand amateur de cigares. En tant que jeune inspecteur principal[1], je suis son adjoint. Jacques Franquet et Alain Berthe, dont le père a été inspecteur de police en Indochine et la mère est d'origine sino-vietnamienne, nous donnent non seulement notre chance, mais ils nous soutiennent à fond dans la lutte que nous allons engager contre la filière asiatique et les triades, la mafia chinoise.

Nos débuts ne sont guère enthousiasmants ! Notre première affaire, il faut que nous allions la chercher à Lille au Palais de Hang. Nous arrêtons une personne et saisissons… Soixante-dix grammes d'héroïne. Nous nous contentons ainsi de petits flagrants délits et de la saisie de petites quantités de marchandises. Des résultats bien modestes qui renforcent le scepticisme de collègues à notre égard. Parmi lesquels, certains tombeurs historiques de la French qui ne se privent pas de nous moquer : « Vous ne trouverez rien chez les faces de citron ! » Des vannes qui me rappellent les saillies racistes des albums de bande dessinée de Buck Danny, héros de mon enfance. Quatre ans plus tard, les mêmes diront face à l'évidence de nos résultats : « C'est trop facile, tu prends n'importe lequel dans la rue, tu le secoues et y a de la came qui tombe ! »

Heureusement, « le groupe chinois » n'est composé que de jeunes qui ne sont pas intimidés par leurs aînés. La dynamique de groupe l'emporte sur tout. Presque tous célibataires et ne vivant quasiment que pour leur mission. Il nous arrive ainsi de réaliser des filatures avec nos véhicules personnels ou de nous retrouver durant le week-end pour repeindre les murs défraîchis

1. Aujourd'hui, l'équivalent de lieutenant de police.

des bureaux, voire d'acheter sur nos deniers personnels des fournitures. Des choses totalement impensables aujourd'hui ! Cela étant, malgré la foi et la dynamique de groupe, il faut bien admettre que nous sommes à la peine…

Il est toujours difficile de détecter et d'identifier des trafiquants, mais encore plus dans le cas présent. Les nôtres sont fondus dans la communauté asiatique qui vit alors repliée sur elle-même. Il y a aussi l'énorme obstacle de la langue ! L'aide de traducteurs est indispensable, mais choisir ses partenaires s'avère délicat. Certains sont agréés près les tribunaux, mais il s'agit parfois de restaurateurs établis au cœur du quartier chinois de Paris qui ne sont pas à l'abri de pressions. Nous devons avoir totalement confiance en eux et ne rien leur faire craindre.

Avec l'omniprésence des traducteurs, les auditions n'ont plus rien à voir avec un affrontement entre deux hommes, comme dans le film *Garde à vue* de Claude Miller. On est loin du face-à-face entre Lino Ventura et Michel Serrault ! Chaque échange fait naître une chaîne de paroles et il y a parfois des scènes cocasses : comme il est parfois très difficile de trouver un traducteur disponible, nous devons alors faire appel à un traducteur de cantonais qui ne parle lui-même qu'anglais… de telle sorte que nous devons solliciter en même temps un traducteur anglais-français… L'enquêteur pose d'abord la question en français à l'interprète d'anglais, qui la répète en anglais au traducteur de chinois, qui interroge enfin en chinois la personne mise en cause. Celle-ci répond bien entendu en chinois, l'interprète de chinois transmet alors la réponse en anglais, et l'interprète d'anglais retransmet la réponse en français à l'enquêteur.

On l'imagine : une question-réponse prend donc un certain temps. Quant à la déperdition d'informations entre ce que dit le gardé à vue et ce qui est rapporté à l'enquêteur, elle est immense. Et pourtant malgré tout cela, absorbés par notre job, nous en venons parfois à oublier tous ces intermédiaires. Je me souviens ainsi d'Alain, mon chef de groupe, interrogeant un suspect d'une voix forte et presque agressive ; question que le traducteur d'anglais relaie placidement au traducteur de chinois, qui la repose à son tour au mis en cause en lui souriant, lequel lui répond sur un ton neutre… Le traducteur de chinois traduit alors la réponse en anglais, toujours avec le sourire, et le traducteur d'anglais, qui ne manque pas d'humour, traduit en français, mais en hurlant soudainement la réponse à Alain ! Histoire de lui rappeler qu'il n'est peut-être pas utile de hurler les questions…

Ce méli-mélo ne serait rien sans les exigences de la procédure pénale et les aberrations administratives qui en découlent parfois. Nous ne pouvons, en effet, faire appel à des traducteurs que sur réquisition judiciaire. C'est le seul moyen qu'ils soient payés, et encore, très tardivement en raison d'un traitement des frais de justice particulièrement long, souvent au-delà d'un an ! Or, nous avons besoin d'eux en permanence. Heureusement, sous l'action énergique et répétée de Jacques Franquet et d'Alain Berthe, l'administration consent enfin, dans sa grande bonté, à recruter des traducteurs sous le statut d'enquêteurs contractuels, donc en fonction permanente dans le service. Mais que de temps perdu ! Heureusement que la législation en matière de trafic de drogue nous permet de garder à vue des suspects quatre jours, contre deux pour les autres crimes et délits.

Avec les premières écoutes téléphoniques, nous découvrons que la langue peut être une barrière infranchissable. Nos trafiquants parlent généralement cantonais, mandarin ou teochew. Mais quand ils abordent des sujets importants : ils utilisent des dialectes du Henan ou du Sichuan ! Difficilement décodables.

Autre handicap pour nous, il y a peu de saisies douanières mettant en cause des ressortissants asiatiques. Or, il faut savoir qu'une fois la saisie douanière effectuée, l'enquête judiciaire proprement dite revient à la police. Ce qui constitue une belle opportunité pour dérouler un fil qui peut conduire à identifier les ramifications du réseau, voire des réseaux concurrents...

Et comme si tout cela ne suffisait pas, nous avons un compétiteur ! En effet, un groupe d'enquête de la Brigade des stupéfiants[1] de la préfecture de police de Paris se spécialise lui aussi dans la traque des trafiquants chinois. Cette concurrence n'est pas à prendre à la légère. Le chef de groupe qui conduit cette unité se nomme Jacques Bellenou. Fonctionnaire expérimenté, sérieux et compétent, il bénéficie du fort ancrage territorial de la préfecture de police. En effet, chargé sur la place de Paris de la lutte contre la toxicomanie et le trafic local, ce service dispose, avec les drogués et les dealers, d'un réservoir potentiel et inépuisable d'informateurs. Circonstance aggravante, les relations personnelles entre mon chef de groupe et Jacques sont

1. On disait à l'époque la BSP, la Brigade des stupéfiants et du proxénétisme, ces deux champs étant couverts par une seule et même unité.

– comment dit-on déjà dans pareilles circonstances ? – médiocres. Oui, c'est cela médiocres…

Mais à force d'arpenter les artères des hauts de Belleville à la porte d'Italie, le Chinatown parisien, nous commençons à comprendre les us et coutumes de cette communauté. Les anciens ont beau nous chambrer, nous sentons que nous nous rapprochons du « souffle du dragon ». Petit à petit, nous constituons notre réseau d'indics, parmi lesquels Ian, jeune délinquant « retourné », qui accepte de donner certains renseignements à la police.

Et surtout, nous comprenons que cette héroïne porte une signature.

Les réseaux chinois importent en effet essentiellement de l'héroïne « base » (qu'on appelle aussi l'héroïne n° 2) qui arrive pure sur notre territoire. La drogue se présente sous la forme de pains compacts et solides, de couleur blanchâtre, longs de vingt centimètres, et généralement estampillés d'un signe chinois. Ce produit ne se vend pas en l'état. Il doit être « travaillé ». Il faut moudre les pains, les réduire en une poudre très grossière qu'on mouille, avant d'y ajouter, dans des proportions très précises, différents produits chimiques dont de l'acide chlorhydrique, de la strychnine et de la caféine. La pâte ainsi obtenue est ensuite séchée mécaniquement avant d'être à nouveau broyée jusqu'à donner de petits granulés, dont la couleur va du gris clair à une couleur plus orangée, selon la proportion d'acide. Ce « travail » nécessite de petits « laboratoires », parfois un simple coin de cuisine aménagé, selon les quantités à travailler.

Cette façon d'organiser le trafic présente de nombreux avantages pour la Chinese Connection. Outre qu'avec dix kilos purs, les trafiquants en font presque cent à la revente, ce qui est juteux financièrement, leur produit a une signature unique, un goût qui tranche avec les autres et qui fait son succès[1]. Une caractéristique qui va aussi causer sa perte.

En fait, je ne veux pas m'en remettre uniquement aux informateurs. Il faut absolument trouver un fil conducteur, même extérieur ou lointain, susceptible de nous ramener à un moment ou à un autre au cœur du trafic. Cette réflexion m'amène à m'intéresser de près aux composants de l'héroïne que nous saisissons. Travailler sur la strychnine ou les acides n'a pas d'intérêt. Les quantités utilisées sont trop faibles pour pouvoir être tracées efficacement. Reste donc la caféine qu'on retrouve, selon les analyses, en grande quantité dans « notre » héroïne.

Je discute de mon idée avec Alain, mon chef de groupe, ainsi qu'avec Hervé, en qui j'ai toute confiance. Ils me font aussitôt remarquer, à juste titre, que la caféine est en vente libre en pharmacie ! Ce qui signifie que n'importe qui peut en acheter, n'importe quand, n'importe où et autant qu'on veut, sans que cela constitue une infraction ! Rien qui facilite une enquête, mais de nombreuses questions émergent : Qui fournit les officines en caféine ? De combien de caféine a besoin « normalement » une pharmacie ? Peut-on détecter les mouvements suspects ? Etc.

Malgré ces questions alors sans réponse, nous sommes tous d'accord : il faut continuer d'exploiter cette piste.

1. À l'époque, l'héroïne était coupée avec toutes sortes de produits dans le but de l'allonger pour avoir une plus grosse quantité à vendre, les principaux produits utilisés étaient le glucose anhydré, le lactose, etc.

C'est une sorte de pari. À l'époque, le contrôle des précurseurs et des substances chimiques en matière de lutte contre le trafic des stupéfiants n'est encore qu'un sujet de conférence. La Mission nationale pour le contrôle des précurseurs chimiques ne sera créée qu'en 1990, placée sous l'autorité du ministère de l'Industrie, elle sera basée à Bercy.

Et donc la première étape de notre quête sera la Cooper, la Coopération pharmaceutique française. À l'époque située rue Amelot, entre les places de la Bastille et de la République, à Paris, cet établissement est le grossiste qui fournit toutes les officines de la capitale. Je me rends personnellement sur place. Je tombe sur un monsieur étonnant. Il est rond, il a le crâne rasé et porte admirablement le nœud papillon. Il a au moins 50 ans ! Pour moi, encore jeune inspecteur à moustache, il fait presque figure de patriarche. Ce « vieux » monsieur me fait alors la leçon sur la caféine. Un cours que je ne lui demandais pas. Mais, visiblement, il est tout heureux de partager son savoir. Il m'explique qu'il s'agit d'un alcaloïde qui entre dans la composition de nombreux produits, mais qui se vend très peu en tant que tel directement dans les pharmacies. La caféine est alors utilisée pour d'éventuelles préparations magistrales. Il m'apprend surtout que la consommation habituelle d'une pharmacie devrait être de l'ordre de un à deux kilogrammes par an, excepté certains usages particuliers. Ce dernier point m'inquiète. Je redoute qu'il ruine mes plans. « Vous savez, me dit-il d'un ton professoral. La caféine est utilisée par les gens de couleur. C'est un secret de polichinelle : ils s'en servent pour doper leurs performances sexuelles. » Ce n'est pas vraiment ce que je suis venu chercher !

Rassuré après avoir écouté – sans rire – le professeur au nœud papillon, je finis par demander si je peux obtenir la liste des dix pharmacies de la capitale qui vendent le plus de caféine. Il accepte, mais m'avertit que l'établissement de ce document suppose d'abord un examen de l'état des livraisons. Il me propose donc de repasser dans le courant de la semaine pour le récupérer.

Le jour dit, je retourne le voir comme convenu. Il porte toujours son nœud papillon. Le listing est posé devant lui sur son bureau, mais je le sens relativement embarrassé. Je comprends vite pourquoi. Certaines officines passent des commandes de plus de dix kilos et même jusqu'à cinquante pour certaines, le record étant de deux cents kilogrammes ! « Je ne comprends pas, c'est totalement incompréhensible », me dit-il en me remettant la liste. J'entends bien pousser encore mon avantage et nous convenons qu'il m'avisera désormais de toutes les livraisons de caféine au-delà de dix kilogrammes. Je crois alors que j'ai mis la main sur une « pépite », mais elle me donne le vertige quant à l'importance du trafic supposé ! Un mélange de joie, d'angoisse et d'amertume.

La « chasse au dragon »[1] est véritablement lancée. Elle sera lente et fastidieuse. Nous disposons de vraiment peu de moyens et, encore une fois, nous sommes peu nombreux.

1. Une expression employée par les toxicomanes. « Chasser le dragon » signifie inhaler, grâce à un tube, de l'héroïne disposée sur une feuille de papier d'aluminium et chauffée par en dessous à l'aide d'un briquet. Les volutes de fumée décrivent des arabesques qui font penser à un dragon.

Pour espérer approcher les trafiquants, il nous faut planquer devant les pharmacies chaque fois qu'une livraison de caféine est annoncée. Plus tard, nous obtiendrons que l'un d'entre nous se substitue aux livreurs de la Cooper, ce qui nous permet d'économiser beaucoup d'énergie. Maîtriser l'heure de livraison évite en effet de devoir planquer dès l'ouverture de la pharmacie et d'attendre des plombes en fonction des aléas de la tournée des livreurs. Une fois la livraison effectuée, il n'y a par contre plus d'alternative ! Il faut planquer jusqu'à l'arrivée du « client » et, s'il ne vient pas, jusqu'à la fermeture de la pharmacie, pour recommencer le lendemain. Et ainsi de suite. Un vrai travail de bénédictin. La plupart des enquêtes reposent d'ailleurs sur la sueur et la peine des enquêteurs, bien davantage que sur les fulgurances des patrons. J'en sais quelque chose : j'ai été l'un et l'autre… Heureusement, des collègues se proposent de nous renforcer pour nous aider, c'est aussi cela la PJ.

À force de patience, doublée parfois de chance, nos surveillances finissent par payer. Un jour, un individu vient chercher dix kilos de caféine dans une pharmacie du quartier de Belleville. Nous le prenons évidemment en filature. Nous n'allons pas loin, car il nous conduit directement rue Rebeval à quelques encablures de la rue de Belleville. Il rentre à son domicile. C'est un immeuble récent. L'enquête est très brève et nous le tapons sans trop attendre pour vérifier enfin notre hypothèse de travail. Bingo ! Nous découvrons chez lui un véritable labo. Tout l'attirail du parfait petit chimiste pour produire de « la rose », du Brown Sugar, cette héroïne n° 3, granuleuse, qui se fume plutôt qu'elle ne s'injecte. C'est une première prise. Il y en aura d'autres, beaucoup d'autres. Mon intuition était donc la bonne : il faut pister la caféine pour remonter jusqu'à l'héroïne et aux trafiquants.

En matière de trafic de stupéfiants, comme dans d'autres domaines de la criminalité occulte, plus on enquête, plus on en découvre. Franquet, qui se montre à la télé et dans les journaux chaque fois qu'on tape un bout de réseau, comprend vite que son intérêt est le nôtre : il se débrouille pour nous obtenir des renforts. Et quels renforts !

D'abord celui d'une universitaire hors pair : Monique V. achève un doctorat de sciences économiques. Outre le français et l'anglais, elle parle chinois – cantonais, mandarin, teochew –, mais aussi vietnamien et japonais. Elle est d'une intelligence impressionnante. Elle a tout compris. Elle sait instantanément isoler le mot ou la conversation qui nous intéresse. Elle est capable, au-delà des mots, rien qu'au ton, de dire si c'est un échange intéressant ou pas. Elle va nous être très précieuse.

Arrive ensuite un officier des stups américain, la Drug Enforcement Administration (DEA), Richard Lamagna, qui deviendra par la suite un de mes meilleurs amis. Signe des temps, malgré ses origines italiennes, ce n'est pas un spécialiste de la French ni de Cosa Nostra, comme ses prédécesseurs. Outre l'anglais, l'italien et le français, il parle aussi cantonais, mandarin, vietnamien et thaïlandais. Il a été précédemment en poste en Asie. Il connaît et nous enseigne parfaitement les codes et mœurs de la communauté asiatique, il nous initie aux triades, cette mafia chinoise dont la 14K est la représentante en France et l'organisatrice des importations de came. Grâce à son carnet d'adresses, nous entrons dans un autre monde. Nous voilà bientôt en contact avec un fin connaisseur des triades, Chris Kantley, un officier très aguerri de la police de Hong Kong, puis, un autre Richard, Richard Weiburg, un policier néerlandais qui travaille discrètement mais très efficacement depuis plusieurs années sur la criminalité organisée asiatique en Europe. Cet homme, qui parle lui aussi chinois, changera à jamais mon regard sur la police néerlandaise. Travailler aux côtés de toutes ces personnes rend modeste.

Côté trafiquants, des noms commencent à revenir en boucle. Les trafiquants que nous arrêtons chuchotent tous le même : Long Kong, « petit dragon ». Ce serait lui l'importateur de l'héroïne de base. Nous ne savons rien de lui. Ni à quoi il ressemble ni où il vit. À force de le chercher sans le trouver, je me demande parfois s'il existe vraiment. Heureusement, Monique qui passe son temps à décrypter des conversations me dit qu'elle aussi en a entendu parler. Je ne suis donc pas fou.

À la maison, pour justifier mes absences, je bassine Isabelle avec « le dragon ». Elle lui trouve un surnom d'ailleurs. Comme elle constate que j'ai bien du mal à le rattraper et qu'il nous file sans cesse entre les doigts, elle l'appelle « Bip-Bip ». J'en suis donc réduit au rôle hilarant du vil coyote, obsédé par ma quête. Chaque soir ou chaque matin, au petit déjeuner, j'ai droit à un « Tu as des nouvelles de Bip-Bip ? » ou « Bip Bip court toujours ? ». Vais-je courir après lui éternellement ?

À cette époque-là, je pense chinois, je rêve chinois, je mange chinois, je parle (trois mots) chinois. J'apprends ainsi, par exemple, qu'un « bâton rouge » est un cadre, un homme important capable de décider d'un règlement de comptes ou que derrière un « éventail » se cache en réalité un conseiller de la 14K. À mes heures perdues, grâce à mes contacts avec la police hong-kongaise, j'essaie même de m'initier aux codes commerciaux chinois (CCC) et de tenter de démêler l'écheveau des multiples sociétés. On s'aperçoit ainsi que les lieux de rendez-vous que se fixent nos clients ne correspondent parfois en rien à l'enseigne d'un restaurant chinois, mais à l'identité de la société mère de l'établissement.

C'est alors qu'Alain, mon chef de groupe, nous apporte une nouvelle affaire. Il a appris qu'un certain « Toni », propriétaire d'un restaurant en banlieue parisienne, serait un important revendeur d'héroïne sur la place de Paris. À force de renseignements et d'écoutes, nous sommes persuadés qu'il appartient à la mafia chinoise. Mais il est à la fois très discret et très prudent. Il se lève tôt, vit modestement, mange toujours aux mêmes endroits et presque toujours la même chose. Toni est aussi un homme de rituel. Chaque semaine, « il porte quelque chose à quelqu'un », nous assure un indic. Mais nous ne savons pas quoi et encore moins à qui ! Alain veut le gérer directement. Et quand une interception téléphonique lui laisse supposer qu'il peut s'agir d'une de ses mystérieuses livraisons, il prend la décision de faire sauter[1] Toni. Deux cents grammes d'héroïne sont saisis. Mon chef de groupe est un peu déçu par la quantité. Il attend beaucoup des perquisitions au restaurant et à l'appartement situé au-dessus. La fouille des lieux dure une partie de la journée. Elle n'apporte rien de bien nouveau. Pendant l'opération, le téléphone sonne à de nombreuses reprises. Mais quoi

1. « Sauter » signifie interpeller, arrêter quelqu'un dans le jargon policier.

de plus normal pour un restaurant ? Sur la messagerie, des réservations en français ou en chinois. Un seul appel paraît personnel, un homme qui parle en cantonais.

« Toni, c'est moi. On se voit comme prévu. » Trop lapidaire pour être significatif en ce qui me concerne et non prioritaire pour Alain qui continue sa fouille dans la maison. Monique prend son air des mauvais jours. « C'est quand même en rapport avec le trafic ! » me glisse-t-elle. Le message n'a duré que quelques secondes et il ne s'est rien dit de précis. Elle ne réalise pas tout ce qu'on doit faire. On a plein de boulot ! Il y a la procédure, il faut taper tous les procès-verbaux[1], répertorier les scellés, téléphoner au juge, faire venir l'identité judiciaire, rendre compte à la hiérarchie… Elle insiste quand même. Oui, elle ne peut pas dire de quoi il s'agit exactement, mais c'est un rendez-vous de voyous. Elle en est certaine ! Avec ça…

La garde à vue de Toni dure plusieurs jours. Pendant ses auditions, il minimise son rôle en déclarant qu'il ne touche pas à la drogue, qu'il n'appartient à aucun réseau, que c'est la première fois de sa vie, qu'il rendait service à une relation dont il ne connaît ni le nom ni l'adresse. Bref, il ne veut pas ou ne peut pas nous aider.

1. La procédure : taper les procès-verbaux relatant tous les actes de l'enquête, PV de surveillance, PV d'interpellation, PV de notification de garde à vue, PV de perquisition, PV d'audition, PV d'avis au juge… tout doit être écrit ! Avec mention des heures, des lieux, la signature des officiers et aucun tampon officiel ne doit manquer ! À l'époque, pas d'informatique. On pouvait difficilement corriger les fautes de frappe ou d'orthographe. On tapait encore sur des machines à ruban. Chaque page de procès-verbal comprenait en fait quatre feuillets et du papier carbone entre. Inutile de dire que les dotations de l'administration ne permettaient pas de changer les carbones et encore moins les rubans tous les jours…

À vrai dire, rien que de très banal pour nous. Le week-end précédent, j'étais de permanence. J'ai dû traiter une procédure douanière, une saisie d'une centaine de grammes de cocaïne grossièrement dissimulés dans une valise emplie à la hâte de vêtements hétéroclites. J'ai fait l'audition d'un Équatorien qui n'est qu'un simple passeur. J'essaie de lui faire avouer qui lui a remis la valise et à qui il devait l'apporter. Mais rien n'y fait. Il soutient que toutes ces affaires sont à lui et à lui seul. Je lui demande alors de mettre le blouson en simili cuir avec une bordure en fourrure synthétique qui trône au milieu de « ses » affaires. Un truc à deux balles, de toute évidence un vêtement de femme et de petite taille. Il n'hésite pas un instant. Le résultat ne se fait pas attendre. Comme les manches sont trop étroites pour ses bras, il force le passage et finit entravé comme dans une camisole de force. Il ne peut plus bouger du tout. Malgré tous ses efforts, il ne peut même pas ressortir ses mains et l'habit finit par se fendre en deux ! Le spectacle est hilarant et navrant à la fois. Pour le libérer, je découpe les manches dans le sens de la longueur avec une paire de ciseaux empruntée à Hervé. J'ai peur de le blesser et je ne me montre guère adroit. Toute la permanence accourt et rit de nous. Pour Toni, c'est un peu pareil, il nie l'évidence. C'est seulement quand il comprend enfin qu'il va être déféré et écroué, même s'il garde le silence, que son monde s'effondre. Il est accablé.

Je profite de ce changement d'état d'esprit pour l'interroger sur le mystérieux rendez-vous qui obsède Monique. Toni respire en soufflant fort pour tenter d'évacuer la tension. Il demande si sa coopération lui rapportera quelque chose. Je le rassure. On dira au juge qu'il nous a aidés. Il confirme alors l'existence d'un rendez-vous avec son fournisseur. Le rencart est prévu le lendemain matin à 11 heures devant l'hôtel Méridien, porte Maillot à Paris… comme chaque semaine ! Je lui demande combien on va lui apporter, il me dit qu'il ne sait pas exactement, un kilo peut-être. Quel est le nom de cet homme ? Il ne sait pas son nom, mais connaît son surnom : Long Kong ! Je n'arrive vraiment pas à y croire. Comment peut-on convenir dans pareilles conditions, avec un message aussi minimaliste, d'une livraison d'un kilo d'héroïne ?! Et sans qu'il soit question d'argent un seul instant ?! Je suis vraiment incrédule, mais il a prononcé un mot magique, « Long Kong » !

Toni doit être déféré en fin de journée, nous avons donc tout juste le temps de tenter notre coup. Tout le groupe chinois est sur le pont, Monique joue la tour de contrôle au bureau. Richard l'Américain est à mes côtés sur le terrain. Toni monte avec Alain dans le « soum »[1]. La camionnette aux vitres teintées trouve finalement une place de stationnement boulevard Gouvion-Saint-Cyr, à bonne distance de l'arrêt de bus. Le reste du dispositif se déploie aux abords de l'hôtel. Surtout ne pas être vus. Il est aux alentours de 10 heures.

Un peu avant l'heure convenue du rendez-vous, un des véhicules de surveillance positionné porte Maillot annonce qu'un Asiatique arrive à pied de la place en direction de l'hôtel Méridien. Je le vois. Il ne ressemble à rien. Ou plutôt à tout le monde. Il est de petite taille,

1. Soum, abréviation de sous-marin, nom donné aux véhicules de planque. Il s'agit généralement de camionnettes, de toutes tailles, aménagées pour des surveillances statiques.

plutôt bien habillé, il porte un sac en bandoulière. Il est tellement décontracté. Il fait si jeune. Il s'arrête à l'arrêt de bus et il attend. C'est peut-être lui mais j'ai du mal à y croire. J'avais imaginé mon « dragon » plus grand, plus impressionnant. Dans le soum, bien à l'abri des regards, Alain et Toni scrutent eux aussi. Alain demande à notre prisonnier s'il le reconnaît. Toni tarde à répondre, Alain répète sa question. Toni acquiesce de la tête et dit simplement : « C'est lui... c'est Long Kong. » Alain exulte et nous transmet aussitôt l'information à la radio. Cette fois, selon l'expression favorite de mon chef de groupe, il va falloir « être sioux »[1] !

L'homme patiente une trentaine de minutes. Moi aussi. Puis, il quitte son arrêt de bus, nous le suivons de loin. Il se dirige vers une cabine téléphonique. Monique m'appelle aussitôt : c'est bien lui qui téléphone au restaurant de Toni. Il cherche à obtenir des nouvelles, s'étonne qu'il ne soit pas au rendez-vous. Puis revient vers l'arrêt de bus. J'avise ma hiérarchie. Un des jeunes commissaires de l'office veut qu'on l'interpelle. Mais je ne veux pas la jouer comme ça : je ne suis même pas sûr qu'il ait la marchandise sur lui. Certains de mes collègues me pressent aussi : « Allez, Bernard, on le saute. » Je temporise. La veille, à une heure avancée, dans le bureau d'Alain, nous avons déjà envisagé ce scénario. Attendre ou pas ? L'interpeller ou non ? J'hésite. Je finis par lâcher : « On le laisse partir. »

Nous recherchons Long Kong depuis longtemps. Il constitue un objectif en soi, il est accroché en procédure et nous avons la possibilité de faire une nouvelle saisie de drogue ! Que demander de plus ? Il existe

1. « Être sioux », c'est faire preuve de prudence.

cependant une autre option que je défends ardemment avec le soutien d'Hervé. Au regard de l'échange téléphonique, on peut en conclure que Toni et lui travaillent ensemble de longue date. J'émets l'hypothèse que si le restaurateur ne se montre pas, Long Kong ira reposer la marchandise là où il l'a prise. Certes, nous prenons le risque – limité – de le perdre en filature, mais nous pouvons aussi découvrir un lieu de stockage plus important.

La camionnette de planque ne peut guère participer à la filature. Alain reste donc prisonnier dans son soum avec Toni. Le périple dans Paris commence. « Le dragon » prend un taxi à la volée, direction le périphérique et les quartiers Nord. Il n'est pas très méfiant. Il doit être très en confiance avec Toni. En revanche, c'est moi qui ne suis pas rassuré : je ne suis vraiment pas sûr de mon coup. Il se peut que suivre ce petit monsieur ne nous conduise à rien ni à personne. Arrivé du côté de la porte de la Villette, il semble parvenu à destination. Malin quand même, il attend que le taxi s'éloigne avant de prendre la direction d'un immeuble où il s'engouffre directement. N'y tenant plus, craignant d'avoir été repéré et surtout qu'il nous échappe par une arrière-cour, je décide de l'interpeller avec Richard « l'Américain » et Hervé qui nous a rejoints. Nous sommes sur lui. Je lui lance : « Long Kong ? Vous êtes Long Kong ? » Il ne moufte pas. Mon complice de la DEA prend le relais, mais en cantonais cette fois. Le petit homme est abasourdi. Il n'en revient pas qu'un Occidental, blond et barbu, qui vient de l'arrêter en plein Paris, dans un lieu improbable, connu sans doute de lui seul, puisse parler sa langue aussi couramment. Il se montre aussitôt coopératif, comme s'il rendait les armes. Oui, il habite l'immeuble, au sixième étage. Avant de monter, j'ouvre avec anxiété ce sac qu'il trimbale sous nos yeux depuis deux heures. Richard écarquille les siens : presque deux kilogrammes d'héroïne et des clés d'appartement. Je suis soulagé. À présent, on peut monter pour la perquisition.

C'est un petit appartement sans meuble. Personne ne vit là. C'est juste un lieu de transformation et de stockage. Il y a tout le matériel et tous les produits nécessaires à la transformation de l'héroïne, des bouteilles d'acide, des kilos de caféine, un broyeur, un séchoir, des sacs de toutes les tailles pour conditionner et livrer la drogue, une balance électronique de précision et, à même le sol, empaquetés dans du papier Kraft onze kilogrammes d'héroïne base et presque un kilo de Brown Sugar prêt à la vente, de quoi alimenter le Tout-Paris. Nous trouvons également, dans la douche, dissimulés sous une pièce amovible de carrelage 150 000 francs, une petite fortune à l'époque. Long Kong, puisqu'il s'agit bien de lui, nous avouera plus tard distribuer des kilos chaque semaine.

Enfin après dix-huit mois de traque, sans relâche, jour et nuit, week-end compris, nous tenons « petit dragon ». Je tiens « Bip Bip », c'est la revanche du coyote ! Je suis tenté d'appeler Isabelle pour le lui dire, mais je préfère finalement attendre son appel qui arrive en toute fin d'après-midi.

« Tu ne m'appelles pas ? »

– Je n'ai pas eu le temps. On a une affaire en cours, je vais rentrer tard.

– Encore ?

– Oui, on va faire de la procédure.

– Toujours pas de Bip Bip ? »

Enfin, la phrase que j'attendais tant ! Je ne vais pas bouder mon plaisir !

« Bip Bip ? Tu veux lui parler ? Il est assis devant moi ! »

Ces moments-là valent beaucoup plus que toutes les lettres de félicitations et autres primes de l'administration ! C'est un moment de joie avec les copains, on se congratule. On est frères d'armes. On se rappelle les difficultés que nous avons rencontrées pour apprécier encore plus intensément cet instant de réussite. Comme c'est la tradition en PJ, nous allons faire une petite bouffe entre nous pour fêter ça. Nous attendons juste la phrase rituelle d'Alain, signe de son contentement : « On va se faire un petit riz, les minouchets ? » Nous ne sommes pas le groupe chinois pour rien !

La Chinese Connection n'est pas éradiquée, pour autant. La 14K encore moins. Nous sommes maintenant huit dans le groupe, nos deux extras – Monique la thésarde et Richard le Ricain – compris. Nous savons parfaitement que Long Kong, si important qu'il soit, n'est qu'un rouage de la mafia chinoise. Il sera remplacé. Il n'y a pas de guerre à gagner, juste des batailles à l'infini. Il y a encore aussi gros à attraper ! Nous allons enchaîner les affaires.

Nos enquêtes nous ont mis à présent sur la piste d'un certain Kao Wang. Nos interlocuteurs nous en parlent avec crainte et respect. Il serait à la tête d'un groupe puissant bien établi sur la région parisienne. Ce qui nous laisse supposer qu'il est une cible intéressante. Mais comme d'habitude pas de nom de famille, pas d'adresse, pas de téléphone. Il faut trouver un fil à tirer. Pas facile avec cet homme. On nous dit qu'il se montre rarement, qu'il vit d'hôtel en hôtel et il se méfie tellement du téléphone qu'il fait porter ses messages.

Il y a cependant une femme qui le connaît bien, la tenancière d'un clandé du XIII^e arrondissement, qui est aussi mon informatrice. Maïlé est une grande brune née au Cambodge, mais qui se revendique fièrement comme « Chinoise du Cambodge ». Elle m'a été présentée par un collègue de la sécurité publique. Elle a été entendue comme témoin dans une affaire d'homicide. Gaffe quand même… Sa situation me paraît étrange. Elle a une carte de séjour temporaire, mais cette précarité ne l'empêche pas de tenir un bouge connu de tous, où les clients peuvent jouer impunément toutes les nuits. Son mari, beaucoup plus âgé, est dans la même situation. Je comprends qu'elle cherche à gagner à tout prix les bonnes grâces de l'administration pour obtenir un titre de séjour permanent. Son français est très approximatif, trop pour moi. Elle parle cantonais. Je décide donc de toujours la voir avec mon camarade de la DEA, Richard. Nos rendez-vous ont souvent lieu dans un café tranquille de la rue du Commandant-Rivière dans le VIII^e arrondissement, loin du quartier chinois et pas trop loin de mon bureau. Maïlé n'a pas besoin d'argent. Elle n'a pas d'affaire à nous donner, encore moins de stups. Mais elle connaît bien le monde de la nuit, des jeux, et Kao Wang, car l'homme est un joueur invétéré. Il est déjà venu chez elle, accompagné de ses sbires qu'elle n'apprécie guère, « des fouteurs de merde », dit-elle. En français…

Elle accepte bien sûr de nous appeler s'il revient un soir ! Pas de problème ! On peut compter sur elle ! Mais voilà, ce soir-là ne viendra jamais… Elle fait la fière, mais elle a bien trop peur de cet homme, et il n'est pas besoin de parler le cantonais pour comprendre !

Les choses se compliquent alors et il faut aller vite. Je ne sais comment, mais les collègues de la police judiciaire de Paris ont appris que Maïlé est devenue une de nos sources. Peut-être l'a-t-elle dit elle-même à un des gars des RGPP[1] qui passent régulièrement la voir. Toujours est-il que la préfecture de police veut maintenant fermer son établissement. Le chef de l'OCRTIS est avisé par courtoisie par la préfecture et aussi pour s'assurer qu'il n'y aura pas d'interférence avec une éventuelle commission rogatoire. Je regrette cette accélération. À cette époque, en effet, il y a plusieurs cercles de jeux clandestins asiatiques à Paris qui ont pignon sur rue : un très célèbre au 24, rue au Maire dans le III^e^, un autre au 2, rue des Deux-Avenues dans le XIII^e^, un autre encore rue des Gravilliers, juste derrière Beaubourg, un autre rue de Crimée dans le XIX^e^ et d'autres jusqu'en banlieue proche. Pourquoi vouloir fermer celui-ci seulement ? Pourquoi maintenant ? Heureusement, la direction de l'OCRTIS a compris l'enjeu. Elle prend ses patins et gagne du temps pour nous permettre de retrouver Kao Wang. Nous obtenons un mois de sursis.

En attendant, nous avons fini par dresser la liste de tous les cercles de jeux clandestins que le Cambodgien fréquente à Paris. Et avec Hervé, Michel, Alain et les autres du groupe, nous commençons à planquer la nuit en espérant le voir au sortir d'un de ces établissements. Les résultats sont maigres. Nous finissons généralement

1. Les RGPP, Renseignements généraux de la préfecture de police de Paris, sont devenus la DRPP, la Direction du renseignement de la préfecture de police de Paris.

au petit matin avec des numéros de plaques minéralogiques et quelques photos médiocres que je montre à Maïlé. Elle reconnaît pas mal de gens, mais Kao Wang n'y figure pas. Juste un de ses hommes de main qu'elle appelle « Ah Leung ». Nous avons bien une plaque de voiture le concernant, mais nous n'irons pas loin avec ça. Ce n'est pas sa voiture, mais celle d'un de ses amis, peut-être.

Heureusement, nous avons aussi notre « ligne de fond », le dispositif caféine.

Nous apprenons ainsi que cinquante kilogrammes de ce produit vont être livrés en banlieue parisienne dans une pharmacie de Noisy-le-Grand. Nous assistons à la livraison des deux gros cartons et presque aussitôt après à l'arrivée d'une Golf noire. Deux hommes inconnus au bataillon viennent récupérer la marchandise. Notre filature nous fait prendre la A86 en direction de Paris. Nous passons à côté de la foire du Trône, direction Père-Lachaise et le XX$^{e}$ arrondissement. On continue ensuite vers le XVII$^{e}$ et la gare du Nord. Nous remontons d'abord le boulevard Magenta pour descendre ensuite vers Barbès. Nous atterrissons finalement rue Doudeauville, où nous assistons en direct au déchargement de la marchandise en pleine rue. Les deux occupants de la Volkswagen sont attendus par un troisième homme que nous reconnaissons. C'est le « Ah Leung » des photos, un membre du réseau de Kao Wang. La Golf repart aussitôt, tandis que l'homme rentre avec la caféine dans un petit immeuble. Il y a des guetteurs dans la rue et dans le hall. On ne peut pas rester à vue. Il nous faut éclater tout le dispositif. Nous allons nous positionner en pleine Goutte-d'Or, aux angles de la rue des Poissonniers, de la rue Léon, de la rue des Gardes et du boulevard Barbès. Nous devons nous contenter de quelques passages à pied en attendant l'arrivée du soum qui tarde. Et lorsqu'il finit par arriver, pas moyen de le positionner sur une bonne place. Il est trop loin de notre objectif. La nuit qui arrive n'arrange rien. Il est bien vain de vouloir interpréter les allées et venues de tous ces gens. Il y a par ailleurs un parking d'où des voitures rentrent et sortent et dont les coffres gardent tout leur mystère pour nous. Impossible d'aller plus loin. Il va falloir s'en tenir à des vérifications sur les voitures et les habitants de l'immeuble. En attendant, nous levons le dispositif. Le fil caféine est rompu ! Nous avons échoué. Kao Wang et son réseau semblent à nouveau hors de portée.

Dans la mythologie chinoise, il existe de nombreuses divinités. Le dieu du thé, le dieu du ciel, le dieu du vent, mais il y a aussi un dieu des bouchers, des cordonniers, des prisons et même un dieu de la police ! Celui-ci est appelé Kuan-Ti. Un homme armé d'une lance, un visage fin avec une longue barbe, portant des vêtements vert et rouge et une coiffe traditionnelle. Nous avons une statuette en porcelaine le représentant ainsi. Elle est posée bien en évidence sur le bureau d'Hervé. On ne voit qu'elle quand on y entre, et il faut croire qu'elle veille sur nous…

Nous sommes à la veille du week-end du 15 août lorsqu'une de nos sources les plus fiables nous dit qu'une « charge » doit arriver à Paris, rue de Civry le dimanche même. Nous n'avons pas le temps de bâtir une procédure. Faute de commission rogatoire ou d'enquête de flagrant délit, le plus sage est de prévenir la douane, plus précisément la DNRED[1]. Les services douaniers disposent de pouvoirs que nous n'avons pas. À cette époque, nous nous entendons très bien avec eux…

Ce matin de jour férié, le dispositif mixte police-douane est en place dès 6 heures du matin. Nous découvrons les immeubles cossus de la rue de Civry, située vers la porte Molitor, à deux pas du Parc des Princes et du boulevard Exelmans. Une rue très calme, encore plus à l'heure où nous nous mettons en place.

La matinée est entamée. Certains d'entre nous bâillent ou sont en train de se tasser dans leurs sièges pour finir leur nuit quand une Audi 5 cylindres – voiture puissante et révolutionnaire à l'époque – se présente au début de la rue. Elle attire d'autant plus l'attention que deux Asiatiques sont à bord. Le véhicule trouve une place et deux malabars, dont un au visage grêlé, en descendent. Ils semblent méfiants. Ils ne s'éloignent pas de la berline comme s'ils attendaient quelqu'un. Nous nous trompons. Ils vérifient juste qu'il n'y a rien d'anormal dans la rue. Ils ouvrent le coffre de la voiture et récupèrent une sorte de grosse mallette en cuir comme en ont parfois les commandants de bord des avions. Elle doit être lourde car le « visage grêlé » change plusieurs fois de main en la portant jusqu'à l'entrée d'un immeuble bourgeois. Nous ne connaissons absolument pas cette adresse, ni ces hommes, ni la disposition des lieux. Pas question de planquer des jours et des heures. Les douaniers peuvent les taper en dehors de toute infraction flagrante. Je demande qu'on les « crève ».

1. DNRED : Direction nationale du renseignement et des enquêtes douanières.

Comme pour Long Kong, Richard leur parle immédiatement en cantonais puis en thaïlandais. Il leur demande s'ils habitent là mais les deux hommes demeurent mutiques. Sur les boîtes aux lettres, il n'y a aucun nom à consonance asiatique. Nous trouvons bien une paire de clés sur eux mais il y a beaucoup d'appartements. L'immeuble est grand, il y a même un escalier de service. Je demande alors à une dame rencontrée au hasard dans le couloir, si elle les connaît ou si elle les a déjà rencontrés dans l'immeuble. Non, trois fois non, me répond-elle. Mais, elle ajoute que l'escalier de service conduit à des chambres de bonne, tout là-haut, dans les combles. Et il lui semble qu'un monsieur asiatique y vient de temps à autre.

Avant de monter, il faut déjà ouvrir la mallette. Je redoute cette vérification tant les deux hommes ne laissent paraître aucune inquiétude. Elle s'ouvre facilement, elle n'est pas codée. Nous découvrons alors une quinzaine de kilos d'héroïne pure. On ne s'est donc pas levés de bonne heure un jour férié pour rien !

L'immeuble est maintenant bouclé. Nous empruntons l'escalier de service pour monter jusqu'au dernier étage avec nos deux prisonniers. Avec une clé découverte sur l'un des deux hommes, nous cherchons à présent une porte à ouvrir. Et nous la trouvons assez facilement.

Tout le matériel du petit chimiste est là devant nous dans cette petite chambre. Il n'y a pas de meuble, mais des produits chimiques, plus de soixante kilos de caféine, encore dans leurs paquets Kraft d'origine, avec leurs étiquettes bleu et blanc de la Cooper, le tout soigneusement rangé dans une grosse valise. Il y a aussi huit kilos d'héroïne base pure, des valises vides, une cinquantaine de boulettes d'héroïne confectionnées à partir de préservatifs et de nombreux sachets de cinquante grammes de Brown Sugar, prêts à la vente. Cette fois encore, la prise est importante.

Les deux convoyeurs ont du mal à se mettre à table ! Mais je trouve sur l'un d'eux la carte d'un petit hôtel situé vers la gare du Nord. Une carte toute neuve, pas encore écornée, comme s'il venait tout juste de la mettre dans sa poche. Au fait, d'où viennent-ils ces deux-là ? De cet hôtel ? L'homme comprend que nous allons immédiatement vérifier. Il finit par nous lâcher qu'un passeur est arrivé le matin même de Bangkok et qu'il est dans cet hôtel. C'est lui qui leur a remis la mallette contenant la drogue qui est destinée à Paris et à un certain… Kao Wang. Mais où est-il ? Notre prisonnier ne sait pas, sans doute dans un hôtel du quartier Beaubourg, car c'est là qu'il fixe ses rendez-vous en ce moment, nous dit-il. Sans renseignement plus précis, il va encore nous filer entre les doigts.

Jouant notre va-tout, nous engageons toutes nos forces dans cette bataille et nous tapons tout le monde. Le groupe chinois, mais aussi toute la permanence des Stups et des camarades douaniers participent à l'opération. Nous commençons par l'hôtel de la gare du Nord où nous mettons la main sur le passeur. Il s'appelle Apongpong Petcharabul. Il ne parle pas un mot de français, seulement thaïlandais. Nous allons ensuite chercher tous ceux qui sont liés à la livraison de caféine que nous avons observée, les deux hommes de la Golf, Ah Leung, et certains de ceux qui faisaient le guet dans le hall de l'immeuble de la rue Doudeauville. Nous nous retrouvons avec presque trente personnes en garde à vue mais toujours pas de Kao Wang. Nous sommes sur le point d'être débordés en procédure. Il faut maintenant penser exclusivement « papier », écrire les PV et se résoudre à mettre un terme à notre coup de filet.

Il n'y a bien qu'Hervé pour ne pas baisser les bras. Moi, j'ai lâché, la fatigue sans doute, un certain fatalisme aussi. Lui continue inlassablement à faire la tournée des petits hôtels entre Beaubourg et l'Hôtel de Ville. Je suis engoncé dans ma procédure lorsqu'il m'appelle. Il commence par un « ça va ? » qui m'agace prodigieusement. Je lui demande sur un ton sec de rentrer pour nous aider à la procédure. Il dit alors d'une voix monocorde « Je l'ai ». Je ne comprends pas immédiatement : « Tu as quoi ? » Sentant mon agacement, heureux de son petit effet, il me lâche alors : « J'ai Kao Wang, je viens de l'arrêter. Il était en train de se tirer de son hôtel. » Dingue !

Au total, vingt-six personnes seront présentées à la justice ainsi que les vingt-cinq kilogrammes d'héroïne pure saisis sous forme de pains solides. Il n'y a pas de prime à la clé. Mon chef de groupe, Alain, n'aime pas ces pratiques et ne fait jamais de demande de 2e secteur[1] pour les affaires que nous réalisons. Je suis assez d'accord avec lui : nous sommes déjà payés pour faire ce travail. Il m'en restera quelque chose tout au long de ma carrière. À de nombreuses occasions, je rappellerai à ceux qui s'inquiètent des primes, de leur montant et de la date de leur paiement qu'elles ne sont pas un dû et que nous sommes déjà payés.

L'administration nous félicite quand même. Pas le ministre de l'Intérieur, visiblement surchargé de travail,

1. Le « 2e secteur » est une appellation administrative pour qualifier les primes pour résultats exceptionnels, attribuées à certains enquêteurs dans certaines affaires.

mais le ministre des Affaires sociales et de la Solidarité nationale, Pierre Bérégovoy[1]. L'Intérieur mettra du reste deux longs mois pour nous aviser de l'existence de ce courrier. En revoyant la signature au bas de ce document, je suis toujours ému en repensant à l'histoire de cet homme, lynché publiquement.

C'est fini pour cette fois-ci, mais le dragon a encore du souffle.

Nos enquêtes nous conduisent ensuite sur la piste d'un certain Tak. C'est un professionnel, prudent et très organisé. Ses hommes l'appellent respectueusement « Oncle Tak ». Les membres de son organisation sont muets au téléphone. Ils préfèrent se rencontrer et parler business de vive voix. Plusieurs d'entre eux pratiquent assidûment les arts martiaux. Tout est cloisonné. Un seul membre du groupe est en charge de l'achat et du stockage de la caféine. Les passeurs de l'organisation ne sont jamais les mêmes et ils ignorent tout du réseau proprement dit.

Enfin, pas question que l'héroïne arrive directement de Thaïlande à Roissy-Charles-de-Gaulle ou à Orly ! Les aéroports parisiens sont beaucoup trop surveillés. Les passeurs font donc un grand périple. Pour venir en France, ils passent par le Danemark. Comme ils sont en transit pour la France, leur destination finale étant Nice, les contrôles à Copenhague sont en général une simple formalité. Arrivant du Danemark, pays peu sensible en matière de stupéfiants, les vérifications à Nice deviennent elles aussi moins risquées. Oncle Tak a même un joker dans son jeu, un pilote et un bolide hors pair…

1. Pierre Bérégovoy, ancien Premier ministre de François Mitterrand. Il s'est suicidé le 1er mai 1993 à Nevers (Nièvre).

Nous sommes complètement ignorants de tout cela, presque insouciants. Notre préoccupation du moment est une livraison de quinze kilogrammes de caféine à la pharmacie située dans le drugstore[1] du rond-point des Champs-Élysées. Comme d'habitude, nous avons mis en place un dispositif de surveillance pour voir qui vient chercher le produit. Au bout de deux longues journées interminables, un homme se présente enfin à la pharmacie pour récupérer la marchandise. C'est un Asiatique, grand et costaud, au physique presque menaçant. On ne peut pas le rater, mais étrangement, le dispositif ne l'a pas vu arriver, à croire qu'il est sorti de nulle part. Il paraît méfiant. Il regarde souvent autour de lui. Il ressort enfin du drugstore avec le carton de caféine. Il se dirige à pied vers le rond-point. Il prend aussitôt à droite la rue Jean-Mermoz qu'il remonte en sens inverse de la circulation. Nos voitures doivent manœuvrer pour se repositionner correctement en raison du sens interdit. Elles doivent être prêtes à enquiller une filature, il ne va pas se balader longtemps avec un carton de quinze kilos. Arrivé à l'angle de la rue Jean-Mermoz et de la rue de Ponthieu, il prend encore à droite. Il descend maintenant la rue de Ponthieu en direction de l'avenue Matignon toujours à contresens de la circulation. Il me tarde de voir dans quelle voiture il va monter. Le voilà à présent sur l'avenue Matignon. Il prend encore à droite et marche en direction… du rond-point et de la pharmacie. Il vient de faire le tour complet du pâté de maison !

1. Il y avait à cette époque un drugstore en bas des Champs-Élysées. Ouvert en 1970, il a fermé ses portes en 2002. À l'intérieur, on trouvait un restaurant, une boutique cadeaux, un tabac, une pharmacie, le tout ouvert tous les jours jusque très tard dans la nuit.

Les radios crépitent. Chacun y va de son commentaire, bonjour la discipline radio ! « C'est quoi ce bordel ? » « C'est un coup de vice[1], non ? » « Il ne s'est pas perdu, quand même ? ! » « Tu crois qu'il nous a vus ? » « Il y a quelque chose qui ne va pas ! » Finalement, pas de voiture en vue. L'homme disparaît même soudainement. Heureusement, un équipage croit l'avoir vu s'engouffrer dans une des brasseries de l'avenue. Pas question d'entrer juste derrière lui. C'est peut-être encore une manière de semer d'éventuels poursuivants. Il ne s'agirait pas d'arriver sur ses talons et qu'il soit tranquillement posé pour voir s'il est suivi. Il faut attendre. Vingt minutes passent ainsi avant que je demande à Michel d'aller voir à l'intérieur. Il prend son temps et reste dix minutes sur place à siroter un café. Quand il ressort, il vient directement toquer à la fenêtre de ma Renault. Ses mimiques en chemin me disent que quelque chose ne va pas.

« Tu ne vas pas le croire ! Le type est serveur dans la brasserie ! » Ce n'est pas une bonne nouvelle. Les trafiquants travaillent rarement et j'en conclus hâtivement que nous devons être encore loin du but. Notre objectif ne ressort de la brasserie qu'après 22 heures sans le carton mais avec un gros sac de sport à l'enseigne d'un dojo de karaté. Il monte dans une petite voiture garée rue de Ponthieu. La filature commence. Elle nous conduit en banlieue parisienne jusque dans le Val-de-Marne, à Fontenay-sous-Bois. Après avoir pianoté

1. En filature, faire « un coup de vice » ou « un coup de sécurité », c'est par exemple faire deux fois le tour d'un rond-point, traîner à un feu vert, brûler un feu rouge, faire soudainement un demi-tour sans raison, prendre un sens interdit, le tout en prêtant attention aux voitures qui sont autour afin de détecter une éventuelle filature.

sur un digicode, il entre dans un petit immeuble. Une lumière s'allume au troisième étage. C'est là que le serveur-dealer semble avoir élu domicile. Nous parvenons à l'identifier : il s'appelle Ma Chi Sing. C'est un champion de karaté. Il fait des extras dans cette brasserie parisienne toute proche de la pharmacie. Les filatures et les surveillances ne vont plus cesser. Pendant de longues semaines, nous passons tout notre temps dans les voitures à planquer et à le suivre dans Paris. Il nous conduit à d'autres hommes que nous identifions les uns après les autres. Nous en dénombrons neuf qui paraissent liés et semblent constituer un réseau. Un certain Lau Kan Tak, un homme d'un certain âge qui a le profil d'un paisible retraité, à l'air de fédérer tout ce petit monde.

Mais nos surveillances doublées d'écoutes téléphoniques sont vaines. Ni arrivée d'héroïne ni laboratoire en vue ! Je fais personnellement l'amer constat que depuis l'épisode de la caféine, plus rien ne bouge vraiment. Je prends conscience que ce que nous observons n'est que le va-et-vient de leurs quotidiens : métro, boulot, dojo ! Nous commençons à nous épuiser et à douter sérieusement. J'apprendrai plus tard que nous avons été balancés. Un des hommes que nous surveillions a été avisé par son employeur que la police se renseignait sur lui. Nous avons été trop confiants en faisant une vérification. Je m'en veux. Cette imprudence nous coûte cher. Oncle Tak a aussitôt mis tout son réseau en sommeil et trois longs mois vont s'écouler ainsi.

Les affaires ne reprennent que début décembre. Les échanges téléphoniques avec Hong Kong s'intensifient et les membres du réseau recommencent à se voir régulièrement. Sur le terrain, je ressens confusément qu'il se prépare quelque chose, mais quoi ?

Le 20 décembre, les choses s'accélèrent. Un membre du réseau, Huynh Lap, fait une réservation dans un hôtel situé à Nice, dans le quartier Masséna, pour deux personnes. Les noms qu'il donne ne correspondent à aucun de ceux que nous connaissons. Impossible de savoir si cet appel est lié au trafic. La drogue va-t-elle arriver sur la baie des Anges ? Noël tout proche, il n'est pas non plus impossible que des amis de cet homme viennent simplement passer les fêtes de fin d'année dans le sud de la France.

Doit-on vraiment envoyer une équipe à Nice ? À Paris, nous hésitons. Le non-dit de ces tergiversations est que Noël est tout proche ! Chacun d'entre nous voudrait bien, pour une fois, pouvoir passer les fêtes en famille. Comme le dit un adage populaire : « On sait quand on part, on ne sait quand on rentre. » Fichu métier.

Finalement, deux véhicules et leurs équipages quittent nuitamment Paris en direction de Nice. Je suis à bord de l'un d'eux. Nous sommes partis un peu tard car nous avons voulu limiter les inconvénients en passant une soirée « normale ». Nous partons donc à l'heure où tout le monde est au lit depuis longtemps. La route se fera de nuit. Il faut dire que c'est encore une époque bénie où les limitations de vitesse n'ont pas d'effet sur nous. Le service central des automobiles du ministère nous a prêté deux véhicules rapides une BMW 528i et une CX GTI. Que du bonheur ! Nous ne roulons pas vite, nous volons bas ! Je suis dans la CX conduite par Jean-Pierre Taraud qui appartient au groupe French. Physique impressionnant à la Schwarzenegger, le cheveu très court, c'est un excellent pilote. Je suis en confiance. Je dors pendant tout le trajet ou presque. Au matin, tandis que nous arrivons à l'entrée de Nice, Jean-Pierre me regarde comme un extraterrestre et me lance : « T'es incroyable ! C'est la première fois que je vois quelqu'un dormir si tranquillement pendant que je bombarde à plus de 190 kilomètres heure ! »

Je n'ai pas le temps de lui répondre que la radio, restée muette toute la nuit, se met à crépiter. Le premier équipage a déjà un visuel sur l'objectif et il fait une annonce inquiétante :

« Il y a une voiture blanche qui vient juste de se tirer de devant l'hôtel, juste quand j'arrivais !

– Comment elle est ta voiture ?

– Je crois que c'est une Opel.

– Tu as vu le conducteur, c'est un Asiatique ?

– Non, je ne peux pas dire. Mais c'est un mec tout seul.

– Tu penses quoi ?

– Qu'il était très pressé !

– Tu as vu l'imat' ?

– Non, mais c'est du 92, région parisienne… »

Un doute m'effleure. Il ne s'agirait pas qu'ils aient déjà récupéré la came et qu'on reste à attendre ici comme des imbéciles. Personne ne peut descendre de Paris aussi vite que nous venons de le faire, mais « ils » peuvent être partis plus tôt… Mais je me rassure vite : je ne crois pas qu'une fois récupérée la marchandise, ils empruntent aussitôt le chemin de retour. Je fais faire la vérification à la réception de l'hôtel. Deux Chinois sont bien arrivés ce matin de bonne heure quasiment en même temps que nous. Ils sont dans leur chambre. Leurs noms correspondent à ceux que nous avons entendus. Il va falloir s'organiser pour la planque qui peut durer.

À Paris, au quatrième étage du 127, rue du Faubourg-Saint-Honoré, Alain, mon chef de groupe, a déjà pris ses quartiers. Comme à son habitude, il est arrivé extrêmement tôt au bureau. Il a demandé à Monique d'être là également pour faire du « direct » sur les téléphones placés sous surveillance. Et là, tout d'un coup, ce n'est plus du tout la même musique ! Un homme a appelé Tak de très bonne heure. Il lui dit qu'il est sur le chemin du retour et il se plaint : « Il y a en a un qui a une tête de boucher ! Tu verrais ! Ce n'est pas possible qu'ils choisissent des gens comme ça ! »

Alain est inquiet. Quand il est comme ça, il se met à jouer bruyamment avec ses clés et il tire nerveusement sur sa cigarette. « Cling-cling, puf-puf » est aussi un de ses surnoms. S'il agace ses voisins, ce TOC l'aide à penser et il pense bien ! Il est bien le seul à cet instant à en déduire que l'individu qui parle à Tak a vu les deux passeurs à Nice et qu'il est sur le chemin du retour vers Paris avec la came. Sans doute, la fameuse Opel entraperçue à Masséna. Sa décision est vite prise. Tous ceux qui sont restés à Paris sont réquisitionnés pour aller planquer sur tous les points de chute connus de l'équipe ! Il faut guetter l'arrivée éventuelle d'une voiture. Beaucoup de collègues ne comprennent pas sa décision et cette hâte qui ne repose que sur une impression. Neuf heures plus tard un des points d'observation signale l'arrivée d'une Opel Manta 300 GT, noir et blanc, un bolide capable d'atteindre les 220 kilomètres heure L'as du volant arrive tout juste de Nice et amène avec lui dix kilogrammes d'héroïne pure. Il a fait ce que je pensais irréalisable, un aller-retour Paris-Nice d'une seule traite et à grande vitesse. Alain avait raison ! C'est le signal pour déclencher une vaste opération qui aboutit à l'arrestation de tous les protagonistes, y compris nos deux « Danois » de Nice.

Il nous faut maintenant remonter le plus vite possible à Paris. Pour moi, la situation est différente. L'administration me fait remonter en avion. Non, pas parce que c'est la veille de Noël et que je suis théoriquement en congés le soir même, mais parce que je connais l'intégralité du dossier et je dois me coltiner la procédure pendant les quatre jours de garde à vue à venir. Tout le groupe chinois, renforcé par la permanence, va être ainsi sur le pont pendant les fêtes. Pas d'huîtres ni de foie gras, mais cette fois les « féloches »[1] du ministre de l'Intérieur. Oncle Tak sera lourdement condamné. Sa peine purgée, il sera expulsé vers Hong Kong.

Avec le temps, je constate que le nombre de livraisons de caféine s'amenuise sans cesse. Lorsque, ô surprise, il en survient une, le produit reste des mois dans des lieux de stockage sans intérêt, comme dans un sas de décontamination. Les trafiquants ont compris d'où vient la peste ! Ils ont compris ce qui nous a conduits jusqu'à eux. La caféine commence à faire l'objet d'un trafic distinct. Les réseaux préfèrent désormais en importer en particulier d'Allemagne. Notre filon s'est tari. Nous sommes à la recherche d'une idée nouvelle. Richard l'Américain pense la même chose. Il agit à sa façon. Il m'apprend qu'il a passé une petite annonce rédigée en mandarin dans un journal asiatique de la capitale. Il propose à toute personne qui souhaite donner des informations sur le crime organisé

1. Pour « félicitations ».

de l'appeler. Personne ne l'appellera jamais. Évidemment. Sur le moment, je lui en veux un peu de nous mettre devant le fait accompli et d'avoir joué en solo. Cette attitude me rappelle le film *French Connection* où Gene Hackman, alias Popeye, fait l'enquête quasiment tout seul, réduisant les Français, beaucoup moins dynamiques, aux seconds rôles. Mais, d'un autre côté, il cherche à bien faire et son apport dans le groupe est déterminant.

Ma toute dernière affaire au sein du groupe chinois sera très internationale et digne des aventures de Tintin dans *Le Crabe aux pinces d'or*. Elle aboutira à une saisie record dans le port d'Anvers…

Après l'assassinat du prince de Broglie[1] en 1976, le prestigieux restaurant parisien La Reine Pédauque, situé rue de la Pépinière, à deux pas de la gare Saint-Lazare, clôt définitivement ses portes. Après plusieurs années de fermeture, l'établissement change de propriétaire et d'enseigne pour devenir un temple de la gastronomie chinoise, Le China Town. Or, c'est justement là que se rend fréquemment un commerçant asiatique dont des indics nous disent qu'il appartient à un grand réseau de trafiquants thaïlandais. Il s'appelle Quach Thien, il est propriétaire de plusieurs restaurants à Paris et en banlieue. En apparence, rien ne le relie à un quelconque trafic. Il consacre presque tout son temps et son énergie à la gestion de ses commerces. Il est bien rare de voir des trafiquants travailler autant que lui.

1. L'assassinat du prince de Broglie, le 24 décembre 1976, est une des plus grandes affaires criminelles de la V^e^ République. Un investissement dans le restaurant La Reine Pédauque, situé rue de la Pépinière à Paris, pourrait avoir été un des mobiles du meurtre.

Il a pourtant un point faible. Il aime jouer et rien n'échappe à Maïlé. Elle a fait le constat que l'homme avait de grosses et soudaines rentrées d'argent. Elle cherche à savoir. Elle le flatte. Il fait le mystérieux. Elle l'interroge finalement sur sa fortune. Il fait l'important et lui lâche qu'il fallait savoir prendre des risques :

« Au jeu ? demande la fausse ingénue.

– Non. Je travaille avec des Thaïlandais, des gens importants.

– J'aimerais bien moi aussi !

– Trop dangereux, tu finirais en prison », dit-il sur le ton de la plaisanterie.

Elle comprend tout de suite qu'il s'agit de trafic. L'enquête commence, mais elle commence mal. L'homme importe toutes sortes de produits d'Asie qu'il écoule ensuite dans des établissements de la région parisienne. Nos traducteurs ont immédiatement mesuré la difficulté. Comment allons-nous détecter ce qui nous intéresse parmi tout ce flux de marchandises ? D'autant que Thien s'avère très rusé. Le jour même où les écoutes téléphoniques sont enclenchées, nous apprenons qu'il s'inquiète pour un conteneur de produits surgelés en provenance de Thaïlande. Les conversations avec son fournisseur sont brèves et relativement sibyllines. Il est question d'aller vite, de fret aérien, et du mercredi de la semaine suivante. Et puis, arrive la phrase qui nous fait bondir : « Quand tu envoies les crevettes, tu mets des étoiles de mer dedans ! »

Nous envisageons dès lors assez logiquement que l'héroïne puisse être dissimulée dans les surgelés et nous demandons un contrôle douanier à l'arrivée du conteneur. Le contrôle s'avère négatif. Sans compter qu'il coûte à l'administration beaucoup d'argent. La société du Cambodgien refuse de récupérer son fret, en l'occurrence des crevettes, sous prétexte qu'il a été souillé. La douane apprécie modérément. Je suis dans mes petits souliers. Il n'est désormais plus question de taper sans être sûrs. Le patron de la répression des stupéfiants, qui s'est entretenu au téléphone avec son homologue des enquêtes douanières, est sans équivoque à ce sujet. Saisir de la drogue oui, dépenser l'argent du contribuable pour rien, non ! Nous voilà avertis. Nous n'avons plus le droit à l'erreur. Cet épisode nous confirme ce que nous savions déjà : Quach Thien n'est pas un perdreau de l'année. Soupçonnant sans doute qu'il est placé sur écoute, il nous a aiguillés vers une fausse piste pour en être totalement certain.

De longs mois passent et les livraisons de marchandises en provenance d'Asie défilent sous nos yeux, du fret aérien aux aéroports parisiens, comme du fret maritime par le port du Havre. Faute de certitude, nous nous abstenons de toute intervention. À deux reprises pourtant, Maïlé nous prévient que son client a de nouveau beaucoup d'argent, mais nous n'avons rien vu, rien détecté.

C'est alors qu'un nouveau personnage fait son apparition dans le casting. Il s'appelle Hemilrat Hiransaroj. Trop long et compliqué à dire, nous le baptisons aussitôt « le Gros » à cause de sa corpulence. Bien habillé, on pourrait même dire élégant, il porte de petites lunettes rondes qui lui donnent un air très sérieux. Place Saint-Augustin, dans le Paris chic, nous interceptons le taxi qui vient tout juste de le déposer rue de la Pépinière. Le chauffeur nous déclare qu'il a chargé son client à l'aéroport de Roissy et qu'il a cru comprendre qu'il arrivait de Bangkok. Il ne nous échappe pas que le

Gros est traité avec attention. Une voiture est mise à sa disposition, on le sort le soir, il fait les bons restaurants et des filles viennent souvent à sa table. Ce doit être quelqu'un d'important. Nous n'allons plus le lâcher.

Une demande de renseignement est alors adressée à l'antenne OCRTIS de Bangkok[1]. Les informations qui nous arrivent en retour sont très intéressantes. Le Gros est un homme d'affaires spécialisé dans l'import-export, surtout l'export, comme dirait Hervé ! Il est parti de Thaïlande avec deux autres businessmen, Took Sae Tang et Kiro Kanchkanasakul. Nous n'avons donc pas affaire à de simples passeurs ou à des revendeurs, mais plutôt à des « cadres commerciaux ». Mais nous ne savons pas, pour autant, quel est l'objet de son déplacement à Paris. Nous en avons bien évidemment une petite idée, d'autant que la DEA, qui prend contact avec moi, pointe du doigt la relation de ces hommes avec une figure de la criminalité thaïlandaise, un certain Kin Tiu, de son vrai nom Denchabanchachaï. Un homme puissant et riche qui règne sur de nombreux établissements de nuit à Bangkok et très présent dans le milieu de la boxe thaï et des paris sportifs. On lui prête aussi des liens solides avec les producteurs d'opiacés birmans. Des photos nous sont transmises. Pas de doute possible, c'est bien notre Gros !

Les filatures sur Quach Thien nous conduisent plusieurs fois au Havre où il est en contact avec d'autres Asiatiques et des transitaires sous douane. À chacun de ses retours, il passe beaucoup de temps à parler avec le

1. À cette époque, l'OCRTIS dispose d'antennes à l'étranger dont une à Bangkok. Le service a ainsi ses propres officiers de liaison, de véritables spécialistes de la lutte contre le trafic international, constamment en lien avec la centrale. Ce n'est plus le cas aujourd'hui.

Gros, comme s'il le tenait informé de ses démarches. Le port du Havre et ses bateaux, tout cela sent bon, mais il ne se passe rien. Le Gros dort dans un hôtel chic tout près de la tour Eiffel. Il passe beaucoup de temps au téléphone. Il appelle souvent la Thaïlande, l'Allemagne et la Belgique. Nous sommes toujours dans le brouillard.

Et puis, un matin de très bonne heure, après avoir payé sa note en cash, le Gros quitte l'hôtel. Un homme l'attend au volant d'une Mercedes immatriculée en Belgique. Le Gros met sa valise dans le coffre et les voilà partis. Rien aux écoutes ne nous indiquait qu'il allait bouger, mais notre « sonnette », un enquêteur qui a planqué toute la nuit dans une vieille Renault 4 fourgonnette, a pu donner l'alarme. Il faut dire qu'à cette époque, il n'y a pas de balise tracking par GPS : tout se fait encore « à la sueur ». Notre homme reste derrière eux, le temps que nous prenions sa suite. La Mercedes a pris les quais de Seine jusqu'à la porte de Saint-Cloud. Elle enquille sur le périphérique intérieur. Arrivée à la porte de la Chapelle, elle prend la bretelle en direction de l'autoroute A1, direction Lille. Je suis en voiture avec Hervé sur le périphérique à hauteur de la porte d'Italie. Nous devons mettre le deux-tons pour les rattraper car la circulation est trop dense. Nous roulons ainsi jusqu'à atteindre à notre tour la bretelle de l'A1. Ils sont un peu plus loin devant nous. La jonction est faite avec la 4L de planque juste avant le péage de Senlis. Philippe qui la conduit est soulagé de nous voir. Il redoutait l'épreuve de l'autoroute. Sa voiture est en attente de réforme, elle a cent quarante mille kilomètres au compteur et consomme presque autant d'huile que d'essence ! Un autre véhicule nous rejoint bientôt, la

Peugeot de Guy et Michel. La filature est facile, la Mercedes roule très paisiblement. Heureusement car la route va être plus longue qu'on ne l'imaginait. Notre périple va nous mener au-delà de la frontière française jusqu'à Anvers, en Belgique. Le Gros a rendez-vous dans un appartement du centre-ville où l'attendent déjà ses deux amis qu'on pensait à tort toujours en Allemagne. Les trois hommes d'affaires thaïlandais sont donc à nouveau réunis.

C'est en annonçant notre déplacement pour cause de filature aux autorités belges que nous apprenons que la gendarmerie, qui dans ce pays assure les mêmes missions que l'OCRTIS en France, s'intéresse déjà aux deux « Allemands ». Un trafiquant chinois de Bruxelles a fait le déplacement pour leur rendre visite. Il a amené la peste avec lui…

Les services belges organisent désormais les surveillances sur le terrain. Nous voilà bientôt confinés dans une caserne de gendarmerie à suivre à la radio le déroulé des surveillances. Une situation des plus insupportables : la traque par procuration. L'organisation belge est cependant remarquable. Un véritable PC a été mis en place avec des liaisons radio et téléphones. Il y a même un renvoi des quelques caméras déployées sur le terrain. Une salle de repos avec des lits de camp et des couvertures militaires est attenante au poste de commandement. Notre hébergement est ainsi assuré dans des conditions somme toute assez confortables. Il nous est si souvent arrivé de passer des nuits cassés dans la voiture que nous apprécions de pouvoir nous allonger et d'avoir accès à une douche ! Nous pouvons également manger sur place, au mess de la gendarmerie. Le responsable de la restauration nous rappelle cependant que l'accès est réservé aux seuls militaires ! Il nous questionne donc pour savoir si nous avons un statut militaire ou si nous sommes réservistes ! Heureusement, le chef des opérations est le lieutenant major Paul Van Thielen, l'adjoint du colonel Hermann Lyuten, chef des stups de la gendarmerie royale, avec lequel Alain Berthe a pris contact pour faciliter notre mission. Dès qu'il a connaissance de la difficulté, cet officier anéantit toutes ces conneries bureaucratiques en faisant péter ses galons. Je n'oublierai jamais le menu de notre premier dîner dans cette grande salle de réfectoire. C'était boudin aux pommes…

Je m'empresse de remercier Van Thielen. Cherchant à être poli et sympa, je le félicite pour son français impeccable : « Pour un Flamand, vous maîtrisez parfaitement la langue de Molière ! » Le lieutenant-major est froissé. D'un ton assez sec, il me rétorque : « C'est ma langue maternelle ! » Ça commence mal.

La volonté de réussir l'affaire et, dans une moindre mesure, mes excuses nous permettront de surpasser aisément le malentendu. Paul deviendra même un ami. J'aurai l'occasion de retravailler avec lui sur une affaire extraordinaire, l'enlèvement de l'ancien premier ministre belge, Paul Vanden Boeynants (voir, *supra*, « Une folle histoire belge »). La justice belge me convoquera pour témoigner le jour du procès et me félicitera pour le travail accompli, ce qui n'arrive jamais en France.

Clin d'œil du destin, Paul, le gendarme, finira sa carrière comme directeur général de la police après la fusion entre la gendarmerie et la police de son pays !

Sur place, nous sommes donc quatre du groupe chinois : Hervé, Guy, Michel et moi. La technocratie parisienne se rappelle très tôt à notre bon souvenir en nous faisant savoir qu'il n'est pas question de payer des nuitées, car nous n'avons pas fait préalablement établir d'ordre de mission. La gestion me prévient qu'il nous faut ramener toutes les factures pour espérer être remboursé de quelque chose. On nous presse également de dire combien de temps tout cela va durer, bref, il ne faut pas qu'on coûte cher ! La tension ne retombe pas vraiment, même quand je dis que nous sommes logés gratuitement à la caserne et que nous mangeons au mess… Il faudra toute l'autorité d'Alain Berthe pour faire cesser ce harcèlement bureaucratique. Finalement, nous allons passer ainsi cinq jours dans un monde clos, allant et venant de la salle de repos à la salle de commandement en passant par le réfectoire.

L'organisation des Belges continue de m'impressionner. Les Thaïlandais sont sous surveillance vingt-quatre heures sur vingt-quatre. Tous les matins, tous les midis et tous les soirs, à 6 heures, 14 heures et 22 heures, c'est un ballet bien réglé. Des Range Rover emmènent l'équipe de relève et ramènent ceux qui étaient jusqu'alors de garde. Ceux qui partent en planque passent d'abord par la caserne et reçoivent des consignes ; ceux qui rentrent de surveillance ne repartent pas chez eux avant un débriefing. Ils sont à des années-lumière de notre organisation franchouillarde, faite de débrouillardise sous-tendue par la passion.

Au deuxième jour, on commence à y voir plus clair. Le Gros et ses amis se rendent sur le port. Ils prennent contact avec la capitainerie qui les oriente vers un transitaire sous douane. Nous croyons comprendre qu'ils cherchent un conteneur et que la marchandise n'est pas encore arrivée ou qu'ils n'arrivent pas à la récupérer. Quach lui aussi prend régulièrement des nouvelles auprès du Gros et attend un feu vert pour venir lui aussi à Anvers.

Le lendemain, un colonel thaïlandais et un agent spécial de la DEA nous rejoignent à Anvers. Ils sont très sympas, mais il n'est pas question pour eux de dormir à la caserne ! L'Américain croit bon de nous gratifier de temps en temps d'un carton de bières pour nous encourager. Il nous explique que ce dossier est pris très au sérieux par son agence. Il me confie qu'ils ont organisé la venue du colonel de police thaïlandais pour préparer « le coup d'après ». Après les arrestations en Europe, ils veulent enquêter sur les « boss » en Thaïlande. Ces Américains m'épatent toujours. Je ne peux pas m'empêcher de penser qu'ils mettent la charrue avant les bœufs : nous n'avons encore arrêté personne ni réalisé aucune saisie ! C'est aussi faire fi de notre propre enquête, des éventuelles commissions rogatoires internationales qui nous seront délivrées. D'un autre côté, il faut admettre qu'ils sont beaucoup moins lents que nous, notamment en raison du moindre formalisme de leur procédure pénale, et qu'ils sont plus capables que nous d'aller jusqu'au bout des choses avec leurs moyens quasi illimités[1].

Nos suspects, eux, continuent d'aller et venir au port. De leur côté, les Belges ont appris qu'un seul bateau en provenance d'Asie s'est annoncé. C'est un cargo, l'*Anchan*, qui arrive tout droit de Bangkok… Il est

1. La DEA dispose d'agents spéciaux (*special agents*) dans tous les pays concernés par les trafics de stupéfiants, qui peuvent notamment prêter aux services enquêteurs qui n'en disposent pas des équipements ultra-modernes de surveillance et de filature. Les tuyaux émanant des indics de l'agence sont communiqués aux services nationaux de nombreux pays pour exploitation.

programmé pour aller au quai n° 24. La surveillance s'étend aussitôt à cet endroit

Le quatrième jour, le cargo a accosté. Il transporte des produits manufacturés qui sont déchargés toute la journée sous nos yeux, puis stockés en zone sous douane. La surveillance s'étend aussitôt sur ce nouvel entrepôt. À cet instant, nous pensons qu'il est peu probable que les choses bougent avant un ou deux jours, au moins le temps des formalités douanières. Mais le soir même, alors que les entrepôts commerciaux sont fermés, le dispositif de surveillance à l'entrée du port annonce l'arrivée d'une voiture. Pas vraiment un véhicule commercial : c'est une berline Mercedes. Elle ne prend pas le chemin des bureaux de la capitainerie ni celui des entrepôts. Elle va directement vers les quais. Nous sommes tous dans la salle de commandement à suivre en direct le déroulement des opérations lorsqu'un enquêteur en planque sur le quai 24 intervient à son tour à la radio pour annoncer qu'un marin porteur d'un sac de voyage de l'*Anchan* descend à terre. Son second message annonce qu'il se dirige vers le bout du quai justement où la voiture stationne. Quand il arrive à la hauteur du véhicule, le conducteur en sort. C'est une femme élégante, une Asiatique. Ils échangent à peine deux mots, elle ouvre la malle arrière et le marin dépose son sac avant de retourner paisiblement au bateau. Il est loin d'avoir atteint la passerelle que la voiture est déjà repartie. Paul s'inquiète alors de savoir ce qui se passe avec les Thaïlandais sous surveillance en ville. « Rien, absolument rien, lui répond par radio l'officier responsable de la surveillance. Les Thaïs sont à leur domicile et ils n'ont pas bougé. »

A-t-on assisté à la transaction de came que nous attendions tous ? Impossible de le savoir en l'état. Paul ne veut pas prendre le risque de perdre le sac qui vient de changer de main. Il ordonne alors le contrôle du véhicule à la sortie du port. L'intervention paraît facile. Il s'agit d'intercepter une femme en talons, au volant d'une voiture bourgeoise qui circule paisiblement. Mais rien ne se passe comme prévu. La Mercedes force le passage en rabotant le nez du véhicule qui prétendait benoîtement lui barrer le chemin à la sortie du port. Il y a de la tôle froissée de part et d'autre. Et une course-poursuite s'engage à vive allure jusqu'en ville où la voiture est enfin interceptée avec le concours d'unités en tenue appelées en renfort. Pendant qu'on fouille son véhicule, la conductrice ne dit pas un mot. On extrait rapidement le sac du coffre et on y découvre à l'intérieur dix-sept kilogrammes d'héroïne pure, de quoi faire cent cinquante à deux cents kilos de Brown Sugar, une fortune ! L'identité de la conductrice qui garde résolument le silence est établie grâce à ses papiers d'identité et à la plaque minéralogique du véhicule. C'est la femme d'un restaurateur d'Anvers, un certain Wiu Ming.

À l'énoncé de ce nom, je percute que je connais cet homme et peut-être même la dame en question. Nous les avons arrêtés il y a quelques mois à Paris ! Nous avions eu un renseignement selon lequel un trafiquant venait depuis quelques jours dans un restaurant asiatique du XV^e^ arrondissement. Notre informateur nous l'avait décrit comme un homme très mince portant une fine moustache, plutôt bien habillé, et avec une gourmette en or assez visible. L'établissement était très récent et encore peu fréquenté. Les grandes baies vitrées permettaient de voir l'intérieur depuis la rue. La surveillance était donc très commode. Il n'y avait que deux clients et la patronne derrière son bar. Les deux hommes étaient en grande conversation. L'un d'eux était massif avec un gros visage tout rond. L'autre, très élégant, portait une fine moustache… Nous les avions donc suivis quand ils étaient sortis et ils nous avaient conduits, très tranquillement, à pied, vers un hôtel tout proche. « Fine moustache » était rentré à l'intérieur et revenu avec un sac plastique quelconque, tout droit sorti d'un supermarché, qu'il avait aussitôt remis à son convive. Puis il était retourné à son hôtel tandis que « Gros visage » était reparti à pied en direction de la station Convention avec son sac. Nous étions convaincus d'avoir assisté à une remise de came et, avant même que l'inconnu ne s'engouffre dans les couloirs du métro, nous l'avions interpellé pensant ainsi faire un flagrant délit.

Dans le sac, il n'y avait qu'une modeste boîte à chaussures en carton entourée d'un large élastique. Elle ne contenait pas de came, mais 400 000 florins en coupures usagées. Nous avions assisté à une remise d'argent et pas d'héroïne ! L'homme arrêté avec l'argent s'avère être un Thaïlandais. Selon ses dires, il est en vacances à Paris où il est hébergé par un couple d'amis qui demeure dans le XIII^e^. Les auditions et la visite domiciliaire confirment en tout point ses dires. Il n'y a apparemment aucun lien avec un trafic de drogue. La remise d'argent correspondrait à un remboursement d'avances faites à des commerçants néerlandais. Ce que confirme bien évidemment le couple de commerçants belges interpellé à l'hôtel : M. et Mme Wiu.

Pendant que je raconte cet épisode à Paul et aux autres, le matelot de l'*Anchan* a été arrêté. Opération plus facile qu'il n'y paraissait : il y a très peu d'hommes d'équipage à bord de ces géants des mers et le nôtre n'a pas eu le temps de se changer. Il est donc facilement reconnu. Il admet les faits, mais minimise son rôle. Il ne savait pas ce que contenait le sac. Il a juste rendu service à un ami marin dont il ignore le nom et qui serait actuellement sur un autre cargo du côté de la Chine.

Nous attendons beaucoup des perquisitions qui commencent à bord du bateau et dans le restaurant-appartement du couple. Nous espérons enfin trouver le lien avec nos Thaïlandais et peut-être même encore de la drogue. L'affaire semble connaître une étape décisive avec cette saisie. Nous nous félicitons. Nous avons tous hâte de voir la marchandise. On se réunit dans la salle de commandement. On discute beaucoup, on fume, on boit encore du café… Mais avec le temps qui passe le doute s'installe insidieusement. Le lien avec nos Thaïlandais tarde vraiment. Est-ce bien ce que nous attendions ? Toute cette organisation de trafic pour dix-sept kilogrammes ? Et s'il s'agissait d'une saisie due au hasard, uniquement parce que le port était surveillé en permanence ? Nous pensons tous à peu près la même chose : tout cela n'a peut-être rien à voir avec « notre » affaire. Après quatre heures d'euphorie, les surveillances reprennent plus sérieusement que jamais. Les vérifications sur les arrivées de bateaux s'intensifient quitte à prendre des risques quant à la discrétion. Les nouvelles ne sont pas bonnes. Aucun autre bateau n'est attendu en provenance d'Asie dans les jours qui viennent. Mais un porte-conteneurs, le

*China Containers* serait arrivé à Anvers quelques jours plus tôt, après avoir fait escale au Havre et Hambourg. Les surveillances quai 24 se poursuivent donc sur les deux entrepôts et en centre-ville.

Au matin, du cinquième jour, les cadres thaïlandais se rendent chez un transitaire sous douane en périphérie du port. Ils ont tous les papiers exigés par celui-ci pour qu'il libère leur marchandise, une palette de fruits au sirop. Ils paient les taxes en liquide. Ils exigent ensuite de voir leur palette. « Ils ont examiné les cartons comme si ce n'était pas tous les mêmes ! » dira plus tard le transitaire. Ils annoncent alors qu'ils ne peuvent pas prendre toute la marchandise avec eux, seulement huit cartons. Un employé viendra chercher le reste dans la journée. Le même jour, en fin d'après-midi, une fourgonnette immatriculée en France arrive à Anvers et se gare à proximité de l'immeuble où logent les Thaïlandais. L'homme qui en descend se rend directement à l'appartement sous surveillance. Je téléphone aussitôt à Paris pour obtenir l'identification du numéro d'immatriculation et on m'apprend qu'il s'agit d'un véhicule d'une société appartenant au China Town, le restaurant qui a succédé à La Reine Pédauque. Tout ce petit monde se retrouve bientôt dans l'appartement.

C'est le moment d'intervenir. Les quatre hommes sont surpris en pleine activité. L'appartement est sommairement meublé. Ce n'est pas le grand confort. Des cartons posés çà et là, à même le sol, ajoutent à l'impression de grand désordre. Ils portent la mention « *product of Thailand* » et « lot 123 ». Ils contiennent des boîtes de conserve dont l'étiquette jaune indique en thaïlandais qu'il s'agit de ramboutans, une sorte de litchi. De nombreuses boîtes ont déjà été sorties de leurs cartons et sont posées sur une table. Elles ont été ouvertes à l'aide d'un simple ouvre-boîte. Des petits pains blancs de la taille d'une plaquette de beurre et enrobés d'un film plastique en ont été extraits. Ils sont entassés sur un petit meuble. Il s'agit d'héroïne pure. Outre la drogue, chaque boîte contient une petite tare, ronde s'adaptant parfaitement au diamètre de la boîte de conserve, pour permettre d'atteindre exactement le poids de quatre cents grammes, comme indiqué. Au total, nous allons récupérer cinquante-quatre kilogrammes d'héroïne pure, de quoi faire des centaines de kilos à la revente. Quatorze trafiquants seront arrêtés, dont le Gros et Quach. La palette de ramboutans était dans un conteneur de vrac acheminé par le *China Containers* et le déchargement avait pris quelques jours.

Les développements de l'enquête donnent le tournis… Les trafiquants possèdent une véritable usine de conserve en Thaïlande. Tous les jours, de nombreux ouvriers s'emploient ainsi à préparer des fruits au sirop et à les mettre en conserve mais, la nuit venue, bien après leur départ, les locaux sont investis par une équipe spéciale pour une activité plus confidentielle et plus lucrative : substituer la came aux fruits. L'arrestation d'un des complices de Quach à Paris nous réserve une autre surprise. Dans un attaché-case en cuir – c'était très tendance à l'époque –, nous découvrons un album de photos de planques et de filatures faites sur des collègues policiers de Hong Kong, ainsi que des coupures de presse sur des saisies d'héroïne en Europe. Visiblement, il n'y a pas que nous qui enquêtons ! Nous trouvons aussi les coordonnées bancaires d'une dizaine de comptes dans le monde, avec sur chacun des sommes colossales : un élément qui intéresse au plus haut point notre collègue de la DEA. Pendant ce temps, à Paris, le China Town ferme définitivement ses portes, comme La Reine Pédauque en son temps.

En cinq ans, de 1980 à 1985, le groupe chinois de l'Office central des stupéfiants, avec ses huit membres, Alain, Hervé, Philippe, Michel, Guy, Richard de la DEA, Monique la thésarde et moi-même, et le soutien aussi des commissaires et des collègues de l'office, nous avons saisi en France environ quatre-vingts kilogrammes d'héroïne pure, deux cents kilos de caféine, plus de 2 millions de francs. Nous avons arrêté cent soixante-quatorze personnes dont la plupart ont été poursuivies et condamnées pour trafic international de stupéfiants à des peines allant jusqu'à dix-huit ans d'emprisonnement pour les chefs de réseau. C'est beaucoup pour une si petite équipe, mais c'est une goutte d'eau dans l'océan du trafic d'héroïne dans le monde. Les tentatives d'installation des triades sur Paris ont cependant été mises en échec pour plusieurs années, en grande partie grâce à l'OCRTIS et à la BSP.

Durant ces années, j'ai découvert un autre monde et n'ai eu de cesse de mieux connaître les pays d'Asie, leur civilisation et leur histoire. En y repensant, je prends conscience de n'avoir jamais entendu aucun de mes camarades manifester le moindre sentiment raciste ou xénophobe à l'égard de cette communauté. C'était vraiment une autre époque.

# Des tontons et des cousins

C'est le Sentier chinois, le Rungis de la fringue très bon marché. À deux pas de Paris, juste de l'autre côté du périphérique nord, se niche, sur la commune d'Aubervilliers, une vaste zone d'entrepôts aux enseignes bigarrées.

Ce matin de juin 2015, la clientèle n'est pas encore arrivée que les services de police de la préfecture de police déboulent pour une perquisition, taille XXL. Plus d'une centaine d'enquêteurs sont mobilisés autour de la Brigade de recherches et d'investigations financières, la BRIF. La cible : une quinzaine d'établissements commerciaux. Une dizaine de personnes sont arrêtées et de l'argent, beaucoup d'argent, près d'un demi-million d'euros, est découvert, dont une partie était planquée dans des mannequins…

L'opération « Fièvre jaune » connaît là un de ces épisodes majeurs. Depuis plusieurs mois, les enquêteurs de la BRIF surveillent ces magasins, écoutent les conversations entre les vendeurs et certains de leurs clients. Ils constatent que des individus – certains bien connus de nos services, comme on dit – arrivent un sac à la main et ressortent sans, quelques instants plus tard.

Comme pour les opérations « Virus » et « Rétrovirus » (voir, *infra*, « Virus ou la lessiveuse contaminée »), un vaste système de collecte et de blanchiment de l'argent de la drogue, reposant sur la confiance mutuelle entre communautés – ici, chinoise et maghrébine – et le transfert d'argent par compensation, est ainsi mis au jour. Les « banquiers » – des grossistes d'Aubervilliers – se servent au passage : 5 % sur les sommes collectées.

Cette opération, je l'ai initiée quelques mois plus tôt. Je venais à peine d'être nommé patron du 36. J'en parle alors à Gilles Aubry, le sous-directeur en charge des brigades financières. Je suis certain que l'enquête aboutira : le tuyau est bon, précis. Je sais qui me l'a donné.

Laurent est beau gosse. Quinquagénaire élégant, posé, courtois, il a l'allure d'un cadre de la City londonienne. Il est né en Algérie de parents très modestes. Arrivée en France, sa famille s'installe en banlieue parisienne. Il faut que les enfants réussissent, aient « une bonne situation ». Les enfants s'engouffrent dans l'ascenseur social. Laurent sera expert-comptable. Enfin… il aurait dû le devenir… s'il ne s'était pas arrêté en chemin. Autour de lui, dans sa cité, des minots du même âge, avec lesquels de temps à autre il fume un joint, vivent bien, très bien même. Surtout, constate-t-il, ils nourrissent toute leur famille sans grande difficulté. Laurent ne s'interroge pas très longtemps : à quoi bon finir ses études supérieures alors qu'un business facile peut combler les siens ? Comme des centaines d'autres dans la même situation, Laurent fait alors le choix de la délinquance.

C'est sa voix au bout du fil. Je dirige alors l'Office central pour la répression du trafic illicite des stupéfiants à Nanterre. Ma secrétaire me transmet un appel, comme il en arrive parfois. L'individu ne veut pas dire son nom mais a des révélations à faire. « Bonjour, monsieur Petit. Excusez-moi de vous déranger. Je vous appelle parce que je vous ai vu à la télévision il y a quelques jours. » Pour une fois que j'étais dans la lucarne… Je participais à un débat sur la drogue. « Je suis aussi de la partie pour ainsi dire », assure mon interlocuteur. Je tente de le faire parler, d'en savoir un peu plus. C'est que je suis échaudé…

Quelques semaines plus tôt, en effet, j'avais eu le même type de contact. Un homme qui, au téléphone, m'avait paru crédible, assurant détenir des informations de la plus haute importance sur des fraudes et des extorsions de fonds. Lui, c'est dans le journal qu'il avait vu mon nom… Il me propose un rendez-vous devant l'église Saint-Augustin, à Paris dans le VIIIe arrondissement. J'accepte. Après tout ce n'est pas très loin de la place Beauvau et du ministère de l'Intérieur où je me rends régulièrement. Je rejoins mon interlocuteur qui me raconte alors une sombre histoire de jockeys, de chevaux de course et de paris qui pourraient être truqués. J'essaie de démêler ses propos, de les comprendre… La conversation dure, dure… Bref, je perds presque une demi-journée pour rien avec celui qui me semble n'être qu'un joueur frustré qui n'admet pas de perdre.

Laurent, quant à lui, par son ton posé a tout de suite suscité ma curiosité et mon intérêt. Il n'a rien à me vendre, précise-t-il d'entrée. Ça tombe bien : je n'ai rien à lui offrir. Encore moins à lui acheter. Alors pourquoi se voir ? « Parce que notre discussion vous intéressera », me dit-il. Il souhaite que nous nous rencontrions gare de Lyon. Au milieu de la foule des voyageurs.

Comme toujours, mon chef d'état-major est opposé à cette démarche. Le commandant Weiler, un policier extraordinaire et très expérimenté, me rappelle à la sécurité. « Et si c'est un fou ? Quelqu'un qui en veut à ta vie ? Tu feras quoi tout seul ? » Il m'avait accompagné lors du rendez-vous à l'église à Saint-Augustin. Il était arrivé sur place une heure avant moi. Il avait tout vérifié, à l'intérieur et aux abords de l'édifice religieux. Il avait discrètement assisté à l'entretien dans une brasserie du coin, prêt à intervenir si besoin. Mais que d'énergie et de temps perdu pour cette rencontre sans intérêt ! Cette fois, c'est décidé, je me rends seul à mon rendez-vous en empruntant la voiture de service.

Arrivé gare de Lyon, je déambule un certain temps dans la salle des pas-perdus. Soudain, un homme, qui s'est approché de moi sans que je le remarque, m'interpelle : « Monsieur Petit, c'est moi qui vous ai contacté. » L'homme est conforme à l'idée que je m'en faisais : pas du tout le look du caïd, mais celui du cadre supérieur, propre sur lui. Je lui propose d'aller prendre un café. Il refuse. Je lui suggère que nous échangions en marchant. Il refuse encore et me demande : « Vous êtes venus en voiture ? On peut discuter en allant faire un tour… » J'acquiesce et nous nous rendons là où je me suis garé, dans une petite ruelle non loin de la gare. À peine arrivés dans la rue, il me stoppe : « Monsieur Petit, votre voiture… ce n'est pas la Ford Mondeo là-bas ? – Euh… Si. » Et l'homme de sourire : « Bon, je crois que ça ne va pas le faire… » Je ne peux pas lui donner tort : à part les Citroën Berlingo sérigraphiées « Police nationale », il n'y a pas plus bagnole de flic que celle que j'utilise depuis que je suis à ce poste. Le garçon est tout aussi malin que prudent.

Finalement, nous marchons. Laurent – ce n'est évidemment pas son vrai prénom, mais le surnom dont je l'ai affublé – me raconte brièvement et partiellement son parcours. Il parle couramment cinq langues, l'anglais, l'espagnol, le chinois, l'arabe et le français. Surtout, il me dévoile vivre désormais bien loin de la France, passant son temps entre Abou Dhabi, Hong Kong et Singapour, et être au contact de fraudeurs en tout genre, de tous pays, mais aussi de gros trafiquants de cannabis et de cocaïne qui opèrent dans le monde entier. Il travaille pour eux en qualité de gestionnaire en patrimoine. Il me donne des gages suffisamment précis et conformes à ce que j'ai découvert dans nos enquêtes pour être certain que ce jeune homme n'est pas un mythomane. Je lui précise d'emblée que je n'ai rien à lui offrir. Ni argent ni immunité, et encore moins un quelconque cadeau. Je ne comprends pas ce jour-là ce qui le pousse à vouloir me rencontrer, à me parler toujours à demi-mot. C'est seulement au cours de nos multiples conversations que je finirais par comprendre que Laurent est une sorte d'esprit libre. Qu'il refuse d'être dans un camp contre un autre. Il considère le monde comme un trompe-l'œil. Il sourit en disant qu'enfant il rêvait d'être un agent secret, comme dans les films. Mais ce qu'il aime par-dessus tout, c'est discuter, argumenter, contredire, ré-argumenter. Il est animé par une véritable fièvre de la conversation ! Et va ainsi devenir un de mes contacts. Un de mes précieux tontons.

Aujourd'hui, la gestion d'un informateur doit se faire dans le cadre réglementaire défini par la loi du 9 mars 2004, dite loi Perben II. Sous un nom de code donné par un algorithme, nous devons – obligatoirement – immatriculer tous les « Laurent » dans un fichier informatique géré par le Bureau central des sources[1], préciser leur savoir-faire, le service et le policier qui les gèrent, les affaires dont ils sont à l'origine et éventuellement le montant de leurs rémunérations[2].

Les indics[3] existent depuis que la police existe, car le renseignement est – et restera toujours – essentiel dans la réussite des enquêtes judiciaires. C'est une certitude. N'en déplaise à ceux qui rêvent d'une police libérée des indics, la technologie et le renseignement technique ne remplaceront jamais un bon tuyau donné par un informateur.

Les moyens techniques de collecte du renseignement ne peuvent pas supplanter la richesse et la précision du renseignement de source humaine, surtout dans la perspective d'une police proactive. Et puis ces écoutes téléphoniques, les balises-tracking (les puces GPS utilisées pour pister des véhicules), les caméras de surveillance, les sonorisations (la pause de micros discrets), l'IMSI-catcher destiné à intercepter des conversations ou encore la surveillance du Web sont aussi bien connus des malfaiteurs. C'est le cas évidemment du téléphone mobile. Il est incontestablement devenu

1. Le BCS, Bureau central des sources, est une composante du Service interministériel d'assistance technique, le SIAT, qui dépend de la Direction centrale de la police judiciaire. Environ deux mille informateurs police-gendarmerie y sont enregistrés.

2. Ces rémunérations sont elles aussi réglementées. Ce sont des forfaits, qui varient entre quelques centaines d'euros et, pour les très grosses opérations, plusieurs dizaines de milliers d'euros, ce qui n'est pas rien quoi qu'en disent certains. Le versement par la police ou la gendarmerie de primes équivalentes à 10 % de la valeur des marchandises saisies est une légende.

3. Indics, indicateurs, informateurs, tontons, amigos, amis, cousins, balances, donneurs, contacts, aviseurs (pour les douanes), les mots ne manquent pas pour nommer les sources humaines.

aujourd'hui une source exceptionnelle d'indices pour tous les enquêteurs en charge d'une scène de crime. Une véritable commère numérique ! Mais dans la perspective du recueil du renseignement et de la prévention du crime, il connaît des limites importantes comme tous les moyens techniques d'ailleurs.

Les voyous sont très prudents. Ils ne parlent qu'à mots couverts et leurs conversations restent la plupart du temps sibyllines, voire ésotériques pour un non-initié ! Ils utilisent des téléphones uniquement dédiés à leur activité criminelle, voire à un seul appel. Ils en changent de toute façon sans cesse et nous nous épuisons dans la quête permanente de leurs nouveaux numéros. En matière de balisage de véhicule, les malfrats ont également développé toutes sortes de contre-mesures. Leurs voitures « de guerre » sont jalousement gardées et soigneusement inspectées ; ils savent où chercher les traceurs GPS, d'autant qu'ils les utilisent eux-mêmes pour sécuriser leurs opérations de trafic ou préparer un règlement de comptes. Ils ont également recours à des brouilleurs qui agissent comme des cages de Faraday, rendant ainsi les balises de police totalement inopérantes.

Et puis cette profusion de moyens high-tech, même utilisés de manière tentaculaire, ne prévient pas toujours du pire… Dotés d'un arsenal électronique et militaire à nul autre pareil, les États-Unis n'ont pas pu empêcher les attentats du 11 septembre 2001 à défaut de renseignements humains précis.

Évidemment, les tuyaux ne nous arrivent pas uniquement des seuls informateurs. Il y a aussi les infiltrés et les repentis, mais ceux-là changent-ils vraiment la situation ? Rares et coûteuses, les opérations d'infiltration demandent du temps et sont généralement réservées à des enquêtes d'envergure ou très sensibles. Depuis la loi Perben II, le code de procédure pénale donne la possibilité aux policiers de monter des opérations d'infiltration pour démanteler des groupes relevant de la criminalité en bande organisée, lorsque les nécessités de l'enquête le justifient. La justice autorise alors expressément un agent ou un officier de police judiciaire – préalablement et spécifiquement habilité – à utiliser une identité d'emprunt et à se faire passer pour un malfaiteur pour pénétrer un réseau. Ces agents ont alors la possibilité d'acquérir, de transporter ou de livrer de la drogue, en mettant à la disposition des trafiquants présumés un certain nombre de moyens, qu'ils soient relatifs au transport, au stockage ou même au volet financier. Le code prévoit néanmoins, « à peine de nullité », que l'infiltration ne peut constituer une incitation à commettre des infractions, et la provocation reste donc interdite. Les infiltrations concernent aussi Internet, par le biais des enquêtes sous pseudonyme. On parle alors d'infiltration numérique.

Mais, même si cela n'est jamais dit, il n'y a pratiquement pas d'infiltration sans informateur. En effet, avant de pouvoir opérer, l'agent infiltré doit d'abord « accéder » aux malfaiteurs, ce qui n'est pas une mince affaire ! On imagine aisément qu'il ne peut guère frapper à la porte d'une organisation criminelle de son propre chef pour savoir si on ne l'embaucherait pas ! L'agent infiltré ne peut pas tomber du ciel. Il doit être présenté par quelqu'un qui a déjà un lien avec les criminels et cela ne doit pas paraître anormal. Il n'y a que le FBI qui soit capable d'ouvrir et de faire tourner une boutique pendant des mois, voire des années, en attendant que Cosa Nostra veuille bien s'en approcher. Ce type d'infiltration, qu'on appelle dans notre jargon une « infiltration froide », est considérée, en France, comme trop longue, trop coûteuse et, surtout, trop aléatoire. Dans l'Hexagone, les infiltrations sont « dynamiques ». Quand la police apprend que des malfaiteurs cherchent un transporteur, un entrepôt, un bagagiste, des voitures, un marin, un transitaire sous douane ou un chauffeur, par exemple, c'est l'indicateur qui fait le *go between*, l'intermédiaire, et présente l'homme – ou la femme – providentiel.

Sans doute les repentis pourraient bouleverser la donne, mais leur « utilisation » en France n'est pas évidente. Rappelons, déjà, que nous parlons de personnes qui ont directement participé à des activités criminelles et qui décident, postérieurement, de coopérer avec les autorités judiciaires contre un abandon des poursuites, une remise ou un aménagement de peine, une protection ou encore une nouvelle identité. Aux États-Unis et en Italie, ce dispositif s'est révélé très efficace pour lutter contre la mafia. Il a aussi permis à certains voyous de sortir définitivement de la criminalité. En France, tout est prévu par la loi Perben II, mais il a fallu attendre dix ans pour qu'un décret en fixe les modalités d'application ! Ce qui ne règle pas tout. En effet, protéger ces repentis n'est assurément pas une mince affaire. Nous avons déjà beaucoup de mal à prendre soin des indispensables témoins dans les affaires de grand banditisme…

Les mots ont aussi leur importance. Il ne faut pas confondre renseignement et surveillance. Le renseignement humain est détaché de toute surveillance, il est

« donné », il est « acheté », il « émerge », sans obligation d'un travail préalable. La surveillance intervient ensuite pour en vérifier l'exactitude, l'enrichir et surtout l'objectiver dans la perspective d'une judiciarisation et de l'administration de la preuve. Il en découle dès lors des surveillances « ciblées ». Elles ne visent qu'une ou quelques personnes particulières, à savoir les suspects qui ont été préalablement identifiés grâce au renseignement.

Les choses sont cependant en train de changer. Beaucoup de fonctionnaires ne veulent plus traiter de sources. Ce travail est chronophage, n'apporte aucune reconnaissance et occasionne trop d'ennuis ! Je les comprends. En cas de difficulté, la hiérarchie les soutient rarement, les magistrats veulent rester à distance et la presse se délecte de leurs déboires. Tout le monde est finalement assez content de voir un policier cloué au pilori : l'effet « lutte contre le terrorisme suivi de la belle entente police-société » ne dure jamais longtemps. En réalité, le monde du renseignement a une mauvaise image et le paye. Outre que la délation renvoie à des périodes très douloureuses de notre Histoire, on suspecte toujours des compromis avec la morale ou la loi. Le policier manipule, rémunère et protège sa source… Pour l'officier traitant, il s'agit essentiellement de s'assurer que l'identité de celui qui le renseigne reste secrète, car il en va de la vie de ce dernier. Cette protection n'est cependant jamais totale, malgré les algorithmes du Bureau central des sources.

Les tontons, quant à eux, espèrent bien sûr qu'on préserve leur identité, mais ils attendent également une sorte de bienveillance judiciaire. Dans leur imaginaire, il s'agit même d'un dû ! Ce qui n'est pas sans poser de problème une fois devant le juge. Car, bien entendu, le statut d'informateur ne confère jamais « un permis de délinquance » ou une absolution des faits passés ! Les difficultés proviennent aussi du fait que les officiers s'appuient encore beaucoup sur l'intuition personnelle et les pratiques de terrain qu'ils observent autour d'eux, et cela contraste singulièrement avec le renseignement technologique, moins risqué et plus propre en quelque sorte.

Du coup, la surveillance électronique devient un formidable outil de collecte de l'information. On gère désormais des flux d'information et leur analyse devient un enjeu majeur. Mais cette évolution s'accompagne d'effets considérables sur la nature et l'échelle de la collecte. On tend progressivement vers une surveillance de masse, où l'on vise non plus des personnes préalablement identifiées, mais des comportements, des profils et même des communautés. Ce changement n'est pas anodin et mériterait une attention plus soutenue, d'autant que la surveillance pourrait bien devenir « totale » si on parvenait un jour – et on y arrivera – à tout analyser. Mais qui s'en soucie ? Paradoxalement, aucune de nos sociétés libérales n'est engagée dans une quelconque action de résistance face à cette évolution. Les attentats du 11 septembre 2001, qui auraient dû amener à s'interroger sur le raté du renseignement, ont, tout au contraire, justifié une amplification volumétrique, voire une « massification » de la surveillance. Et aujourd'hui, en Europe, la lutte contre le terrorisme prend le même chemin.

Pour en revenir aux informateurs, tous ne se valent pas bien sûr, et leurs motivations semblent variables… en apparence. En réalité, la plupart des tontons choisissent de faire le grand écart entre l'illégalité et la loi pour en tirer avantage. La morale est très rarement leur mobile, c'est toujours l'intérêt personnel qui les anime. À commencer par la rémunération : le cousin dispose d'un renseignement qu'il vend et négocie. C'est peut-être le plus simple à gérer. Enfin presque… Le calcul de la rémunération n'a rien de scientifique. Il n'y a aucun barème formel, simplement des habitudes, selon les directions de police. Normalement, le travail de l'indic doit être jugé et récompensé au cas par cas. Le processus d'appréciation est relativement long. Les paiements de l'administration se font avec retard, ce qui provoque parfois des difficultés sérieuses avec les sources qui s'impatientent. En fait, la procédure est très bureaucratique. Tout se fait par écrit, et on demande à l'ensemble de la chaîne hiérarchique d'apposer des visas sur des demandes de paiement, sachant que certains échelons n'ont quasiment aucun moyen de contrôle et ignorent, bien sûr, le nom de la source. Reste enfin, et ce n'est pas le moindre, le paiement proprement dit, c'est-à-dire la remise physique des espèces à l'informateur. Un moment délicat, s'il en est.

La vengeance et la rancune sont aussi des mobiles fréquents. Certains malfaiteurs renseignent pour faire tomber d'anciens complices qui n'ont pas tenu leur parole, qui les ont grugés lors d'un partage ou qui les ont oubliés en prison. Souvent aussi parce qu'ils ont été exclus de leur organisation. Certaines affaires peuvent naître d'une déception amoureuse : une épouse balance pour nuire à celui qui la maltraite, ou dont elle veut se séparer.

La concurrence est également une motivation très courante. Certains informateurs ne sont pas simplement « dans l'histoire », ils sont « dans le business ». Ils observent et vous renseignent, mais ils ne se contentent pas que de cela. Ils sont aussi et surtout des acteurs de « l'autre monde » que vous combattez. Ils cachent leur jeu en vous demandant une rémunération – il n'y a pas de petits profits –, mais ils balancent surtout pour éliminer la concurrence ou pour détourner l'attention. Ils ne vous parlent évidemment jamais de leurs propres turpitudes. Si ceux-là comptent souvent parmi les meilleures sources, ils en sont parfois les plus dangereuses. Ils ne disent jamais tout, n'hésitent pas à vous doubler ou à vous manipuler à la moindre occasion. Ils sont à l'affût du moindre faux pas, du moindre moment de fragilité. Ils sont l'opposé des repentis.

D'autres tontons sont demandeurs d'un service qu'ils formulent plus ou moins clairement, comme l'annulation d'une fermeture d'établissement, l'obtention d'un titre de séjour, une prolongation d'autorisation administrative, la restitution d'une caution ou le rapprochement d'un détenu. Contrairement aux apparences, ces demandes sont très délicates à gérer. La solution est très rarement entre les mains de l'officier traitant, lequel doit d'abord en référer à sa hiérarchie. Il n'est évidemment jamais sûr d'obtenir satisfaction : la décision finale appartient souvent à une autre autorité ou une autre administration. Il faut alors écrire, démarcher, renouveler des courriers, bref, mouiller la chemise, avec le risque permanent que ces démarches l'amènent à passer pour un flic corrompu, un « ripou », car, pour protéger sa source, le fonctionnaire ne peut pas fournir trop de détails pour éclairer sa démarche. Cette part d'ombre peut dès lors paraître suspecte.

Enfin il y a le cas particulier de ceux qui, nourris aux feuilletons télé, se pensent *undercovers*. Autrement dit : sous couverture. C'est le terme qu'ils utilisent eux-mêmes. Ceux-là se considèrent comme des auxiliaires de police et désirent être reconnus comme tels. Ils ne le sont pourtant pas au regard de la loi française. Les vrais infiltrés sont des agents, c'est-à-dire des fonctionnaires de l'État, des policiers, des gendarmes ou des douaniers sélectionnés sur la base du volontariat. Et ces hommes et ces femmes ne sont pas sans mérite. Ils doivent avoir certains profils, maîtriser d'autres langues et avoir des compétences techniques dans des domaines spécifiques. Avant d'être recrutés, ils doivent accepter de se mettre à nu en se soumettant à de nombreuses évaluations et tests de personnalité. Et une fois formés, ils devront encore se plier à un dispositif d'accompagnement lourd et contraignant, à des années-lumière de ce qu'on voit dans les films. On ne devient pas un infiltré du jour au lendemain. C'est une tâche difficile, dangereuse, obéissant à des règles codifiées. J'ajoute que le fonctionnaire qui s'y plie n'en retire aucun avantage financier significatif. Presque un sacerdoce, donc.

C'est un travail qui n'a rien à voir avec celui que prétendent accomplir les *undercovers* autoproclamés. Ces derniers mettent toujours en avant « leur mission d'infiltration ». À les entendre, ils accompliraient une mission de service public presque par idéal, alors qu'il y est surtout question d'argent. Ils sont du reste rémunérés de la même façon – et avec les mêmes fonds – que les informateurs. Ne pas les payer, ou les payer moins que ce qu'ils attendent, et vous vous retrouvez dans la même situation qu'avec un indic furieux, qui s'estime grugé. Toujours en quête de moralité, ces aventuriers déclarent souvent avoir travaillé pour des services étrangers. Lorsqu'on prend contact avec ces services, on apprend qu'ils sont connus, mais on n'obtient pas de détails sur ce qu'ils ont fait, ni sous quel statut ils sont intervenus et, à plus forte raison, combien et comment ils ont été payés…

Et puis, il y a, selon la jolie formule de Christian Lothion, l'ancien directeur central de la police judiciaire, « des indics au béguin ». Sans qu'on se l'explique, il se peut que le courant passe particulièrement bien entre le voyou et son traitant. Il ne s'agit pas, comme on le voit dans les mauvaises séries, de relation amoureuse entre un flic costaud et macho et une blonde à forte poitrine, mais d'une alchimie humaine étonnante, difficilement explicable, faite de confiance et d'estime réciproques.

Il ne faut cependant pas se tromper : le recrutement d'un informateur est toujours synonyme d'ennuis. Gérer une source, c'est accepter de s'exposer à la loi de l'emmerdement maximal. L'enquêteur n'est jamais sûr de pouvoir tenir ses promesses. Tout ne dépend pas de lui, mais les rancœurs seront toujours dirigées contre lui. Enfin il doit toujours se méfier, et se garder de mélanger la sphère privée avec le boulot ! Il ne faut jamais oublier ce qui fonde la relation entre un traitant et un traité, sinon le risque est grand d'être trompé et manipulé. Plus facile à dire qu'à faire. Traiter un tonton ne s'apprend pas à l'école de police et n'est pas détaillé dans le Code de procédure pénale… Et dans le cadre de ces relations humaines bien particulières, un accident est vite arrivé.

Heureusement, j'ai été préservé de tout cela, mais j'ai été le témoin de certains de ces accidents. Avec l'expérience, j'ai appris qu'il n'est jamais bon de traiter une source trop longtemps, surtout lorsqu'on ne partage pas sa gestion avec d'autres collègues. La durée personnalise trop les relations et abolit le recul indispensable. Dans l'affaire Neyret – du nom de l'ex-numéro deux de la PJ de Lyon, mis en examen en 2011, révoqué en 2012, puis condamné en 2016 à deux ans et demi de prison ferme[1] –, certains informateurs sont parvenus à dessein à abolir cette nécessaire distance entre l'officier de police et son indic, jusqu'à refonder faussement la relation de travail. La manipulation existe de part et d'autre.

J'ai connu des flics accusés à tort. Pour dissimuler leurs « tontonneries » auprès de complices soupçonneux, ou simplement pour se justifier, certains indics font croire qu'ils ont un flic en main. Ainsi, au mitan des années quatre-vingt-dix, je fréquentais un fonctionnaire, un ancien très expérimenté, qui travaillait avec un grand nom du banditisme français. L'homme, passé par la case prison à de nombreuses reprises, était vieillissant. Pour autant, il prétendait toujours être en contact avec le Milieu et avait proposé ses services. Le collègue, qui le rencontrait épisodiquement, avait pris la précaution de le faire placer sous surveillance. Il a alors découvert que le bandit n'entretenait plus qu'une relation distendue avec ses anciens complices, et que les disputes dans son couple étaient fréquentes et… sportives ! Ainsi, un jour, madame interpelle violemment monsieur, lui reprochant de n'être qu'une « balance ». Elle menace de le dénoncer à ses copains. L'homme, en vieux cheval de retour, lui répond : « Mais je leur

1. Le parquet, qui avait réclamé quatre ans d'emprisonnement assorti de dix-huit mois de sursis, a fait appel de ce jugement.

en ai déjà parlé ! J'ai dit que ce sont les poulets qui me rancardent… Faudra que tu trouves autre chose ! » À la même époque, j'ai connu également le cas d'un informateur, gérant un établissement de nuit, qui pressait son officier traitant de venir le voir le soir même pour lui donner une information soi-disant capitale. En réalité, le tonton cherchait, par la présence affichée de la police à ses côtés, à contrer la visite de malfrats chargés de recouvrir des dettes de jeu…

Mystérieusement, parfois certains indics ne cherchent pas à profiter des moments de fragilité de leur officier traitant. J'en ai fait l'expérience. Un soir, un de mes adjoints me téléphone. Il est avec un chef de groupe. Un tonton exige de rencontrer le chef de service en urgence. La démarche est pour le moins inhabituelle ! Je les questionne sur la raison de cette demande, d'autant que je ne connais absolument pas la source. Mes interlocuteurs paraissent embarrassés. Mon adjoint finit par me dire : « Écoute, Bernard, il faut que tu le voies, on a un problème. De toute façon, s'il ne te rencontre pas, il cessera de nous informer. » Me voilà donc cornaqué par mes hommes jusqu'à un hôtel dans Paris. Là, je découvre un individu fatigué et nerveux. Je sens confusément qu'il joue gros. Il me raconte toute son histoire et finit par me lâcher au détour d'une phrase : « Votre lieutenant, je l'aime bien, c'est vraiment un copain. Mais il demande des choses que je ne peux pas lui fournir… »

La source, qu'on appellera Stéphane, n'est pas n'importe qui. Il est en relation avec des braqueurs qui cherchent à se diversifier dans le commerce international de la came. Un contact avec de très gros voyous néerlandais, spécialisés dans l'importation de cocaïne, a été établi. Eux-mêmes sont en relation directe avec des producteurs boliviens. Remarquable polyglotte, Stéphane a ainsi pu assister à chacune des étapes de cette négociation commerciale si particulière. Il s'est même rendu en Amérique du Sud, quand exportateurs et importateurs de poudre ont décidé qu'ils devaient se voir. Avant de partir seul en Bolivie où il devait retrouver deux des bandits français qui exigeaient soudainement sa présence, il n'était pas rassuré du tout. Il avait fait part de ses craintes : « Qu'est-ce qui se passe, pourquoi ils veulent que j'y aille... Je les sens pas. Ce sont tous des tueurs ! » Malheureusement, nous ne pouvions rien pour lui. C'est aussi ça le job des indics, se retrouver parfois tout seul dans des situations très risquées...

Dès son retour, sain et sauf, il vient raconter son périple à son officier traitant.

Stéphane lui révèle alors la nature des négociations, comme les à-côtés de son séjour. Arrivé à La Paz, un individu est venu le chercher à son hôtel en le prévenant qu'il allait voir le parrain dans sa villa, un certain *El Gordo*, « le Gros ». Ils ont pris la route et roulé des heures sans que le chauffeur ne lui adresse la parole. À Caracollo, il pense être enfin arrivé, mais change juste de véhicule et de chauffeur. Après huit heures de trajet, il arrive enfin à destination : une maison isolée dans la région de Cochabamba à plus de quatre cents kilomètres de La Paz. Un périple épuisant au cours duquel il a eu tout le temps d'imaginer toutes sortes de scénarios catastrophe et de se faire des nœuds à l'estomac !

Il fallait également prévoir un cadeau pour son hôte. Et pas n'importe quoi : pas une bonne bouteille achetée à la supérette du coin, mais une montre de luxe, et un iPhone dernier modèle pour le fils du parrain. Question de standing…

Lorsque Stéphane raconte cette histoire à son officier traitant, celui-ci a les yeux qui s'allument. Il lâche : « Et moi je n'ai droit à rien ? Tu n'as pas un cadeau pour moi ? » Des propos ambigus qui surprennent et déstabilisent la source au point qu'elle demande à rencontrer la hiérarchie. Voilà près d'un an que ces deux-là se fréquentent, se croisent plusieurs fois par semaine, se jaugent, s'apprivoisent. Jusqu'à présent tout allait bien : chacun tenait son rôle, chacun était dans sa partie. Mais la source est désormais ébranlée. J'apprends du chef de groupe que l'officier traverse des moments personnels difficiles, ce qui n'arrange rien. Il est – peut-être – en train de déraper. Il me dira plus tard : « J'ai déconné en parlant comme ça, mais Stéphane s'est fait un cinéma… » Ce qui ne change rien à l'affaire. En rentrant de l'hôtel, j'exige qu'on désigne un nouvel officier traitant. À ma grande surprise, notre indic n'est pas d'accord ! Il ne veut pas tout recommencer à zéro ! Et s'entend trop bien avec son traitant. Pour moi, le trouble né de leur relation est rédhibitoire. Le fonctionnaire est écarté. Avec son accord, je le fais muter dans un service où il n'aura plus de contact avec une quelconque source. Un choix qui m'a pesé : j'ai perdu un bon enquêteur et… un bon tonton.

Laurent ne m'a jamais donné – ni même proposé – le moindre cadeau. Mais ce qu'il m'offre est bien plus précieux : il me fournit du rens'. Le renseignement, c'est le nerf de la guerre pour lutter contre le grand banditisme, comme pour venir à bout du terrorisme. Sans informations précises, concrètes, recoupées, les services enquêteurs perdent une grande partie de leurs moyens.

Lorsque j'étais aux affaires, je le constatais tous les jours : il est indispensable de mutualiser au maximum le renseignement. Qu'est-ce qui sépare un braqueur d'un dealer, un trafiquant de drogue d'un blanchisseur d'argent sale, un criminel d'un terroriste ? Nos « clients » sont parfois l'un et l'autre. Ou ont été l'un, puis l'autre. Si ce n'est pas le cas, ils se connaissent, se parlent, se transmettent des informations, se donnent des coups de main. Mais pas les policiers... Entre l'OCTRIS et la DGSI, par exemple, il y a comme un mur invisible et infranchissable. Chaque service est dans son couloir, gardant bien précieusement l'information pour lui. Partager le renseignement, c'est pourtant gagner du temps et c'est potentiellement éviter bien des drames.

Laurent ne m'a jamais livré d'affaires de stups ou de braquage « clés en main ». S'il est totalement dépourvu de référence morale, c'est parce qu'il pense que le mal et le bien sont interchangeables. Sans aucune haine pour la police ni le moindre cynisme, sans besoin matériel, il m'a fourni de nombreuses explications sur des faits que nous avions du mal à appréhender. Quand il vient à Paris rendre visite à sa famille – une ou deux fois par an –, c'est lui qui me contacte et me donne rendez-vous. Jamais au même endroit. Nous passons alors un moment ensemble autour d'un café. Toujours aussi bien mis, toujours aussi poli, il me donne des nouvelles de « l'autre monde », de son fonctionnement, de ses règles, de ses codes, des folies de ses principaux acteurs, qui se résument en un triptyque immuable : fric, sexe et violence. J'apprends énormément. Geek invétéré, fasciné par les chiffres et la macro-économie, il aime bien donner des leçons, démontrer par l'exemple qu'en tout le crime a toujours un coup d'avance sur la police. Il ne s'en prive pas au sujet du transport du cannabis entre le Maroc et l'Espagne. Je l'interroge justement sur les « gommes », les « go-fast maritimes ». Il s'agit de hors-bords type Zodiac, équipés de deux, voire de trois moteurs superpuissants, capables de transporter jusqu'à deux tonnes de marchandises. Alors que l'Europe a installé, dans le cadre de la lutte contre l'immigration clandestine, un système radar performant baptisé SIVE (Système intégré de surveillance extérieure), capable de détecter la moindre barcasse, comment ces maudites gommes passent-elles régulièrement entre les mailles du filet ? Laurent sourit : « Vous avez perdu le match ! La technologie c'est bien, mais, derrière les écrans, il y a des hommes… » Il n'a pas besoin de m'en dire plus : l'argent rend aveugle…

Je ne renonce pas pour autant à tenter à freiner l'importation de shit en Europe. J'invite mes équipes à réfléchir sur la manière dont on peut « baliser » une ou plusieurs de ces gommes, de la même manière qu'on pose des traceurs GPS sur les go-fast terrestres, ces voitures rapides remplies de shit qui, de Marbella à Marseille, Bobigny, Vénissieux ou Lille, effectuent leur livraison en gros. Il suffit théoriquement de suivre leur itinéraire depuis un ordinateur et de décider où les interpeller. Même si la réalité du quotidien est un peu plus complexe ! Après une rapide étude de faisabilité, je dois me rendre à l'évidence. « Baliser » les gommes est impossible, car trop risqué. Le moteur du bateau est le seul endroit où poser un traceur : il suffirait de soulever le capot pour s'en apercevoir. J'ai alors l'idée de prendre contact avec le fabricant anglais de Zodiac, de la même manière que j'avais pisté quelques années plus tôt la caféine pour démanteler la Chinese Connection (voir, *supra*, « La longue marche »). Mon raisonnement est simple : il suffirait d'avoir accès aux carnets de commandes du fabricant pour obtenir l'identité des acheteurs et utilisateurs. Avec précaution, je m'en ouvre un jour à Laurent. Lequel, une fois encore, sourit : les Zodiac n'en sont pas ! Ce sont des répliques, commandées et fabriquées en Chine. Moteurs compris. Les hors-bords sont ensuite livrés par cargo, dans des containers discrets, aux logisticiens chargés du transport. « Vous avez perdu le match, Bernard », lâche Laurent. Lorsque je partage cette information avec mon adjoint, Philippe Véroni, celui-ci a ces mots : « Ça calme... » Effectivement.

Laurent a beau être utile, je ne m'en remets pas qu'à lui. Avoir une relation exclusive, c'est augmenter le risque d'être trompé, manipulé. Nous avons besoin de croiser l'information. Pourquoi devrais-je croire Laurent et lui seul ? Notre relation est certes basée sur une forme de confiance réciproque, mais cette confiance s'éprouve. Notamment en effectuant des vérifications, en interrogeant d'autres sources.

Difficile de parler des informateurs sans dire un mot des dernières affaires qui défrayent la chronique, qu'il s'agisse de celles de la douane[1] ou de celles qui secouent aujourd'hui les Stups. Hors le fait qu'elles

1. Une enquête est en cours sur les conditions d'importation de plus de quarante tonnes de café contrefait. Au cours des perquisitions, 700 000 euros auraient été trouvés dans un bureau administratif, 50 000 euros cachés dans le dossier d'un fauteuil et 20 000 euros au domicile d'un fonctionnaire. Une instruction judiciaire est en cours.

mettent toutes en scène un flic (ou un douanier) et un indicateur, les ressemblances s'arrêtent souvent là. Être fonctionnaire, c'est accepter de n'être jamais riche. Je n'ai donc guère d'illusions dans les affaires où l'on retrouve, chez des agents de l'État, de fortes sommes d'argent, du cash dissimulé à la façon des voyous ou des comptes cachés bien garnis. J'ai peu d'illusions aussi vis-à-vis de ceux qui acceptent des cadeaux, qui se font prêter des voitures ou qui partent en vacances avec leur informateur, autant de signes que l'informateur a réussi à refonder à son avantage sa relation avec le policier.

Lorsqu'un informateur est présent dans une affaire, les relations avec certains magistrats peuvent se compliquer et les sources de malentendus deviennent plus nombreuses, y compris entre policiers ! Il arrive qu'on ne se comprenne pas. Combien d'entre nous ont vécu ces situations où vous pensez une information acquise chez votre interlocuteur alors qu'il n'en est rien. Ces incompréhensions occasionnelles résident souvent dans le fait que l'officier de police judiciaire baigne – parfois trop et sans recul – dans son dossier. Il en vit toutes les péripéties au quotidien et tente, avec plus ou moins de talent il est vrai, d'en synthétiser les points les plus saillants pour le magistrat. Si ce dernier montre de la curiosité, de l'intérêt, l'enquêteur lui en racontera – et c'est même une obligation absolue – tous les méandres, les doutes, les fausses pistes, les disputes et même l'attitude de sa hiérarchie. Si le magistrat ne fait qu'écouter ou lire sans manifester de réaction particulière, ce qui arrive parfois, le policier estimera que le magistrat n'a aucune interrogation particulière.

Sauf dissimulation déloyale de la part de l'enquêteur – ce qui est une faute impardonnable –, quand le magistrat exprime des critiques ou formule des reproches des mois plus tard, alors qu'il s'est tu jusque-là, la chose est difficilement compréhensible pour le policier enquêteur. On a parfois l'impression que les magistrats ne peuvent jamais se tromper. Si quelque chose ne va pas, c'est toujours parce qu'on leur a mal expliqué...

De plus – et je ne me pose vraiment pas en donneur de leçons –, la culture du chiffre, l'obsession de la saisie au moins équivalente à celle réalisée l'année précédente, la contrainte d'effectuer autant d'arrestations aujourd'hui qu'hier, tout cela fausse le travail des services enquêteurs. Et peut conduire à des dérives. D'autant que la rivalité entre les services – police, gendarmerie, douane – est vive. Le succès et l'échec se mesurent encore trop, aujourd'hui, à la volumétrie des résultats, sachant que tous les gouvernements, de gauche comme de droite, veulent absolument de « bons chiffres » pour faire montre de leur efficacité et de leur détermination auprès de l'opinion publique.

Pour en revenir aux informateurs, on doit aussi admettre qu'avec l'âge et les responsabilités, on est beaucoup moins enclin à gérer des sources. On veut vraiment confier cette tâche à d'autres ! L'âge fait qu'on n'a plus assez « la niaque » pour accepter de recevoir des appels téléphoniques à n'importe quelle heure de la nuit, au gré du taux d'alcoolisation de l'indic ou de ses crises d'angoisse. Car c'est ça aussi cela gérer une source !

Une lassitude renforcée parce que l'opérationnel cède beaucoup la place à l'administratif. Aujourd'hui, chaque échelon hiérarchique – cabinet du ministre, directions centrales, direction générale –, tout le monde veut des notes sur tout. Les notes, rappels et autres instructions de service se succèdent sans cesse. C'est une sorte de déluge qui concerne tout ou presque : la conservation des scellés, la prévention des suicides, la gestion des heures supplémentaires, le dialogue syndical, la notation des personnels, l'accidentologie, la réduction des effectifs, les attentes citoyennes, la participation aux conférences européennes, les actions de formation, les bilans, les évaluations de l'activité… Et puis, il y a tous ces tableaux de bord concernant l'état des saisies d'armes, des voitures volées, des stupéfiants, le nombre des mineurs délinquants. Sait-on qu'on en arrive à faire des tableaux de bord de tableaux de bord pour ne pas oublier ceux qu'on doit faire et surtout les dates auxquelles il faut les transmettre à la hiérarchie ? La bureaucratie est un immense serpent constricteur qui est en train de nous étouffer progressivement. On semble l'oublier, mais plus on fait du papier, moins on fait de police.

Avant Laurent, j'ai traité d'autres tontons. Notamment « l'antiquaire ». Lorsque j'étais encore jeune commissaire à l'Office central pour la répression du banditisme, un collègue hollandais prend attache avec moi. Il veut me présenter son informateur. Il aurait des renseignements importants à fournir. Nous convenons d'un rendez-vous dans une brasserie vers Nation. J'ai beaucoup de mal à trouver une place pour garer mon véhicule de service et je dois me résoudre à stationner assez loin. En arrivant aux abords immédiats de la brasserie, je remarque une grosse Mercedes, immatriculée aux Pays-Bas, garée n'importe comment sur un passage clouté… Lorsque j'entre dans la brasserie, le commissaire néerlandais, blouson de cuir, jean délavé, cheveu abondant et moustache épaisse, est attablé avec d'autres personnes. Il me présente Anastasios, son informateur. L'homme âgé d'une soixantaine d'années arbore costume et cravate chics. Il porte de grosses lunettes en écaille. Derrière lui, je vois son pardessus à gros carreaux et un chapeau en feutre gris. Le contraste entre le fonctionnaire et son tonton est saisissant. Deux autres individus les accompagnent. D'abord, Vlad, la petite quarantaine, cheveux courts, manteau doublé de peau de mouton, pull noir ras du cou avec chaîne et pendentif en or. Il affiche également au poignet une gourmette du même métal qu'on ne peut pas rater. On dirait un gangster tout droit sorti du *Scarface* de Brian de Palma ! Une jeune femme mince, très élégante, plutôt tape-à-l'œil, est également présente. Je m'assois à leur table. Le collègue hollandais m'explique qu'Anastasios est un antiquaire de la banlieue d'Amsterdam, qu'il est au contact de malfaiteurs français, des casseurs et des braqueurs, qui s'adressent à lui pour écouler leur marchandise. Il est prêt assure-t-il à nous aider à les identifier et à les faire arrêter. Comme mon regard se porte alors sur Vlad, mon collègue m'explique que cet homme est une sorte de supplétif de la police qui aide régulièrement sa brigade et accompagne l'antiquaire. Un chauffeur garde du corps en quelque sorte. C'est lui qui les a emmenés jusqu'à Paris avec la Mercedes garée devant la brasserie… Quant à la jeune femme, c'est une des amies de Vlad.

Je suis évidemment intéressé par des renseignements, surtout s'ils concernent des braqueurs, mais je demande rapidement au commissaire hollandais quelle est la contrepartie attendue.

« Une prime de temps en temps pour l'informateur. Tu comprends, tout se passe en France et je ne peux pas le faire rémunérer pour ça dans mon pays », me répond-il. Il me parle aussi d'un éventuel coup de pouce dans un différend avec l'administration française. Les deux points m'inquiètent. Nous n'avons pas vraiment d'argent et, à l'époque, rien n'est formellement organisé pour le paiement des informateurs. Je me demande également ce qu'il entend par « différend avec l'administration française ». Bref, mon peu d'enthousiasme alerte mon correspondant flic. Lequel se fait alors rassurant : « On pourrait reparler de tout ça après une première affaire qui n'engage à rien ? » Marché conclu.

En rentrant au bureau, je rends compte à mon chef de service et fais vérifier les antécédents de ce drôle d'équipage. Les résultats ne se font pas attendre. L'antiquaire a pignon sur rue, mais il a maille à partir avec la justice de son pays pour une affaire de recel... Quant au « différend avec l'administration française » : il est propriétaire d'une berline de luxe immobilisée par les douanes françaises pour non-paiement d'une amende. Pendant plus d'un an, Anastasios me donnera de nombreuses affaires qui aboutiront à des arrestations et à des saisies importantes.

Des bois peints datant du XVIe siècle, d'une valeur inestimable pour le patrimoine national, avaient été volés à la cathédrale de Troyes. Depuis plus d'un an, ces pièces étaient activement recherchées par la police judiciaire. Elles faisaient également l'objet d'un signalement Interpol[1]. En vain. Mais avec un bon informateur,

1. L'Organisation internationale de police criminelle (OIPC), plus connue sous le nom d'Interpol, diffuse régulièrement des signalements d'objets d'art volés aux États membres de l'organisation. Les « fiches

les choses peuvent aller très vite… L'antiquaire me téléphone un jour pour me dire qu'il a un rendez-vous avec une personne qui prétend être en possession des pièces volées. L'homme, qu'il ne connaît que sous le surnom de « Zingaro », cherche à les fourguer à l'étranger. Mon tonton prétend être immédiatement intéressé et demande à voir les pièces pour en vérifier l'authenticité avant de négocier, de vive voix, le prix. C'est qu'il connaît son boulot, le bonhomme ! Nous assistons au rendez-vous entre l'antiquaire habillé très *Old England* et le mystérieux Zingaro, au look de casseur. Les deux hommes passent un moment à discuter autour d'un café à la terrasse d'une brasserie. Ils se rendent ensuite en taxi rue Jean-Jaurès à Clichy et pénètrent dans un vieil immeuble. Trente minutes plus tard, l'antiquaire en ressort et craque un gros cigare. C'est le signal convenu pour signifier qu'il a bien vu les objets. Il s'en retourne ensuite benoîtement en taxi vers la gare du Nord pour regagner son pays. La planque commence pour nous. En attendant d'y voir plus clair et de s'organiser, je donne la consigne d'aplatir[1] toute personne sortant avec « une sorte de paravent en bois ». Hors de question que les voyous déménagent en douce leur butin. Pendant ce temps le téléphone chauffe. « Bernard, on ne va pas planquer des jours et des nuits pour une connerie de tableau ! » me rappelle vivement mon chef de service

On joint alors la cheffe de l'Office central de lutte contre le vol des œuvres et objets d'art[2]. Ce service a

Interpol » sont un outil de travail pour tous les enquêteurs de police judiciaire.

1. Aplatir : interpeller, arrêter quelqu'un dans le jargon policier.

2. Devenu l'Office central de lutte contre le trafic des biens culturels.

déjà une commission rogatoire pour enquêter sur cette affaire. Il est décidé que son adjoint prenne contact avec moi et me rejoigne à Clichy. Lorsque le regretté Alain arrive, il m'interroge sans cesse sur la pièce que nous cherchons à saisir. Est-on bien sûr que c'est le retable de Troyes ? Est-ce qu'on a une écoute ? Qui est l'homme en possession de l'œuvre ? À plusieurs reprises, il me demande : « Es-tu absolument certain que c'est dedans ? » Puis, il me montre des photos des pièces volées : « Est-ce bien cela ? » Je dois répondre par la négative à presque toutes ses questions ! « On a juste un bon tuyau, Alain. » Il reste incrédule mais avise cependant le juge en charge de l'instruction. La décision est vite prise : on tape !

À l'heure légale, nous frappons à la porte et interpellons un homme au casier judiciaire chargé. Nous fouillons sommairement son domicile. Ouf : les panneaux sont bien là. Je les découvre pour la première fois. L'affaire s'arrête là pour moi. La suite appartient désormais exclusivement à l'Office contre les vols d'œuvres et d'objets d'art. Ces spécialistes identifient et arrêtent rapidement les voleurs. Les panneaux retrouveront leur place dans la cathédrale de Troyes. Mon antiquaire n'est pas un vendeur de soupe !

Je garde évidemment le contact avec lui. Un jour, à ma grande surprise, il m'assure connaître de vue « Francis le Belge », de son vrai nom Francis Vanverberghe. Le parrain du Milieu marseillais vivrait presque paisiblement à Bruxelles. J'ai du mal à le croire : les informateurs ont l'habitude de faire les beaux. Mais, parmi le lot des diverses photos que je lui montre, il n'hésite pas un instant et me précise même que le Belge se promène souvent avec un petit chien en laisse et fréquente régulièrement un établissement de la capitale belge dont il me communique le nom. Je transmets ce renseignement à ma hiérarchie qui s'empresse de l'exploiter, en liaison avec la police judiciaire de Marseille. C'est du lourd. Mon chef me demande d'écarter l'informateur et de ne plus m'occuper de cette affaire. Je comprends confusément que je suis peut-être trop jeune dans le métier pour que les anciens m'associent à ce qui va se passer.

Beaucoup de malfaiteurs français vont ainsi tomber les uns après les autres pour trafic d'armes, d'objets d'art, de fausse monnaie, pour racket ou vols avec violence. Le dernier d'entre eux sera « Monsieur Henri », un antiquaire-brocanteur bien connu à Saint-Ouen. L'Office central de lutte contre le vol des œuvres et objets d'art l'a déjà dans son viseur depuis des mois. Un de ses concurrents sur la place de Paris – encore un indic – a glissé son nom aux enquêteurs. Il est présenté comme un des plus gros fourgues de la place de Saint-Ouen, mais l'enquête n'avance pas très vite. Le receleur est peu loquace par téléphone. Il préfère utiliser celui d'une brasserie située à une centaine de mètres de son domicile. Les conversations restent quand même très énigmatiques. Les surveillances sur le terrain s'avèrent toutes aussi difficiles. Dans ce quartier de Saint-Ouen, tout le monde se connaît. Pas question de s'éterniser sur un point ou d'installer un soum sans se faire remarquer.

À la répression du banditisme, nous ignorons tout de l'enquête de nos collègues. Mais Monsieur Henri figure en bonne place sur notre liste des receleurs. Nous en avons déjà ratissé quelques-uns, mais il reste encore celui-là. Mon indic n'est pas très chaud pour en parler.

Il préférerait qu'on s'intéresse à un autre objectif : « Ça me gêne, c'est un homme d'un certain âge, comme moi », plaide l'antiquaire. Je suspecte que ses réticences soient liées à un business entre eux, mais il affirme qu'il n'en est rien. Et il connaît l'emplacement des boxes où l'homme entrepose secrètement son trésor ! Décidément l'antiquaire ne nous dit jamais tout…

J'en rends compte aussitôt à mon chef de service qui avise à son tour le chef de division. Il nous revient alors qu'il n'est pas question qu'on « pète » notre objectif sans nos collègues des œuvres d'art, qui ont déjà une enquête en cours. Les discussions avec ces derniers ne durent pas longtemps. Ils avisent leur juge et, après quelques réunions, il est décidé de travailler ensemble. Quelques jours après, le cher Henri est arrêté, ainsi que deux autres personnes. Des dizaines de mètres cubes d'objets d'art, volés dans toute la France et destinés à l'exportation, sont alors découverts, entassés dans quatre boxes : des commodes, des cartels, des tableaux, toutes sortes d'objets de valeur que des services de police et de gendarmerie de toute la France recherchaient. Des dizaines de particuliers cambriolés, saucissonnés ou violentés vont retrouver leurs biens.

À l'époque, les fichiers des sources et des rémunérations n'existent pas. Pour chaque affaire, je fais un rapport à mon nom, détaillant le rôle de l'informateur, dont l'identité n'est alors guère protégée. Je transmets le tout à mon patron, qui le soumet ensuite à la direction qui paie… ou pas, selon l'état des finances ! Avec le recul, je me rends compte que les sommes que nous obtenions pour l'antiquaire étaient assez dérisoires en comparaison de celles d'aujourd'hui.

Ce tonton n'a jamais été mon ami. Je m'en suis toujours méfié, d'autant que je le suspectais de venir parfois à Paris en catimini pour son business, dont il se gardait bien de me parler. Ce sentiment est partagé par les hommes du groupe de François Klaine qui m'assistent en permanence dans la gestion de cette source et l'exploitation des renseignements fournis. Cette méfiance est réciproque : les surveillances techniques que j'ai fait déployer pour mieux contrôler la source en témoignent. Malgré un extérieur affable et courtois, l'homme méprise la police. Il ne poursuit qu'un seul but : gagner de l'argent. Nous croyons comprendre qu'il profite aussi de ses venues à Paris pour chiner des pièces rares à la demande de collectionneurs étrangers.

La gestion de cet informateur est très chronophage. Ses passages à Paris – lorsque j'en ai connaissance – s'éternisent souvent jusque tard dans la nuit. Dangereuse aussi. Il a beaucoup d'argent et dépense sans compter. Il veut sans cesse m'inviter au restaurant, comme il convie tout le monde… Je décline toujours. Poliment. Je ne veux surtout pas me faire « rincer »[1] par qui que ce soit. À plus forte raison par un indic ! À défaut, il me faut parfois le rejoindre tard pour boire un verre. Et les soirées s'éternisent, pour moi qui ne bois que cafés et Coca. Il parle beaucoup et sans arrêt, de tout et de rien, parfois de sa maison, dont il semble très fier. Il cherche aussi à en savoir plus sur ma vie personnelle et mes loisirs. Je reste le plus évasif possible ou je détourne simplement la conversation. Personne n'est dupe.

1. Se faire rincer : se faire inviter sans cesse, tout laisser payer par une autre personne.

Un indic peut aussi créer des tensions entre services. Et c'est bien le cas avec l'antiquaire ! Les liens avec l'Office de répression contre le vol des œuvres et objets d'art deviennent très compliqués. Il est rattaché à l'époque – je ne sais pas pourquoi – à la sous-direction des affaires économiques et financières, tandis que la répression du banditisme dépend d'une autre sous-direction, celle des affaires criminelles. Ces deux sous-directions ont toujours eu des relations alambiquées. Leurs chefs d'abord, les deux sous-directeurs, ont le même rang, le même grade, et ont potentiellement vocation à devenir un jour « le » directeur central de la police judiciaire. Du fait de la spécialité de notre informateur, il est vrai que nous intervenons beaucoup dans le domaine des objets d'art et que ce n'est pas vraiment notre tasse de thé ! L'affaire remonte jusqu'aux deux sous-directeurs. Mon chef de service et le chef de la 4^e^ division souhaitent rester dans la course. Ils font valoir que nous ne faisons qu'exploiter des renseignements, il n'y a aucune recherche active de notre part. Or, plus encore à cette époque, le renseignement ne se transmet pas de service à service, encore moins de sous-direction à sous-direction. Il reste gelé dans les unités, à plus forte raison quand il est lié à la gestion d'un informateur. Nous avons donc le feu vert pour continuer, mais « en coopérant les uns avec les autres ». Formule passe-partout de la haute hiérarchie. Ce qui lui évite de trancher, tout en se couvrant en cas de difficulté sérieuse. Toutes ces affaires me vaudront quand même, ainsi qu'à mon chef de service, le commissaire divisionnaire Paul Leray, une mauvaise relation pendant assez longtemps avec l'office des objets d'art dont la patronne, à l'époque, était le commissaire principal

Mireille Ballestrazzi, aujourd'hui directrice centrale de la police judiciaire…

Après avoir traité l'antiquaire pendant presque deux ans, les choses s'arrêtent brutalement. De toute façon, il n'est jamais bon que les relations durent trop longtemps entre un policier et son informateur. Un jour, j'apprends de la police judiciaire de Versailles qu'elle travaille sur un réseau de casseurs dont elle a même identifié le receleur, en l'occurrence un antiquaire néerlandais du nom de Hermann. Le *modus operandi* est très intéressant. Ce dernier importe des conteneurs de brocante de Grande-Bretagne à destination des Pays-Bas via la France. Il remplace alors le chargement initial sans valeur par de véritables objets d'art volés en France. Le tout est ensuite acheminé aux Pays-Bas, sous couvert des documents déclaratifs douaniers britanniques. Le dénommé Hermann travaille en confiance avec une clientèle fidèle, essentiellement constituée de collectionneurs allemands. Lorsqu'il est arrêté, il cherche à négocier ou à détourner l'attention : il dénonce un autre receleur, l'antiquaire ! L'inspecteur divisionnaire chef de groupe qui mène l'enquête est un de mes amis, nous avons été inspecteurs ensemble. Il sait que je connais cet homme et que c'est l'un de mes informateurs. Il sait aussi que je n'interférerai pas dans son enquête. Je ne suis pas – et je ne me sens pas – en dette avec mon informateur. La PJ Versailles ira jusqu'au bout de son enquête, l'antiquaire sera arrêté, condamné et emprisonné.

## « Virus » ou la lessiveuse contaminée

En ce début du mois d'octobre 2012, j'ai ma tête des mauvais jours. Il n'y a pas que moi d'ailleurs. Mon adjoint direct, tout comme le chef de l'Office central en charge de la lutte contre le trafic de stupéfiants et son homologue de l'Office pour la répression de la grande délinquance financière ont, eux aussi, perdu de leur superbe. Ce soir-là, dans mon bureau de Nanterre, à la sous-direction en charge de la lutte contre la criminalité organisée, ils m'apportent la mauvaise nouvelle. L'opération « Virus » vient de prendre une bien mauvaise tournure…

Tout avait pourtant bien commencé, par une belle affaire de stups, du classique pour François Thierry et ses hommes. Depuis plusieurs mois, ils épient les agissements d'un certain Sofiane Nedjame, débusqué grâce à l'équipe de renseignement franco-espagnole. Ce trentenaire franco-algérien se déplace beaucoup et se montre extrêmement méfiant, mais les enquêteurs, très rodés aux filatures et aux courses d'endurance, ne le lâchent ni le jour ni la nuit. Ils le voient ainsi entrer et sortir plusieurs fois par jour d'une supérette de Mantes-la-Jolie, dans les Yvelines, les mains toujours vides…

Ils comprennent alors vite que l'homme organise son juteux business à partir de ce magasin et qu'il passe ses ordres via le téléphone fixe de l'endroit. En parfait commerçant, il gère l'approvisionnement et veille à la bonne distribution du shit dans les cités des Yvelines avant, évidemment, de collecter le fruit de son travail. Nedjame récupère ainsi plusieurs millions d'euros, que des hommes de confiance lui livrent dans de simples sacs plastiques. Au fil de l'enquête, les hommes des Stups réussissent à découvrir comment il s'enquiert des exportations de cannabis au départ du Maroc et des dates de livraison via les go-fast qui remontent nuitamment la drogue depuis l'Espagne.

Il est très tentant de conclure l'affaire à ce stade. L'existence du trafic est bien établie. Nous pourrions dès maintenant réaliser une belle saisie et peut-être même intercepter un de ces maudits sacs d'argent que nous nous contentons jusqu'à présent de regarder passer ! Mais ce n'est pas du tout l'avis des spécialistes de la délinquance financière et de leur chef qui suivent l'enquête depuis le début. Un point de vue que je partage : ce n'est surtout pas le moment ! Pour eux comme pour moi, l'affaire commence seulement à être intéressante... Nous savons d'où vient l'argent récolté : des consommateurs de shit. Mais où va-t-il ? Qui en profite ? Nous sommes parvenus à comprendre comment les livreurs sont payés à réception. Mais qui paie les fournisseurs marocains et, accessoirement, à quel tarif ? Et surtout, comment s'effectuent les transferts d'argent entre pays ?

J'ai moi-même dirigé l'Office central pour la répression du trafic illicite des stupéfiants, de 2001 à 2005, et je sais combien il est frustrant de ne pas pouvoir aller jusqu'au bout. Arrêter des dealers de cités, c'est nécessaire. Démanteler un réseau international, c'est indispensable. Mais anéantir tout un système, basé sur l'économie mondialisée, c'est beaucoup mieux. Au fil de mes enquêtes et les années passant, j'ai vu combien l'approche purement « stups » était vaine. Elle n'aboutit qu'à des saisies de produits et à l'arrestation de personnes plus ou moins importantes. Certes, nous obtenons parfois un doublé, « stups ET argent ». Nous réussissons même régulièrement à effectuer des saisies de biens au titre du démantèlement des avoirs criminels. Mais le volet financier « dur », le réacteur économique, reste généralement dans l'ombre. Intact, le système est toujours prêt à redémarrer.

Ce dont je suis sûr, c'est que la perte de marchandise n'a jamais eu aucun effet durable sur les organisations. Je suis également convaincu, pour l'avoir constaté à de nombreuses reprises, que chaque soldat, quel que soit son grade, est facilement et rapidement remplacé. Les enjeux financiers sont trop colossaux. Quand j'entends parler de « guerre totale à la drogue », je ne peux m'empêcher de sourire. C'est un domaine où il n'y a pas de « guerre » à gagner ! Il n'y a que des batailles, petites, grandes, et sans fin. Et cela n'enlève rien aux qualités des enquêteurs qui sont sur le front. Peu de gens ont conscience de l'énergie qu'il faut et de la disponibilité que ces hommes et femmes doivent déployer, quels que soient leurs grades et leurs services, pour lutter contre ce fléau. Nous sommes très loin de l'image du fonctionnaire pantouflard et attaché à ses horaires, que certains se plaisent si souvent à décrire en forçant le trait pour servir leurs desseins politiques et économiques. Ces policiers sont, pour la plupart d'entre eux, totalement investis, au point qu'ils en négligent leur propre vie. Après des années passées aux Stups, rares sont celles et ceux qui en sortent indemnes.

Tous, à moins d'être inconscients, savent que le trafic de drogue n'est pas central. Ils sont persuadés, en revanche, que le produit de la vente l'est. Cet argent doit redevenir « propre » à un moment ou à un autre. Le blanchiment est un objectif et même une étape obligatoire pour les grands réseaux qui organisent des trafics transcontinentaux de cocaïne, d'héroïne, de drogues de synthèse de toute sorte ou de cannabis. En fait, c'est même le but de tout trafiquant. Ce n'est pas tant le produit – drogues, armes, matières premières, déchets ou que sais-je encore… – qui intéresse les criminels, mais bien plus la manière dont ils peuvent rapidement s'enrichir et profiter ensuite de cet enrichissement sans s'exposer à des poursuites. Or, compte tenu des législations qui ont vu le jour dans la plupart des États, les dealers doivent désormais faire très attention à ce qu'ils font pour ne pas éveiller les soupçons. Leurs efforts sont concentrés sur la manière dont les sommes générées par le trafic peuvent réapparaître légalement, pour qu'ils puissent les utiliser au grand jour et même, idéalement, qu'elles retrouvent le chemin classique des banques.

Sofiane Nedjame est dans cette quête continuelle du blanchiment. Mais comment s'y prend-il ? Par quel circuit, par quels intermédiaires, avec quelles complicités ? Avant de se lancer dans pareille aventure, il lui a fallu bâtir des alliances, trouver des complicités. J'ai bêtement usé du même stratagème : faire travailler des gens ensemble ! Convaincu qu'il faut une approche simultanée et combinée des investigations, à la fois financières et criminelles, je demande donc aux policiers en charge de traquer les petits et gros dealers de se rapprocher systématiquement de leurs collègues en chasse de la délinquance financière. *A priori*, deux univers difficilement compatibles. Aux Stups, les fonctionnaires travaillent nuit et jour, week-end compris, portent des blousons et des baskets. Leur quotidien est fait de filatures, de planques, de saute-dessus et de tontons. Chez les financiers, c'est autre chose : leurs horaires sont plus conformes à ceux des bureaux, les fonctionnaires travaillent beaucoup derrière leurs ordinateurs et avec leurs téléphones, ils étudient données bancaires et bilans comptables. Dans la rue des Trois-Fontanot, à Nanterre, ces deux types de flics cohabitent, mais dans des immeubles différents, à quelques numéros de distance. Ils ne partagent pas les mêmes locaux, ne fréquentent pas forcément les mêmes cantines, n'obéissent pas aux mêmes habitudes… Mais, ils ont fini par s'apprivoiser, se reconnaître, comprendre qu'ils poursuivaient le même objectif. Ils ont été aidés en cela par leurs chefs respectifs qui s'apprécient et sont convaincus qu'il faut travailler ensemble.

Cette enquête, inédite par sa nature, par son ampleur, va ainsi nous conduire des plantations de cannabis des hauts plateaux marocains jusqu'au sous-sol feutré des banques suisses, en passant évidemment par certains quartiers de nos villes.

Nous voilà prêts. Un groupe mixte s'est constitué. Les « stupeux » du commissaire divisionnaire François Thierry épient Sofiane et ses dealers. Les « financiers » du commissaire divisionnaire Jean-Marc Souvira s'intéressent aux « collecteurs », qui rapportent l'argent à la supérette, mais tous ces enquêteurs se retrouvent fréquemment ensemble sur le terrain. Je sais que l'enquête va être longue et délicate. Les voyous auxquels nous avons affaire sont retors, ils prennent un maximum de précaution pour ne pas éveiller le moindre soupçon et n'utilisent pas les moyens habituels de communication. Et Sofiane Nedjame, en patron avisé, a mis en place une efficace division du travail : ses « salariés » ne se connaissent pas, chacun sa tâche. Si l'un d'entre eux tombe, il sera dans l'incapacité de nous renseigner sur ses « collègues ». Mais, étrangement, la suite des événements va me l'apprendre : ce n'est pas d'eux dont j'ai le plus à craindre…

Neuf mois après le déclenchement de l'opération « Virus », qui mobilise à temps plein une trentaine de fonctionnaires, nous avons beaucoup avancé. Nous sommes en train d'identifier un à un tous les acteurs de ce vaste trafic de drogue et du circuit de blanchiment. Et moi qui imaginais un ballet de voitures aménagées ou encore des voyageurs prenant tous les risques en transportant l'argent dans des valises à double fonds. Il n'en est rien ! La mécanique mise en place est beaucoup plus subtile et efficace. Notre conviction est faite : l'argent de ce trafic de drogue ne quitte pas Paris ! C'est à force de patience, de surveillances et de planques, que nous en avons acquis la certitude.

Des « collecteurs » font d'abord la tournée des dealers. Ils amènent ensuite l'argent à Nedjame. Ce dernier missionne ensuite des « livreurs ». Lesquels ne sont pas plus de trois ou quatre. Une première difficulté est de les distinguer des autres acteurs, mais on peut faire confiance aux hommes des Stups. Plusieurs fois par semaine, ils les voient entrer et sortir de la supérette, puis prendre le chemin de la capitale avec leurs petits sacs plastiques en main. Les « livreurs » ne le savent pas, mais ils font tous leurs dépôts auprès d'une seule et même personne.

Les surveillances se concentrent alors aussitôt sur ce nouveau personnage totalement inconnu jusqu'alors. Son identification est rapide : il s'agit d'un certain Mardoché Elmaleh. Originaire de Casablanca au Maroc, sans profession, ni revenu déclaré, il vit discrètement à Paris. Il est un des éléments essentiels de notre lessiveuse d'argent sale. En à peine trois mois, nous comptabilisons plusieurs dizaines remises d'argent, que nous estimons à plus de 3 millions d'euros. Que peut-il en faire ? Ces sommes, Elmaleh ne les garde pas pour lui. Il fait le tour des beaux quartiers, du Fouquet's sur les Champs-Élysées à un café chic de l'Opéra. Et même quand il paraît parfois s'égarer du côté de l'Est parisien, vers Nation, c'est toujours avec ces mêmes sacs plastiques, semblables à ceux que les caissières nous vendent quelques centimes d'euros dans les centres commerciaux.

Nous sommes presque déstabilisés par ce *modus operandi*. L'homme semble, à première vue, distribuer de l'argent à des quidams qui n'ont rien à voir avec le trafic et n'ont aucun lien entre eux. Souvent l'échange est très rapide, pas plus d'une minute, une simple rencontre en pleine rue. D'autres jours, à l'inverse, il prend le temps de boire un verre en terrasse avec son « client ». Il nous faudra des centaines d'heures de surveillances et d'écoutes téléphoniques pour identifier ces personnes et mieux comprendre cet étrange ballet.

L'enquête en est arrivée à ce stade lorsqu'en ce fameux soir d'octobre 2012, mon adjoint flanqué des deux chefs d'office déboulent dans mon bureau. « Bernard, on est dans la merde », me disent en cœur Jean-Marc Souvira et François Thierry. Leurs hommes ont commencé à identifier les individus à qui Elmaleh donne les fameux sacs plastiques et leur précieux contenu. La plupart sont en fait des notables, biens sous tous rapports, sans lien avec le trafic de drogue : des médecins, des avocats, des chefs d'entreprise, des marchands d'art ou de biens, etc. L'un d'entre eux est une femme, une Parisienne d'allure bourgeoise, d'une quarantaine d'années. Pour notre malheur, nous découvrons que c'est une élue au Conseil de Paris. Il se trouve qu'elle est écologiste, mais elle pourrait être de droite, de gauche, d'en haut ou d'en bas, cela ne changerait rien ! C'est une élue. É-L-U-E-E. François et Jean-Marc ont raison : « On est dans la merde. » Je suis dans la merde.

Certes, cette écolo n'est pas une personnalité politique de premier plan. Elle n'est ni Nicolas Sarkozy, ni Bernard Tapie, ni Marine Le Pen. D'ailleurs lorsque les enquêteurs l'ont croisée pour la première fois, ils n'avaient pas la moindre idée de qui elle était. Juste une jeune femme d'apparence aisée, aperçue en compagnie de Mardoché Elmaleh, avec qui elle sirote un café à une terrasse parisienne. Lui est venu au rendez-vous avec son sempiternel sac plastique comme s'il revenait tout juste de faire ses courses au supermarché du coin. À l'intérieur, on apprendra qu'il y avait 350 000 euros en petites coupures, retenues en liasses par de petits élastiques. L'échange dure moins de dix minutes et sans comptage. Une fois le café avalé, c'est elle qui repart avec le sac. Drôles de provisions…

Cet épisode où une élue de la République apparaît dans un réseau de blanchiment de l'argent de la drogue, nous devons en rendre compte immédiatement au magistrat. Je dois aussi en faire part à ma hiérarchie et je n'ignore pas qu'une fois « signalée », cette affaire risque d'exploser en faisant le tour des palais de la République. Le directeur central de la police judiciaire une fois prévenu doit en dire un mot à sa propre hiérarchie, la Direction générale de la police nationale. Cette dernière pourrait aviser à son tour, d'une manière ou d'une autre, le cabinet du ministre de l'Intérieur, soit directement, soit par une de ces « notes ministres », qu'on appelle désormais pudiquement « notes d'information », et qui échouent, plusieurs fois par jour, sur le bureau du directeur de cabinet ou parfois sur celui du ministre lui-même. C'est une des conséquences de l'organisation pyramidale de la police judiciaire et de son rattachement au ministère de l'Intérieur. Après tout, c'est assez normal : le ministre de l'Intérieur doit être le premier informé des affaires sensibles, dans le cas où il aurait à en tirer des enseignements ou à prendre une décision. Le problème est que, selon les intérêts partisans – et parfois contradictoires – des uns et des autres, on imagine aisément que l'information puisse aussi fuser de cabinet en cabinet, de ministre en ministre. Il est probable qu'il existe même un circuit court pour les affaires ultra-sensibles : Beauvau-Matignon-l'Élysée. Parfois, la Chancellerie est aussi dans la boucle. D'autant que le garde des Sceaux a son propre réseau d'information : les affaires signalées par les procureurs de la République remontent jusqu'à la Direction des affaires criminelles et des grâces, la DACG, laquelle peut aussi informer son ministre en temps réel.

Bref, l'enquête peut potentiellement perdre tout ou partie de son caractère confidentiel. Si ce n'est le « Tout-Paris », certains *happy fews* pourraient bientôt savoir. Que l'information remonte, il n'y a rien de choquant.

Cela relève même, me semble-t-il, du bon fonctionnement démocratique d'une République apaisée. Ce qui prête, en revanche, à critiques, c'est l'utilisation qui peut être faite de cette information. Et de sa possible instrumentalisation, voire de sa médiatisation. Car dans ce genre d'histoire où une personnalité – petite ou grande – est mise en cause, je redoute toujours qu'il y ait quelqu'un qui trouve un intérêt à balancer aux journalistes, soit pour se faire mousser auprès d'eux, soit pour « flinguer » ladite personnalité ou son parti, soit pour plomber l'enquête. Parfois, pour toutes ces raisons à la fois…

Pas de pot, quand même ! Toute notre enquête risque d'être polluée. C'est vraiment une plaie chaque fois que nous tombons sur des élus au cours de nos investigations. Sous la menace d'une publicité mal venue, il faut donc agir vite. L'élue comme tous les autres protagonistes qui bénéficient des remises d'argent d'Elmaleh ne sont que les derniers rouages d'une machinerie financière parfaitement huilée, qui repose entièrement sur la confiance et fonctionne de façon quasi dématérialisée, c'est-à-dire sans la moindre écriture, afin d'éviter toute trace susceptible de devenir une preuve à charge. Avec elle, comme avec les autres notables, nous mettons au jour une sorte de groupement d'intérêt économique. D'un côté de la chaîne, les trafiquants de cannabis, la machine à cash, représentés par Sofiane Nedjame. Eux veulent récupérer l'argent de leur business sans être suspectés. À l'autre bout de la chaîne, des quidams qui cherchent, tout en échappant au fisc français, à récupérer leurs « économies » discrètement placées de l'autre côté de la frontière dans des coffres suisses.

Le lien entre tous se nomme Mardoché Elmaleh. Mais il n'est pas seul. Ses frères vivent et travaillent dans le milieu bancaire, du côté de Genève, en Suisse. L'un d'eux dirige une société de gestion de patrimoine et de fortune (GPF) en lien avec la banque HSBC. Il semble bien que leur business ait commencé en 2009. Grâce à eux, leur belle clientèle de fraudeurs fiscaux avait la certitude de ne prendre aucun risque. De fait, l'argent, livré à la demande – un peu comme des sushis ou une pizza un soir de match –, ne franchissait jamais physiquement les frontières. Finis, les transports de liasses dans des mallettes à double fond ou dans des faux planchers de voitures, comme dans *Le Corniaud* de Gérard Oury.

Grâce à cette fratrie marocaine, les voyous se débarrassaient de leurs encombrantes liquidités pour les retrouver au terme d'un circuit complexe, sous forme de biens immobiliers à Dubaï, au Maroc, en Espagne, ou dans des parts de firmes internationales, ou encore dans des coffres-forts bien planqués dans des paradis fiscaux. Presque un milliard d'euros sont alors sous gestion GPF, avec cinq cents comptes bancaires et plus de cent sociétés offshore. De quoi donner le tournis.

Cette juteuse opération de recyclage – qui brasse pas moins de 100 millions par an – était menée à partir de banques et sociétés helvètes, contrôlées par, ou propriétés de, la fratrie Elmaleh. Eux ont tout compris au fonctionnement de la mondialisation financière, l'utilisant à merveille… au service du crime. Au passage, ils n'oublient évidemment pas de se servir : jusqu'à 8 % par transaction.

S'ils sont bien les acteurs de ce système, les frères Elmaleh n'en sont pas les seules têtes pensantes. Un de leurs amis d'enfance semble avoir joué un rôle clé dans ce système de recyclage. Il se nomme Simon Pérez. Franco-Marocain, âgé alors d'une petite cinquantaine d'années, il est le chaînon entre ses amis banquiers et les trafiquants du Rif. Il semble aussi être un donneur d'ordre. Un jour, par téléphone, il recommande à Mardoché Elmaleh de « se tenir prêt. On redémarre là, tu comprends ? Le temps de ramasser. Parce que quand la machine tourne, c'est facile… ».

Quand l'affaire est révélée publiquement, malgré nous, elle fait l'effet d'une bombe, autant à Paris qu'à Genève. Au total, sur mandat du juge Beaudoin Thouvenot, nous interpellerons le 11 octobre 2012, vingt et une personnes, dont quatre en Suisse. Pérez lui, sous le coup d'un mandat d'arrêt international, s'est carapaté en Israël. Le 20 décembre, de retour à Paris en provenance de Tel Aviv, nous l'interpellerons à Roissy.

« Virus » a atteint son objectif, la lessiveuse est anéantie. À Nanterre, les flics de l'Office central pour la répression de la grande délinquance financière ne seront plus jamais vus par leurs collègues comme des cols blancs.

La méthode a donc fait ses preuves. D'autres affaires vont suivre : « Rétrovirus », « Scooter », « Fièvre jaune »… Toutes ont abouti au démantèlement d'importants réseaux de blanchiment et toutes avec des traits communs : le transport et la manipulation d'argent sur le territoire national, effectués sans précaution particulière, ce qui est toujours assez déconcertant pour les enquêteurs chargés des surveillances. Les transferts internationaux sont quasiment indétectables, car réalisés par compensation entre communautés. Ces affaires montrent aussi les limites de notre dispositif anti-blanchiment, si bon soit-il. L'organisme du ministère de l'Économie et des Finances chargé de la lutte contre le blanchiment d'argent et contre le financement du terrorisme, Tracfin (Traitement du renseignement et action contre les circuits financiers clandestins), ne peut rien détecter. Parce qu'il n'y a rien à détecter !

Ce système repose sur une improbable confiance entre des personnalités issues d'univers totalement différents. À travers les écoutes, nous découvrons aussi tous les petits problèmes rencontrés par nos collecteurs d'argent et leurs petites mains, des problèmes que nous n'imaginions pas : « les caoutchoucs des machines à compter les billets s'usent trop vite », « les élastiques pour enliasser les billets et tout ça, ça revient cher à force », « ça prend du temps de compter toutes ces liasses », « il faudrait pouvoir embaucher », « je ne sais pas où on va ranger tout ça »…

« Ça calme », comme dirait un policier que j'adore.

## On se mouille

Rimbaud sonne. C'est une première pour moi. Ce « Rimbaud » n'a évidemment rien à voir avec Arthur, le poète. Il s'agit du Réseau interministériel de base uniformément durci (*sic*). Quelle poésie ! Ce téléphone d'un autre temps est un moyen de transmission, distinct de ceux des opérateurs classiques, pour assurer la continuité de l'action des services de l'État en cas de crises majeures. Lorsqu'il se met à tintinnabuler en ce matin du printemps 2002, dans mon bureau de patron de l'Office central de répression du trafic illicite de stupéfiants, je suis étonné. À ma connaissance, ce n'est pas la guerre. C'est pourtant un militaire qui s'adresse à moi. Je le connais déjà : nous préparons ensemble l'interception d'un cargo avec de la coke à son bord. Après les salutations d'usage, il me glisse : « Ok, maintenant passons en crypté… » Je ne sais pas comment faire et je n'ose pas le lui dire… Après quelques minutes d'attente, il me rappelle pour me demander quel est le problème. Je finis par avouer mon ignorance. Il m'indique alors la marche à suivre : je dois insérer une carte cryptée dans le logement *ad hoc* de l'appareil. Il me précise que si je ne m'en suis encore jamais servie, elle doit encore être dans son logement sous le téléphone. Une fois raccroché, je retourne l'appareil. Et là, surprise, aucune carte ne s'y trouve ! Je hèle aussitôt mon adjoint, le commissaire Philippe Salagnac, un féru de technologie, pour savoir s'il sait où se trouve cette fichue carte, et si, par hasard, elle n'est pas au coffre. Je dois me rendre à l'évidence : nous ne savons pas où se trouve cette maudite carte, ni même si nous en détenons une ! L'officier de marine me téléphone pour la troisième fois. Penaud, je lui explique la situation. Long silence. Pour masquer mon embarras, je tente une – mauvaise – plaisanterie, destinée à détendre l'échange : « Nous pourrions peut-être ne prononcer qu'une syllabe sur deux en guise de cryptage ? » Ma vanne fait plouf ! D'un ton froid et monocorde, mon interlocuteur me prévient : « Je mets fin à notre échange, nous nous verrons en réunion ! » Repos !

La réunion en question est prévue, à Matignon, dans les locaux du Premier ministre. La première du genre a eu lieu quelques semaines plus tôt. Autour de la table se trouvent des représentants du chef du gouvernement, son cabinet militaire, des huiles de l'état-major de la marine nationale et du ministère de la Justice et… moi. J'avoue avoir été intimidé. Ce genre de rencontre est une première pour moi. Mais, après tout, j'en suis à l'origine. Et pour cause…

J'avais été précédemment destinataire d'un tuyau en provenance des services américains. Non pas de la DEA, le service anti-drogue américain comme certains l'ont cru à l'époque, mais du Joint Inter Agencies Task Forces (JIATF). Ce centre, basé à Key West dans le sud de la Floride, reçoit tous les renseignements relatifs au trafic de drogue par voie maritime ou par voie aérienne sur la zone. Il cherche ensuite en temps réel les moyens civils et militaires les plus adaptés et les mieux placés pour procéder à des interceptions. Ses responsables étaient entrés en contact avec moi via Roger Bencze, un Franco-Américain, colonel de gendarmerie et ancien de la Navy, alors en poste au JIATF. J'avais fait sa connaissance alors qu'il accompagnait une délégation américaine en visite en Paris. Nous avions sympathisé. Il m'avait impressionné par son parcours personnel et l'étendue de ses connaissances professionnelles, en particulier sur le trafic de cocaïne par voie maritime. Roger, qui était parfaitement bilingue, était très apprécié de la hiérarchie américaine ; sa compétence et sa bienveillance à l'égard des services français firent que son action fut déterminante dans ce dossier. Le message qu'il me transmet est de premier intérêt. Un cargo, long de quatre-vingt-dix mètres et battant officiellement pavillon cambodgien, baptisé *Winner*, doit quitter la zone Caraïbe et traverser l'océan Atlantique en direction de l'Europe, avec un chargement de cocaïne. Sur le papier, ce navire ne transporte que de la ferraille précédemment chargée à Cuba, qu'il doit officiellement livrer à Bilbao, en Espagne.

Lors de la première réunion de Matignon, tous m'interrogent. Quelle certitude-a-t-on sur la présence de cocaïne à bord ? Aucune, suis-je obligé de répondre. En ajoutant aussitôt avoir foi en la qualité du renseignement… De quelle quantité parle-t-on ? À ce stade, je ne dispose d'aucune précision, mais sans doute de plusieurs centaines de kilos au regard du vecteur de transport… Les convoyeurs sont-ils armés ? Ce sont des contrebandiers, pas des braqueurs, mais je ne peux pas savoir quelle sera leur réaction en cas d'assaut. Car c'est bien cela que nous préparons dans les locaux, à la fois majestueux et défraîchis, de Matignon : l'abordage du *Winner* !

Mes interlocuteurs, civils comme militaires, finissent par être convaincus de la nécessité de l'opération. À compter de ce moment-là, les nuits commencent à devenir très courtes, d'autant que mes correspondants américains font peu de cas du décalage horaire. En temps réel, ils m'informent que le cargo vient de quitter Cuba, pour mettre le cap à l'est. Le suivi satellitaire indique ensuite qu'il a soudain ralenti et qu'il a même brièvement stoppé ses machines, à peine entrée dans les eaux internationales, dans l'Atlantique, au milieu de nulle part… Pour les Américains, cette manœuvre n'est pas anodine : elle signifie qu'un chargement en haute mer a eu lieu, « un bord à bord » dans le jargon des marins.

Par la suite, grâce aux auditions des marins du *Winner*, nous obtiendrons la confirmation que le cargo s'était bien arrêté cette nuit-là. Malgré une mer très agitée, un chalutier de pêche dont le nom a été préalablement et soigneusement masqué grâce à de grands panneaux amovibles, s'est porté à sa hauteur pour procéder au transbordement des ballots de cocaïne. Au moins deux tonnes !

Aussitôt alertés, nous nous tenons prêts. Ce 13 juin 2002, je retrouve mes partenaires à Matignon. En particulier, un officier supérieur du cabinet militaire, en grand uniforme, qui dispose de deux téléphones. Une ligne directe avec le Premier ministre, Jean-Pierre Raffarin – rien que ça ! – et une autre avec le « Pacha »[1]

1. Sous l'Empire ottoman et dans les premières années de la République turque, Pacha signifiait général. Pendant le Second Empire, et

du bâtiment de la marine française, un aviso nommé *Lieutenant de vaisseau Le Hénaff*. Le *Winner*, lui, vogue dans l'océan Atlantique, à l'ouest des Canaries et à mi-chemin des îles du Cap-Vert. C'est le moment que nous choisissons pour passer à l'action.

L'ordre d'arraisonner le cargo est transmis au commandant du vaisseau français. Aussitôt, celui-ci intime l'ordre au *Winner* de stopper ses machines. Le cargo reste sourd à toutes ses demandes et poursuit sa route. Le militaire que je ne quitte plus des yeux demande alors au Premier ministre l'autorisation d'un tir de sommation juste devant l'étrave du bâtiment. Jean-Pierre Raffarin l'accorde. L'officier transmet aussitôt le feu vert au Pacha de notre aviso. Tout civil que je suis, j'ai l'impression de participer à une opération de guerre !

Le capitaine du *Winner* sait qu'il ne peut échapper au *Lieutenant de vaisseau Le Hénaff*. Au second tir de sommation, il se décide enfin à stopper les machines, mais il a gagné assez de temps pour permettre à son équipage de jeter par-dessus bord tout le chargement illégal. Près de deux tonnes de coke sont ainsi passées par le fond. Les marins du cargo avaient anticipé un contrôle : les précieux ballots ont été chargés et entreposés dans les passes arrière, près des canaux de sauvetage à la poupe du navire. Sanglé sur des palettes de bois, toutes enduites de graisse, la marchandise était ainsi prête à être balancée par-dessus bord. Deux heures après le début des hostilités, les hommes du commando Jaubert montent enfin à bord et se rendent maîtres du navire. *In extremis*, ils parviennent à récupérer un

---

plus précisément pendant la guerre de Crimée, l'usage voulait qu'on appelle ainsi les commandants de flottes et de vaisseaux.

ballot de quatre-vingts – petits – kilos de coke. Peu de chose au regard de la quantité initialement transportée. Mais suffisante pour matérialiser l'infraction. Une réussite pour nous policiers comme pour les militaires. L'arraisonnement est largement médiatisé : la marine avait pris soin de filmer toute l'intervention, ce que j'ignorais totalement au départ.

Et puis, comme bien souvent dans notre pays, après la réussite d'une affaire, les ennuis commencent.

Certains médias, les avocats des mis en cause et même des collègues s'interrogent ouvertement : pourquoi avoir choisi d'intervenir si loin dans les eaux internationales ? Pourquoi ne pas avoir attendu que le *Winner* soit à quai dans un port pour arrêter l'équipage et récupérer l'intégralité de la poudre ? Je dois alors expliquer à tout ce beau monde qu'un bateau qui part « à vide » d'un port, qui charge en haute mer, devrait vraisemblablement, par une sorte de parallélisme des formes, opérer de la même manière à l'arrivée. Ce cargo ne serait évidemment jamais arrivé dans le port de Bilbao avec ses palettes de cocaïne sur le pont ! Il allait à nouveau transborder sa cargaison en pleine mer sur un autre navire. Les mêmes et d'autres nous reprochent alors de ne pas avoir attendu le contact avec ce second bateau. Ces experts du « Yaka » m'expliquent doctement que l'opération aurait été alors plus belle, plus efficace. Dans un long article, même *Le Monde* relaie les thèses qui contestent la légalité de l'opération. Ce qui me vaut aussitôt d'être mis en garde par ma hiérarchie. Tous ces braves gens semblent avoir totalement oublié les deux tonnes de cocaïne, le rôle joué par le commandant et certains membres de l'équipage, ainsi que la mise à mal d'un puissant réseau de trafic international de cocaïne.

En fait, depuis le début et durant toute cette opération, mes seules interrogations ont toujours porté sur le statut des membres de l'équipage du *Winner* après l'arraisonnement. La garde à vue de ces hommes ne pouvait en effet pas excéder le délai légal de quatre-vingt-seize heures et nous savions qu'il faudrait beaucoup plus de temps pour ramener le bateau jusqu'à Brest comme nous y étions hélas contraints par notre propre législation. J'étais néanmoins presque sans inquiétude tant nous étions épaulés par les experts en droit de tous les ministères concernés.

Le remorquage du *Winner* prit finalement treize jours. Les plus hautes instances judiciaires eurent à se prononcer sur la légalité de l'opération. Huit ans après les faits, la Cour européenne des droits de l'homme[1] mit un terme au feuilleton juridique[2]. Le capitaine du navire fut condamné à vingt ans d'emprisonnement et trois membres d'équipage, un Chypriote et deux Chiliens, à des peines respectives de dix-sept, douze et trois ans. Le reste des marins, quatre Roumains et trois Ukrainiens, furent acquittés. Enfin, le 20 avril 2005, les deux ressortissants grecs, propriétaires du cargo, furent condamnés par la justice de leur pays à la prison à perpétuité.

Ce qui est intéressant dans cette aventure, c'est qu'elle a permis de renforcer nos outils de lutte anti-drogue. Je confesse avoir été envieux de l'organisation américaine

1. CEDH, Gde ch., 29 mars 2010, Medvedyev et autres c. France, req. n° 3394/03.

2. 3 octobre 2002, arrêt de la chambre de l'instruction ; 15 janvier 2003, arrêt de la Cour de cassation ; 28 mai 2005, arrêt de la cour d'assises d'Ille-et-Vilaine ; 6 juillet 2007, arrêt de la cour d'assises de Loire-Atlantique ; 10 juillet 2008, arrêt de la CEDH…

et notamment de leurs forces opérationnelles. Après des contacts directs avec les services de renseignement et d'enquête britanniques, italiens et espagnols, nous tombons rapidement d'accord. Nous ne pouvons pas rester spectateurs de ce gigantesque trafic transcontinental par voie maritime. Il faut pouvoir échanger des informations entre Européens, puis préparer et mutualiser des interceptions en mer.

Au fur et à mesure que nos discussions avancent, la liste des partenaires nationaux s'allonge. Tout le monde veut en être. Qui dit « moyens maritimes » dit évidemment marine nationale mais aussi douanes, sous tutelle de Bercy, et Secrétariat général à la mer, placé sous l'autorité du Premier ministre. La Justice comme le Quai d'Orsay sont également associés : nous allons mettre en application des conventions internationales et solliciter des autorisations d'arraisonnement par voie diplomatique auprès de pays étrangers. Il nous faut aussi compter avec la Direction de la coopération internationale du ministère de l'Intérieur et avec la Mission interministérielle de lutte contre les drogues et la toxicomanie[1] qui accorde des financements, et sans doute bien d'autres « boutiques » que j'ai oubliées depuis... Finalement, après plusieurs mois d'efforts consacrés notamment à mettre en musique tous ces acteurs publics, le Centre de coordination de lutte anti-drogue en mer, le MAOC[2] en anglais, voit le jour.

Le projet abouti n'est pas exactement conforme à ce que j'avais imaginé. Je regrette surtout qu'on en soit resté à une « coopération renforcée », c'est-à-dire limitée

1. La MILDT devenue par décret ministériel le 11 mars 2014 la Mission interministérielle de lutte contre les drogues et les conduites addictives (MILDECA).

2. Maritime Analysis Operationnal Center.

à quelques États. Le MAOC aurait dû être un véritable outil européen de lutte contre le crime organisé et le narcotrafic. Aujourd'hui, solidement établi à Lisbonne, ce centre rassemble des Français, des Britanniques, des Espagnols, des Portugais, des Irlandais, des Italiens et même des Américains, en lien avec le fameux JIATF. Des policiers, des douaniers, des marins de différents pays travaillent donc quotidiennement ensemble. Outre qu'il est un lieu d'échange du renseignement, le MAOC permet aussi de trouver, presque à tout instant, un vaisseau de marine disponible, capable d'arraisonner un bateau suspect. Y compris jusque très loin, dans le golfe de Guinée…

Il faut avoir vécu des affaires de trafic transcontinental par voie maritime pour comprendre combien elles sont exceptionnelles. Elles permettent aussi de mesurer la toute-puissance des grands réseaux. Les mules, passeurs de drogue dans les avions, ou les go-fast, le pied au plancher sur autoroute, ne sont que de piètres amateurs au regard de telles organisations ! C'est folie que de vouloir s'attaquer à elles sans rechercher des alliances avec la marine, les douanes et certains services étrangers.

À ce niveau de trafic, les organisations criminelles ont souvent des moyens supérieurs à ceux des services répressifs des États. Elles sont aussi parfaitement au faîte des conventions internationales – elles ont leurs juristes – et font montre en conséquence de réelles capacités d'adaptation. Le choix du pavillon du navire, du capitaine, la nationalité des membres d'équipage, la localisation des chargements, l'habillage des manifestes de bord, tout est pensé. Aujourd'hui, les navires des trafiquants n'hésitent plus à aller jusqu'au large des côtes de l'Angola ou de l'Afrique du Sud pour délivrer leur cargaison, bien loin du golfe de Guinée et tout à fait hors de notre portée ou presque. La lutte contre ces groupes suppose donc un minimum de « background », on dirait aujourd'hui des « prérequis », faute de quoi bien des ratés ou des malentendus sont possibles. Ce sont aussi des affaires qui dérangent et qui peuvent être source de contentieux entre les différents partenaires. L'affaire du remorqueur *Pitéa* allait en être une illustration.

Elle débute pendant le mois de juillet 2004. Les services douaniers français apprennent alors qu'un remorqueur de haute mer long de vingt-huit mètres, battant pavillon togolais, navigue au large du Venezuela dans l'attente d'être chargé avec deux tonnes de cocaïne. Ce navire fait l'objet d'un suivi assuré par une « équipe dédiée »[1] britannique opérant sur le Venezuela.

L'Office central de la répression du trafic illicite des stupéfiants, que je dirige alors, n'est pas destinataire de cette information. Les Britanniques sont convaincus que le *Pitéa* va se rendre directement dans les eaux européennes, voire dans un port, avec sa cargaison de drogue. Les services douaniers espagnols et français devraient alors pouvoir procéder à la saisie de la marchandise.

Mais rien ne va se passer comme prévu.

Alors qu'il n'effectue que d'interminables ronds dans l'eau aux abords des côtes du Venezuela, le *Pitéa*, comme lassé d'attendre, fait soudainement route plein ouest. Il prend la direction de l'Afrique et du golfe de Guinée. Cette destination, bien trop éloignée des côtes européennes, ruine tous les espoirs des gabelous

1. Voir *infra*.

du Vieux Continent. Mis à part les marines nationales qui disposent de moyens hauturiers et d'avions de reconnaissance, aucun de ces services ne peut descendre jusque dans le golfe de Guinée pour intercepter le remorqueur et arrêter ses trafiquants. Ces derniers le savent fort bien.

L'affaire devrait donc en rester là. Mais les Britanniques sont tenaces. Ils prennent attache avec mon service : ils n'acceptent pas de devoir « lâcher le morceau » ! Ils sont convaincus que le *Pitéa* est impliqué dans un vaste trafic de cocaïne et qu'il y a de la came à bord. Je reste perplexe. Pourquoi s'adressent-ils à nous ? Ils disposent assurément des moyens pour agir par eux-mêmes. Encore que d'expérience je sais aussi qu'on peut ne pas pouvoir en disposer ou pas au bon endroit... Si les héritiers de l'amiral Nelson se montrent aussi *pushy*, c'est bien qu'ils croient en leur affaire, même si je suis convaincu qu'ils ne nous disent pas tout.

Nous n'allions pas tarder à le savoir. Je me rapproche finalement de l'état-major de la marine pour savoir si elle dispose d'un navire sur zone capable de procéder à un arraisonnement. Ce n'est pas vraiment le cas, mais, comme toujours, les marins se montrent disponibles et efficaces. Le *Pitéa* est intercepté[1] le 6 septembre 2004 au large des côtes du Ghana dans le respect des règles du droit international. Les premiers contrôles à bord sont négatifs : on ne trouve aucune trace de cocaïne. Le remorqueur est acheminé jusqu'à Lomé, son port d'attache au Togo. Un navire atelier de la marine nationale le rejoint bientôt pour procéder à une fouille complète. Une équipe de l'OCTRIS l'y attend déjà. Dans la

1. *L'Orage* et le *Laplace* procédèrent à l'opération.

mesure où la douane a été le premier destinataire du renseignement, j'ai proposé à la Direction nationale du renseignement douanier de se joindre à nous. Ce qu'elle a accepté de faire.

À Paris, tout le monde est sur le pont. À commencer par la Direction centrale de la police judiciaire, mais aussi les huiles de la Direction générale de la police nationale et le cabinet du ministre de l'Intérieur, lui-même. Sans compter les responsables des ministères de la Défense et de la Justice. Tout le monde suit le « déshabillage » du remorqueur au fil de l'eau. Mais après huit heures de fouille, il ne reste plus guère d'endroits où la cocaïne aurait pu être dissimulée. Hormis les conteneurs d'air comprimé qui servent au lancement des moteurs…

C'est notre dernière chance. Mais il faut d'abord purger ces réservoirs et tout démonter. Les différents services commencent à perdre patience. D'abord parce qu'ils veulent être certains que tout l'investissement humain et matériel n'a pas été vain. Mais aussi parce que le cabinet du ministre de l'Intérieur ne veut pas se faire doubler par celui de la Défense ou de la Justice dans l'annonce publique d'une saisie record. Bref, tout le monde veut savoir. Et le plus vite possible. Je passe mon temps à calmer les uns, à rassurer les autres. Tout en étant moi-même sûr de rien.

Jusqu'au moment où… la bonne nouvelle m'arrive enfin. Nos marins viennent de démonter le premier des quatre conteneurs de gaz : il y a bien de la cocaïne. Je commence à respirer. Au téléphone, mes hommes évoquent rapidement cinquante kilos. Puis, plus le temps passe, plus la quantité de marchandise trouvée augmente : on m'annonce cent, deux cents, puis trois cents kilos et, enfin, « quatre cents kilogrammes ou plus… ».

Je rends compte au fur et à mesure à la Direction de la police judiciaire. Laquelle doit sans doute faire de même avec ses interlocuteurs habituels. Les enquêteurs et les marins pensent, tout comme moi, que nous avons débusqué « le pot aux roses » et que tous les réservoirs d'air sont certainement remplis de poudre. Chacun d'entre nous effectue un calcul simple : « 400 kilos multiplié par 4 containers égal 1,6 tonne ». Soit pas loin des deux tonnes annoncées par les Britanniques. Ainsi, au bout du énième appel téléphonique de ma hiérarchie je réponds imprudemment : « On a trouvé déjà plus de quatre cents kilos dans le premier conteneur, il en reste trois autres, on ne sera sans doute pas loin des deux tonnes… » À peine ai-je raccroché qu'une dépêche de l'Agence France Presse, datée du 7 juillet 2004, tombe : « Le remorqueur a été arraisonné dans la nuit de dimanche à lundi. Il contenait plus de deux tonnes de cocaïne […]. Estimée "de très belle qualité" selon les premières analyses effectuées à partir d'échantillons[1], cette cocaïne représente une valeur marchande en France de 40 à 120 millions d'euros. » Au même moment ou presque, sur le *Pitéa*, le démontage des autres conteneurs révèle qu'ils sont pleins… d'air !

Les auditions des marins vont nous aider à en savoir davantage : le navire devait charger des lots de cocaïne d'origines différentes pour un poids total

1. Je me suis souvent demandé qui pouvait inventer de telles inepties : tout le monde sait que les analyses ne sont réalisées que longtemps après la saisie !

d'environ deux tonnes, mais, seul, le premier lot a été livré à l'échéance prévue. Les autres tardant, le capitaine du bateau a craint, à trop faire des ronds dans l'eau, d'attirer l'attention des Américains. Il a donc décidé de traverser l'Atlantique avec une partie seulement de sa cargaison, prenant ainsi de court tout le dispositif de surveillance déployé par les Britanniques.

Il va falloir à présent expliquer tout cela au ministre très mécontent. Heureusement pour moi, le patron de la police judiciaire de l'époque, Gérard Girel, s'emploie avec bienveillance à calmer le jeu. Il n'empêche. Aujourd'hui encore beaucoup de gens, tant en France qu'en Afrique, en sont restés à la dépêche AFP et continuent de penser que deux tonnes ont bel et bien été saisies ce jour-là.

Si nous sommes convaincus que la poudre n'est pas destinée au marché togolais, nous ignorons sa destination finale. Cependant une surprise nous attend… L'équipage est peu loquace, mais, tandis que les fonctionnaires français s'affairent encore sur le remorqueur, des militaires togolais, qui semblent tout ignorer de ce qui vient de se passer, se présentent à bord pour récupérer « les produits chimiques » (*sic*). C'est peu de dire que cette étrange demande met dans l'embarras les policiers et les magistrats locaux venus nous assister à bord du *Pitéa*. D'autant que ces militaires appartiennent à une unité proche des services de renseignement togolais dont le chef est un parent du président en exercice… « Les produits chimiques », expliquent-ils, doivent être acheminés, non loin d'une base militaire, située dans le nord du pays. Et plus précisément dans des entrepôts, propriété d'un homme d'affaires considéré comme un des magnats de la drogue en Afrique de l'Ouest.

Malgré ces aléas médiatiques et politiques, l'enquête prospère. Nous découvrons que la marchandise appartient à des Colombiens. Plusieurs narcotrafiquants sont ainsi arrêtés et seront condamnés. Un circuit de blanchiment international est démantelé. Le projet d'acquisition de terres devant permettre la création d'une piste d'atterrissage pour les narcos est stoppé net. De même que l'achat de deux chalutiers de pêche dont la mission unique aurait été d'aller à la rencontre des navires gros porteurs, afin de récupérer de la cocaïne en haute mer, puis de la ramener à bon port sous couvert d'un retour de pêche.

Par la suite, plusieurs militaires ou policiers de haut rang togolais ont été arrêtés ou limogés. Une commission d'enquête composée de hauts magistrats a été également mise en place dans le pays. Enfin, Eyadema, le président du Togo, se rend en France où il est accueilli par le président Jacques Chirac. Faut-il s'étonner que dans les comptes rendus officiels de cette visite, il ne sera jamais question du *Pitéa* ?

Bien d'autres affaires tout aussi rocambolesques vont se succéder. En 2005, un des responsables de l'antenne de la police judiciaire de Nantes informe l'OCRTIS qu'un gendarme dispose d'une information intéressante. Ce militaire vient d'apprendre qu'un voyou nantais, établi désormais en Espagne, participe à un trafic international de cocaïne entre l'Amérique du Sud et son nouveau pays de résidence. Le renseignement de départ est très ténu : il se réduit à un prénom, à la communication d'un numéro de téléphone et au nom d'une ville en Espagne. Toutefois, les Nantais, gendarmes et policiers confondus, accordent du crédit à l'information, sans doute en raison de la qualité de l'informateur. Mais ils sont aussi embarrassés : l'affaire dépasse très largement leurs attributions territoriales. Une enquête sur un trafic par voie maritime suppose l'engagement de moyens très importants et des contacts bien établis avec les services étrangers. Se pose aussi le problème de la rémunération éventuelle de la source. À ce stade, aucun service français ne peut assurer avec certitude une rémunération à l'informateur. Les Espagnols peut-être ? Nos relations quasi quotidiennes avec les services de police ibériques et la présence d'officiers de liaison des deux pays de part et d'autre des Pyrénées peuvent faciliter les choses.

Mais avant de demander quoi que ce soit à nos collègues, il faut bien sûr vérifier la véracité du renseignement. Les Espagnols s'en chargent et tout s'accélère. Le voyou français dont il est question est rapidement identifié. Il s'agit d'Alain Coelier, considéré comme un membre historique du Milieu nantais. « Le P'tit Alain », comme il est surnommé dans le Milieu, est également connu de la police espagnole. Il a déjà été condamné dans ce pays à dix ans d'emprisonnement pour l'enlèvement de la fille d'un riche homme d'affaires libanais et d'une chanteuse à succès d'origine sud-coréenne. L'homme affiche un train de vie incroyable et semble posséder d'innombrables biens : une Porsche, une Ferrari, une Mercedes, une McLaren, une moto, des villas, un restaurant, une agence immobilière, des bateaux, une société de location de yachts, une maison close, une société de travaux publics et même un salon de coiffure ! C'est *Miami Vice* à Madrid[1] !

Bref, le P'tit Alain a tout d'un grand ! Il présente un profil sans équivoque, même pour un œil non avisé ! Nos homologues espagnols de l'UDYCO (Unidad de Drogas y Crimen Organizado, en français Unité de drogues et du crime organisé) sont définitivement intéressés par l'affaire et le problème du paiement de la source s'estompe. Il faut dès lors trouver un cadre juridique qui nous permette de mener à bien cette enquête. Pour ce faire, nous nous adressons tout naturellement au procureur de la juridiction interrégionale spécialisée de Rennes qui a compétence sur Nantes et la Loire-Atlantique. Je m'efforce ensuite de constituer les équipes. Côté espagnol, l'UDYCO réclame l'exclusivité de l'enquête et n'envisage aucun partenariat avec la Garde civile. Côté français, outre l'OCRTIS, compétent en matière de trafic international, le Service régional de la police judiciaire de Rennes, dirigé par le contrôleur général Jean-Paul Le Tensorer – dont dépend directement l'antenne PJ de Nantes –, qui nous a alertés, est incontournable. Je souhaite également que la brigade de gendarmerie à l'origine du renseignement et, tout particulièrement le sous-officier qui traite la source continuent de travailler avec nous. Or la Brigade de recherche dépend directement de la Section de recherche de Rennes. Ces deux entités doivent donc légitimement faire partie de l'équipe. J'effectue un déplacement en Bretagne. En compagnie de Jean-Paul Le Tensorer, je me rends chez le procureur de la République de Rennes à qui mon collègue explique notre affaire.

1. Célèbre série télévisée des années quatre-vingt-dix, sur le crime en Floride.

À cette époque, les équipes communes d'enquête[1] venaient de se mettre en place. Je souhaitais que ce dispositif que nous avions déjà testé soit à nouveau retenu : il permet en effet d'échanger officiellement des renseignements et de conduire les investigations indistinctement de part et d'autre d'une frontière. Après notre entrevue avec le procureur, celui-ci ouvre une information judiciaire. Un juge d'instruction est désigné et, sous sa férule, l'enquête peut commencer. Les enquêteurs français – policiers et gendarmes – se rendent ainsi très fréquemment et pendant de longs mois en Espagne.

Ces investigations vont rapidement nous conduire au Venezuela où l'ombre d'un cartel colombien plane sur le dossier. À Caracas, les officiers de liaison français accomplissent un travail formidable. Ils s'appuient sur quelques membres de la Garde nationale vénézuélienne en qui ils ont totalement confiance, ce qui leur permet de travailler sur l'île de Margarita – mondialement connue à l'époque de tous les acteurs de la lutte contre le trafic de cocaïne –, sans attirer l'attention des forces locales réputées corrompues. Ils découvrent ainsi que le P'tit Alain semble disposer d'une élégante et confortable maison, avec un embarcadère où sont amarrés plusieurs bateaux… dont l'un est baptisé *Spes Nostra*. « Notre espoir », en latin…

1. Découlant de la Convention européenne relative à l'entraide judiciaire signée à Bruxelles le 29 mai 2000, les articles 695-2 à 695-3 du Code de procédure pénale permettent de créer des équipes communes d'enquête (ECE) pour des dossiers et des périodes déterminés dans un cadre exclusivement judiciaire. Dans ces années-là, la plupart des ECE étaient relatives au trafic des stupéfiants et avaient pour partenaire, côté français, l'OCRTIS.

Malheureusement, cette efficacité est entachée par des rivalités de boutique. À l'occasion d'un nouveau déplacement à Rennes, je décide de me rendre chez les gendarmes. J'en avise préalablement le patron de la PJ qui ne souhaite pas m'accompagner. Après m'avoir fait attendre dans le couloir, un planton me conduit dans le bureau de l'officier qui m'accueille courtoisement mais sans plus : l'ambiance habituelle entre frères ennemis qui ne savent plus exactement pourquoi il en est ainsi et qui ne se disent que le strict nécessaire. Les relations police-justice ne sont pas non plus au beau fixe. Le juge n'apprécie pas que je ne fasse pas plus souvent le déplacement entre Paris et Rennes. Il n'a sans doute pas tort mais, dans mon esprit, le lien avec lui doit surtout être assuré par les services territoriaux et le chef de ma section opérationnelle. C'est-à-dire par ceux qui ont directement en charge son enquête.

Malgré ces bisbilles, arrive le jour où le *Spes Nostra* quitte la Caraïbe. Direction l'Europe. Nous pensons que Coelier se trouve à bord. Il a en effet disparu au moment même où le bateau a pris la mer. Toutefois, nous n'en avons pas la certitude, d'autant que personne ne l'imagine en skipper traversant l'Atlantique en solitaire ! Grâce aux surveillances électroniques, la route du voilier fait l'objet d'un suivi attentif. Il effectue une pause en plein océan : nous parions pour un bord à bord.

Mon homologue de l'UDYCO a la main et en a pleinement conscience. Tout se passe sur son territoire : les surveillances et les filatures les plus pertinentes, comme les interceptions téléphoniques les plus intéressantes. Mais il est reconnaissant des prouesses réalisées au Venezuela. Ensemble, nous avons déjà fait intercepter plusieurs bateaux. Par expérience, nous savons qu'un navire chargé par un bord à bord, et à plus forte raison un voilier où les caches sont très réduites, va probablement se délester de sa cargaison dans les mêmes conditions, juste avant d'arriver à sa destination finale.

Quelques jours avant l'arrivée du voilier vers les côtes espagnoles, je ne suis donc pas surpris lorsque mon collègue m'annonce qu'il va faire intercepter le navire. Cette décision me paraît même raisonnable. Il est inutile de prendre un risque dans une enquête de cette envergure. Cette décision est vécue différemment par l'équipe « bretonne » : policiers, gendarmes, comme magistrat me le font savoir. Néanmoins, dans la nuit du 25 au 26 août 2006, le *Spes Nostra* est bien intercepté par les services espagnols au large des îles Canaries.

Les Espagnols nous racontent les circonstances de l'arraisonnement : le bateau intercepteur espagnol a calculé « une route de collision » avec celle du voilier. À bonne distance, il a stoppé ses machines puis lâché un commando à bord de pneumatiques. Ce dernier a ainsi réussi l'exploit d'aborder le voilier de nuit et sans bruit. Alors qu'il est de veille à la barre, le skipper, en l'occurrence Coelier lui-même, découvre la présence des hommes en noir au dernier moment en sentant une main se poser sur son épaule… En pleine nuit, au milieu de l'océan, alors qu'on n'attend guère de visiteur, on imagine l'effet terrifiant de la situation. Un deuxième homme dort dans une cabine. Tout juste remis de ses émotions, le Nantais demande qu'on le laisse réveiller son compagnon : la surprise peut lui être fatale. Les policiers espagnols accèdent à cette demande.

Si tout paraît normal sur le pont, l'accès aux cabines est très difficile... Partout, des pains de cocaïne jonchent le sol en vrac et constituent un véritable amoncellement qu'il faut presque escalader par endroits. Au total, 3 324 paquets exactement, d'environ un kilo chacun, soit plus de trois tonnes de drogue sont découverts à bord ! Valeur marchande estimée : plus de 150 millions d'euros. À aucun moment, je n'avais imaginé une telle prise à partir d'un simple renseignement.

On prête à Coelier d'avoir dit au moment de son arrestation : « Je suis un homme mort. » Quand on apprit sa libération sous contrôle judiciaire – seulement quatre ans plus tard –, nous avions tous oublié cette funeste prédiction. Lui aussi peut-être. Mais une dizaine de jours seulement après sa sortie de prison, le P'tit Alain fut froidement abattu de plusieurs balles.

# Stupéfiant !

Je ne sais pas ce qui s'est passé. Peut-être ai-je même peur de savoir ce qui s'est passé. Ce 17 octobre 2015, des douaniers « tombent », dans le Paris des beaux quartiers, sur sept tonnes de résine de cannabis, une énorme quantité stockée dans un camion, sagement garé au pied d'un bel immeuble du boulevard Exelmans. Le lendemain, le président François Hollande, accompagné de son ministre de l'Économie Michel Sapin – ministre de tutelle de la douane –, vient poser, tout sourire, devant la cargaison. Tous deux ignorent alors que ce chargement est une « livraison surveillée », organisée par l'Office central de répression du trafic international de stupéfiants, c'est-à-dire une importation de stupéfiants sous contrôle des services judiciaires dans le but de démanteler un réseau de trafiquants. En fait, dans ce qui ressemble à un nouvel épisode de la « guerre des polices », le bon coup douanier vient d'interrompre, brutalement, une opération de police judiciaire en cours…

À cet instant, le président français et son ministre ignorent que le premier mis en cause dans cette affaire, un certain Sofiane Hambli, serait le principal indicateur de François Thierry, patron de l'OCTRIS. Ce qui vaudra à ce dernier d'être mis en examen pour complicité de trafic de stupéfiants. Un de mes successeurs à la tête de l'Office est donc soupçonné d'avoir favorisé l'entrée de la drogue sur le territoire français, sans avoir tout dit à l'autorité judiciaire, dans le cadre de ses relations à présent controversées avec son indicateur, un homme considéré aujourd'hui comme un trafiquant notoire[1].

Lorsque je découvre cette affaire dans la presse je suis stupéfait. Bien sûr, je ne connais pas les détails de l'histoire. Mais je connais François Thierry. C'est un grand professionnel et mon ami. Il a été l'un de mes adjoints aux stupéfiants avant de voler de ses propres ailes pour prendre la direction du Service interministériel d'assistance technique, une unité très sensible, chargée notamment du traitement des informateurs et des opérations d'infiltration. Il est devenu ensuite le chef de l'OCRTIS où il avait donc déjà servi – de manière irréprochable – plusieurs années en qualité de chef de la section opérationnelle.

Je connais également le principe des « LS », les « livraisons surveillées », pour en avoir moi-même organisées entre 2001 et 2006. Il s'agit d'un procédé redoutablement efficace et strictement encadré par la loi[2]. Je crois comprendre que la livraison du boulevard

1. Le 9 décembre 2016, Sofiane Hambli a déposé une plainte visant les douanes. Il affirme être un indicateur agissant sur instruction de l'OCTRIS, et non un trafiquant de drogue.

2. L'article 706-32 du code de procédure pénale prévoit qu'afin de constater certaines infractions en matière de stupéfiants, d'en identifier les auteurs et d'effectuer des saisies, les officiers et les agents de police judiciaire peuvent, après en avoir informé le procureur de la République, procéder à la surveillance de l'acheminement de stupéfiants ou de produits tirés de la commission desdites infractions. Cette

Exelmans n'aurait pas été aussi « surveillée » que cela. D'où les déboires judiciaires de François Thierry.

Les sept tonnes provenaient d'Espagne. Ce type de livraisons surveillées que nous appelions « opération Myrmidon » – « fourmi » en grec ancien – est placé sous un étroit contrôle et même un double contrôle. D'abord celui de la justice espagnole, qui doit préalablement autoriser l'exportation de cannabis de l'Espagne vers l'Hexagone, en échange d'un retour d'information sur les actions conduites en France. Ensuite sous le contrôle de magistrats français, dans la mesure où la traversée de la frontière, c'est-à-dire l'importation proprement dite des produits, ne peut s'effectuer qu'avec une autorisation préalable du « parquet entrant ». En clair, le parquet territorialement compétent au regard du lieu géographique où la marchandise est introduite, dès lors légalement, sur notre territoire.

Lorsque j'étais « aux affaires », j'ai toujours veillé à ce que les services obtiennent cette double autorisation avant toute opération. Ce qui est loin d'être une simple formalité. Avant de délivrer une autorisation d'entrée sur le territoire national, les magistrats – et c'est bien légitime – veulent savoir de quoi il retourne précisément. D'où vient la drogue, comment elle est transportée, par qui, quel est le numéro d'immatriculation des véhicules de livraison, quelle est la quantité de marchandise et quels sont les destinataires ?

---

disposition résulte de la loi n° 91-1264 du 19 décembre 1991 relative au renforcement de la lutte contre le trafic de stupéfiants, qui a par ailleurs prévu la possibilité de procéder à des infiltrations au sein des réseaux de trafiquants de stupéfiants. Les mêmes possibilités avaient été ouvertes aux agents des douanes.

Autant de questions que je posais à mes équipes quand elles m'annonçaient avoir sollicité une LS auprès de magistrats. Malheureusement les réponses n'étaient pas simples. Il m'était bien souvent répondu qu'on ne connaissait pas exactement la quantité transportée. Ce qu'on peut comprendre. Nous sommes tributaires de sources qui peuvent être parfois imprécises, qu'il s'agisse des confidences d'un ou plusieurs tontons, d'écoutes téléphoniques ou d'informations transmises par la simple mise en mouvement d'une balise tracking.

Cela étant, cette question du volume de came relève aussi du bon sens. Pour le cannabis, une petite voiture qui passe les Pyrénées transporte généralement de trente à soixante kilos de marchandise, un 4x4 ou une grosse berline allemande, de deux cents à cinq cents kilos, une camionnette jusqu'à 1 tonne, un 38 tonnes... des tonnes !

L'identification exacte des destinataires est une autre difficulté. Le fait de connaître les chauffeurs ou les organisateurs du transport ne nous renseigne pas nécessairement sur leur identité réelle. Ni sur la connaissance du réseau à la manœuvre. La loi de 1991 sur les livraisons surveillées permet justement de laisser filer la came le plus loin possible – quitte à prendre le risque de la perdre – pour tenter d'identifier les acheteurs et leurs organisations.

Malgré la loi et les objectifs qu'on se fixe dans une enquête – ne pas se contenter des simples soldats, mais trouver les « boss » –, les enquêteurs sont souvent atteints d'une sorte de schizophrénie. Difficile de ne pas être contrarié et même très frustré, si l'on doit se contenter de regarder passer la marchandise, ou l'argent lié au trafic, en s'abstenant de les saisir aussitôt. En fait, lorsqu'on combat le narcotrafic, on voudrait tout : la came, les billets, les ouvriers et les grands patrons à la manœuvre. On voudrait aussi tout leur confisquer : voitures, villas et comptes bancaires, y compris ceux planqués dans les paradis fiscaux ! Dans certaines affaires, quelle torture de laisser filer des sacs remplis d'argent et de s'interdire d'intervenir pour tenter de remonter une filière ou démanteler un réseau de blanchiment[1].

Dans le cas des opérations Myrmidon qui ne sont ni plus ni moins que des LS, s'ajoutait la question de l'articulation avec les services territoriaux. Sur ce point précis, j'ai toujours trouvé qu'on ne laissait pas assez les « locaux » gérer ces opérations à leur guise. L'OCRTIS voulait en rester le coordonnateur en sa qualité d'office « central ». Ce qui n'est bien sûr pas illégitime. Il faut dire aussi que certains services – même s'il s'agit d'une minorité – n'aiment pas être perturbés dans leur train-train. À leur décharge, ils ont déjà leurs propres dossiers à gérer. Et les effectifs des unités Stups sont rarement suffisants, au regard de ce qu'on leur demande.

Côté justice espagnole, notre interlocuteur a d'abord été le parquet de Marbella, puis l'Audience nationale, qui a compétence sur tout le pays. Pour rendre compte à ces magistrats, François Thierry, alors chef de l'OCRTIS, effectuait de fréquents déplacements dans la péninsule. Une ou deux fois par an, nous avions une réunion à Madrid avec les représentants de la police judiciaire espagnole. Et, de la même manière, nous les recevions à Paris. Au cours de ces rencontres, présidées par les directeurs centraux des polices judiciaires

1. Voir, *supra*, « Virus ».

des deux pays, aucune difficulté ne nous a jamais été formellement signalée par nos interlocuteurs. Tout au contraire : tous se félicitaient de notre coopération. De même, côté franco-français. À une ou deux reprises, j'ai participé à des réunions organisées par le parquet de Paris, au cours desquelles on faisait le bilan des Myrmidons, et il y avait peu, ou pas, de problème.

Il faut dire que les résultats de ces opérations sont incontestables. En moins de cinq ans, plus de quatre-vingt-dix tonnes de résine de cannabis et environ 1,2 tonne de cocaïne ont été saisies. Plus quelques dizaines de millions d'euros en liquide ou en patrimoine. De très nombreux réseaux opérant sur notre territoire ont pu être définitivement démantelés. Un document interne à la Direction centrale de la police judiciaire a établi une liste de deux cent cinquante individus qui constituent l'ossature du trafic de résine dans notre pays. Des « points de fixation » qui n'avaient jamais été détectés ont pu être identifiés, puis placés sous surveillance. À Nanterre, dans les locaux du service d'information sur la criminalité organisée, une carte de France, constellée de pics rouges représentant des groupes criminels impliqués dans le trafic, avait été dressée. Leur structuration et leur mode de fonctionnement montraient qu'ils opéraient de longue date sur notre territoire. Certains étaient déjà bien connus, mais d'autres étaient parvenus à prospérer sans jamais attirer l'attention des services ! Bref, sur le papier, les livraisons surveillées sont des outils adaptés et efficaces.

Cependant, au vu des conditions de saisie des sept tonnes du boulevard Exelmans, il y a certainement eu de sérieux dysfonctionnements ! Je n'étais certes pas dans le secret des cabinets lors des échanges entre policiers et magistrats, ni présent lors des rendez-vous avec les indics, mais beaucoup de choses me paraissent pour le moins étonnantes.

Je suis surpris que les tensions, la guéguerre, qui existaient entre douaniers et policiers, aient atteint un tel point de non-retour. Même si je sais que les enquêtes menées, sur instructions des magistrats, par l'Office de répression du trafic des stupéfiants contre des fonctionnaires des douanes ont sérieusement envenimé les relations entre les services, et même entre les individus. Je ne crois pas un instant que cette saisie de sept tonnes résulte de la chance ou d'un heureux hasard, comme il a été rapporté dans les journaux. Pour obtenir un tel résultat, dans un lieu aussi improbable, il faut bénéficier de renseignements et engager quelques moyens.

Je reste également sans voix lorsque je lis dans la presse[1] que le parquet entrant – en l'espèce celui de Perpignan – affirme avoir ignoré la quantité de came transportée. La quantité exacte, je comprends. Mais quand on autorise une livraison surveillée pour un attelage routier de plusieurs tonnes, on se doute bien que le volume de résine importé sera très important !

Je continue aussi à me demander pourquoi, dans cette affaire, il n'y avait pas, de la part des policiers en charge de la LS, de surveillances physiques permanentes sur un camion contenant autant de stupéfiants ? Enfin, l'absence d'avis au parquet de Paris – même si dans le cas présent ce n'était pas du tout une obligation légale – me surprend, compte tenu des très bonnes relations qu'entretenait le chef de l'OCRTIS avec ces magistrats.

1. « La défense des Stups part en fumée », *Libération*, 8 juin 2016.

Ces opérations Myrmidon ne se sont pas montées en un jour. Elles ont exigé en amont un important travail de recueil d'informations qui a nécessité la création d'un outil de coopération *ad hoc*. À l'époque, nos enquêtes nous menaient fréquemment – je n'ose écrire « toujours et encore » – vers les mêmes pays : la Colombie et le Venezuela pour la cocaïne, le Maroc et l'Espagne pour le cannabis. Rien de très surprenant pour les spécialistes.

Je me souviens d'une rencontre avec l'ambassadeur de France à Madrid. Il m'avait demandé ce que j'attendais pour agir contre les voyous français qui s'affichaient sans aucune gêne sur la Costa del Sol. Bien entendu, nous savions tous que les trafiquants les plus actifs et les plus recherchés s'étaient repliés dans le sud de l'Espagne, d'où ils organisaient et intensifiaient le trafic à destination de notre pays. Mais comme je l'avais alors expliqué au diplomate, ils étaient en quelque sorte « hors de notre juridiction ». Nous étions donc totalement impuissants.

Pour me rassurer un peu, je me disais que d'autres pays européens étaient dans la même difficulté que nous. Des trafiquants de l'Europe entière avaient, en effet, pris leur quartier en Espagne. Pour des raisons évidentes : outre le soleil et une grande qualité de vie, ce pays est au carrefour du trafic de résine de cannabis en provenance du Maroc et de celui de la cocaïne d'Amérique du Sud.

L'attitude bienveillante des autorités espagnoles à l'égard de la consommation de cannabis (que la loi ne punit pas) a fait de la péninsule l'un des pays les plus libéraux d'Europe. Reste que les règlements de comptes liés à la drogue y sont nombreux. Mais ils relèvent généralement de différends purement « commerciaux » ou de

« carottages » (de vols), rarement de la protection ou de la conquête de territoires, comme c'est le cas de ce côté-ci des Pyrénées.

En France, la plupart des règlements de comptes sont presque exclusivement liés à la résine de cannabis. Aucun autre produit stupéfiant ne produit d'effet aussi systémique ! Cette situation s'explique par la nécessité qu'ont les trafiquants de maîtriser des places de vente ; or celles-ci ne sont pas extensibles à l'infini. En raison de notre politique répressive et faute d'outils de régulation de la consommation de cannabis, ces « points stups » sont indispensables au commerce et âprement convoités : les trafiquants n'hésitent pas à tuer pour conserver ou conquérir des territoires. Cela provoque une véritable guerre qui se traduit, à Marseille, par exemple, par des dizaines de morts, chaque année.

Dans ce contexte, l'idée de constituer des « équipes conjointes d'investigations », des ECI, entre plusieurs pays européens a vite fait son chemin. Cette pluralité d'États engagés dans un même projet avait, en outre, l'avantage de nous laisser espérer un financement européen, car l'UE, à l'époque, ne soutenait dans ce domaine que les projets multilatéraux.

L'Espagne, la Grande-Bretagne, les Pays-Bas et la France sont ainsi convenus de coopérer et l'Union européenne leur a accordé son soutien financier. Très concrètement, une équipe de huit enquêteurs – deux représentants par pays – a ainsi été constituée dès les années 2003-2004 en Espagne. Ces hommes ont été déployés sur la Costa del Sol exclusivement pour y collecter du renseignement. Ce *team* était placé, en toute logique, sous l'autorité de la police espagnole.

Sur le terrain, les choses n'étaient pas si simples. Les profils des fonctionnaires choisis librement par chaque État étaient très différents, et le manque d'homogénéité du groupe s'est vite fait ressentir. Selon leur pays d'origine, les uns étaient des analystes criminels, les autres de purs opérationnels et certains des spécialistes du renseignement. Les horaires et les façons de travailler variaient également beaucoup. Les Espagnols s'intéressaient en priorité à la cocaïne, idem pour les Britanniques et les Néerlandais, tandis que les Français restaient focalisés sur le cannabis.

Malgré ces difficultés, le recueil de renseignements fut assez conséquent et il allait très logiquement déboucher sur de véritables opérations de police judiciaire conduites en Espagne par les services espagnols. Au total, après une année d'exercice, plus d'une tonne de cannabis et environ vingt kilos de cocaïne furent ainsi saisis.

Malheureusement l'année suivante, le renouvellement des fonds européens fut compromis. Ceux-ci étaient en effet réservés à des actions qui devaient être non seulement multilatérales mais aussi innovantes : la reconduite d'année en année d'un financement européen n'était donc pas possible. S'est alors progressivement imposée l'idée d'une coopération opérationnelle, cette fois uniquement bilatérale, avec l'Espagne, financée non plus par l'Europe, mais par la Mission interministérielle de lutte contre la drogue et la toxicomanie.

Les équipes permanentes de renseignement, les EPR[1], étaient nées, et la signature d'un accord administratif

1. Les EPR, malgré le qualificatif « permanentes », ne l'étaient pas sur le terrain. Elles se constituaient et se déployaient deux ou trois fois par an, pour une semaine à dix jours maximum.

formel entre les ministres de l'Intérieur des deux pays allait leur donner un fondement réglementaire. L'objectif était toujours le même : collecter du renseignement dans le but d'identifier les malfaiteurs et les trafiquants français installés dans le sud de l'Espagne.

Ces équipes constituées de policiers français et espagnols étaient ainsi déployées périodiquement sur la Costa del Sol, sous l'autorité de la police judiciaire espagnole. Côté français, les enquêteurs, trois ou quatre hommes à chaque mission, étaient issus de l'Office central pour la répression du trafic illicite des stupéfiants et du Service interministériel d'assistance technique. François Thierry, alors patron du service interministériel, en passe de devenir le chef de l'Office central de répression, s'est investi personnellement dans ces opérations et en a pris naturellement le commandement.

À leur début, ces missions en Espagne ne se résumaient qu'à des surveillances sur des établissements de nuit, des bordels ou des restaurants de luxe, que nos collègues espagnols savaient être fréquentés par des voyous français. Lesquels se pavanaient sans précaution particulière. Les échanges avec les collègues espagnols étaient également très fructueux. Premières identifications, premières plaques minéralogiques et premières adresses commencent à tomber. Tous ces renseignements étaient mutualisés. J'avais demandé que le Service d'information, de renseignement et d'analyse stratégique sur la criminalité organisée soit rendu destinataire de toutes ses informations. Celui-ci devait veiller à dresser les organigrammes des réseaux de trafic, tout en diffusant ces informations.

Ces équipes permanentes de renseignement ont « travaillé » avec des tenanciers d'établissements de nuit, des agents immobiliers, des gérants d'hôtel et aussi des logisticiens, en l'occurrence des préparateurs de voitures destinées aux go-fast. Nous avons ainsi fait le plein de nouvelles sources, qui s'ajoutaient à celles précédemment recrutées, et parmi lesquelles figurait un certain Sofiane Hambli, l'homme par qui le scandale du boulevard Exelmans arrivera, un délinquant, condamné à de multiples reprises, mais qui s'est toujours présenté comme un logisticien du trafic, jamais comme un trafiquant opérant pour son propre compte.

Comme cela avait été le cas en 2003-2004, les renseignements accumulés allaient déboucher sur la conduite d'opérations purement judiciaires, et notamment sur des livraisons surveillées.

Mais l'équipe permanente de renseignement n'avait pas pour unique but de favoriser des livraisons surveillées. Le travail effectué sur place a également permis une connaissance assez fine des conflits et des alliances entre les organisations criminelles.

Ces structures obéissent, comme toutes les multinationales, aux lois du marché. Certaines d'entre elles ont une vision européenne du trafic ; elles destinent une qualité de produit à un marché bien défini et concèdent des prix plus avantageux quand il y a un marché à conquérir. D'autres sont tentées par la création de cartels, voire d'une *cupola*, façon mafia. C'est-à-dire une sorte de holding ! Nous avons ainsi appris que des réunions stratégiques et commerciales entre trafiquants marocains, espagnols et français se sont tenues – essentiellement au Maroc – pour tenter de négocier des alliances et discuter des conditions de trafic.

Grâce au travail des équipes permanentes de renseignement, nous avons également eu connaissance de certains de leurs grands projets. Comme la mise en place de « la route du nord ». Les voyous ont en effet vite compris que tout le dispositif répressif européen vise à barrer une route « sud-nord » allant du Maroc jusqu'aux Pays-Bas. Pour le contourner, ils ont imaginé une route « nord-sud ». Leur ambition : acheminer par voie maritime tout au nord de l'Europe des dizaines de tonnes de résine, puis les faire « redescendre » au sud. Un projet heureusement abandonné en raison des difficultés logistiques que cela représentait.

Ces entreprises mafieuses ont imaginé également distiller leur marchandise par voie maritime depuis le Maroc jusque dans certains pays du pourtour méditerranéen. Objectif : limiter les pertes subies lors des transferts par voies terrestres entre le Maroc et l'Espagne ou entre le Maroc et l'Algérie. Et nos renseignements ont contribué à certaines saisies en mer et à limiter le développement de ce business.

Mais nous avons perdu la bataille de « la route des phosphates ». Le Maroc produit cette sorte de sel en grande quantité. Il est utilisé comme engrais dans de nombreux pays. Des organisations criminelles ont utilisé ce commerce international pour exporter du cannabis. Malheureusement, malgré tous nos efforts, conjugués à ceux des services espagnols et portugais, nous ne sommes jamais parvenus à prendre la mesure exacte de ce trafic et à l'empêcher.

Ce travail nous a enfin permis de mesurer l'ampleur de la corruption qui se cache aussi derrière la très bonne santé du trafic international de stupéfiants. Ce qui, je l'avoue, nous a valu des moments de découragement.

Nous avons ainsi découvert comment les trafiquants parviennent à éluder les scanners les plus sophistiqués dans certains ports, pourquoi les navires officiels de certains pays prennent la mer juste avant les embarcations des trafiquants, ou pourquoi les radars ne détectent pas toujours les embarcations chargées de cannabis. Nous avons aussi constaté que les narcos et les hauts fonctionnaires de certains États utilisent les mêmes réseaux de blanchiment et de fraude…

Bien au-delà de l'équipe de renseignement franco-espagnole, mon objectif a toujours été de développer à terme une logique d'intelligence criminelle à la française, en favorisant d'abord la culture du renseignement au sein de toutes les unités. C'est dans cet esprit que j'avais également organisé une réunion de tous les officiers traitant des sources à la Direction centrale de la PJ : pour marquer l'importance du renseignement criminel, son cadre légal, mais aussi la nécessité de son décloisonnement et du partage entre services. Malheureusement, ce travail est resté inachevé. Il se trouve certainement aujourd'hui gravement remis en cause depuis l'affaire d'Exelmans. Avec son déclenchement, la lutte contre les narcos a fait un terrible bond en arrière.

## Épilogue

# Police année zéro

Je ne voulais pas être flic. Je n'avais pas la vocation. Le hasard autant que la nécessité m'ont conduit à tenter un concours. J'ai finalement passé plus de quarante années de ma vie avec une carte tricolore dans la poche. Je ne voulais pas être flic, mais j'ai aimé l'être.

De Michel Poniatowski à Bernard Cazeneuve, j'ai « usé » pas moins de vingt ministres de l'Intérieur. À la lecture de ces pages, vous aurez compris que j'ai toujours eu en tête de convaincre nos grands hommes – ou du moins leurs équipes – de la dangerosité du « crim' org ». Ce n'est pas de ma part une obsession du grand banditisme, mais il a des conséquences concrètes sur la vie de nos concitoyens. La drogue vendue au pied des immeubles, la drogue qui pourrit la vie ne vient pas de n'importe où. Il faut bien sûr sécuriser les halls d'entrée des immeubles, mais cela n'est rien si l'on ne cherche pas à tarir les sources d'approvisionnement.

Malheureusement, j'ai échoué. Lorsque j'expliquais ce qui me semble relever du simple bon sens, je me suis heurté au mur de la « realpolitik ». Les élus, de droite, de gauche et d'ailleurs, sont bien plus préoccupés par l'ordre public, la petite et moyenne délinquance que par la grande criminalité. Les tracas et délits du quotidien façonnent bien sûr le sentiment d'insécurité de la population. Et depuis au moins les années 2000, le rapport des électeurs avec ce sentiment détermine en grande partie les résultats électoraux. À telle enseigne que la gauche, pour renouer avec le pouvoir, s'est efforcée d'en finir avec le laxisme dont l'accusait la droite.

Parce que les enquêtes financières que je conduisais ont mis à mal des responsables politiques de droite, parce qu'un ministre alors socialiste m'a fait venir au 36, certains ont vu en moi un flic de gauche. Or, contrairement à nombre de mes anciens collègues, je n'ai jamais été encarté dans un quelconque parti. Et, à l'inverse des mêmes ou d'autres encore, je n'ai pas vocation à occuper la moindre responsabilité dans une formation politique, ni à affronter le suffrage électoral. J'ai été et je suis un homme libre de tout engagement.

Hier comme aujourd'hui, la police souffre justement d'une trop grande politisation. C'est l'une des causes du blues des policiers. Pour grimper dans la hiérarchie, pour prendre du galon comme on dit, tous les flics devaient ces dernières années, au gré des alternances, être sarkozistes, puis vallsistes… Les syndicats eux-mêmes se prêtent à ce jeu-là.

Le flic subit un double manque de reconnaissance : celui de la population comme celui de sa hiérarchie. L'une et l'autre considèrent qu'il ne fait pas correctement son boulot. Pour résumer, il n'apporte pas un assez grand sentiment de sécurité aux Français et il ne sert pas suffisamment les ambitions de ses chefs. Pris dans cet étau, comme en atteste notamment une étude réalisée en 2013 pour le compte du syndicat Alliance par le CNRS auprès de six mille gardiens de la paix, le policier souffre.

Il souffre encore plus en période de lutte contre le terrorisme. L'état d'urgence, le plan Vigipirate, l'ont contraint à accomplir des tâches parfois peu valorisantes et extrêmement chronophages. Ce blues est exacerbé en police judiciaire. À mes débuts, comme simple inspecteur, travailler en PJ relevait du rêve. Aujourd'hui, à la sortie des écoles d'officiers ou de commissaires, beaucoup moins de jeunes flics souhaitent bosser aux Stups, à la financière ou à la Crim'. Parce que là encore, le boulot, la plupart du temps, est ingrat. Les chefs, petits ou grands, comme les ministres, préfèrent compter les bâtons des affaires réalisées plutôt que d'investir sur le moyen terme dans le démantèlement d'un réseau de blanchiment d'argent sale ou une fraude fiscale d'ampleur. Pourtant, les Français paient chaque jour cette criminalité-là. Combien de lits d'hôpitaux, de places en crèches, de postes d'enseignants ou de logements en moins à cause de cet argent envolé ?

Ce n'est donc pas d'une réforme mais d'une refonte profonde dont la police a aujourd'hui besoin. Il ne s'agit pas de promettre plus de moyens, plus de postes de fonctionnaires. Ni même de proposer une nouvelle version de la police de sécurité. Il faut plutôt redéfinir des missions claires, absolument simplifier une organisation devenue dévorante et peu lisible, en réenchantant le rapport avec les magistrats et la population. Et mettre la police judiciaire au cœur des préoccupations de la République. Cette tâche est exaltante. J'aurais aimé y apporter mon expérience et mon savoir-faire. Malheureusement, on m'en a empêché. J'ai été mis de côté en deux temps, trois mouvements. Mais après un tel « traitement de faveur », j'ai le privilège aujourd'hui de mesurer combien la justice sait prendre son temps. Depuis février 2015, et la mise en examen dont je fais l'objet, rien ne se passe. J'ai dû me battre pour être réentendu par mes juges et être confronté à mon accusateur. Et depuis, rien. Selon la triste formule consacrée, depuis plus de trois ans l'enquête suit son cours. Et moi, j'attends.

Une vie de flic tourmentée, mais je n'aurais pas aimé en vivre une autre.

# Annexe

## Les grandes étapes de ma carrière

**1977** École nationale des officiers de police à Cannes-Écluse. Quatrième de la 41e promotion.

**1978-1985** Inspecteur puis inspecteur principal de l'Office central pour la répression du trafic illicite des stupéfiants (OCTRIS).

**1985-1986** École supérieure de la police nationale à Saint-Cyr-au-Mont-d'Or. Major de la 37e promotion. Je deviens commissaire.

**1986-1990** Adjoint au chef de l'Office central pour la répression du banditisme (OCRB).

**1990-1994** Conseiller technique à la Délégation interministérielle à la lutte contre la drogue et la toxicomanie (DGLDT).

**1994-1997** Chef d'état-major de la police judiciaire.

**1997-2001** Attaché de police en Afrique du Sud. Coopération technique et opérationnelle.

**2001-2006** Chef de l'Office central pour la répression du trafic illicite des stupéfiants (OCTRIS).

**2006-2009** Chef de la Division des relations internationales (DRI).

| | |
|---|---|
| **2010-2013** | Sous-directeur de la police judiciaire en charge de la lutte contre le crime organisé et la délinquance financière. |
| **2013-2015** | Directeur des services actifs préfecture de police. Patron du 36, quai des Orfèvres. |

# Table

RÉALISATION : NORD COMPO À VILLENEUVE-D'ASCQ
ACHEVÉ D'IMPRIMER SUR ROTO-PAGE PAR L'IMPRIMERIE FLOCH À MAYENNE
DÉPÔT LÉGAL : MAI 2018. N° 137865-2 (92942)
IMPRIMÉ EN FRANCE